Willkommen in Vietnam

Eine unterhaltsame Lektüre
für Reisende nach Indochina

von Jürg Kugler

Impressum

© Text: Jürg Kugler

© Coverbild: iStock-904239318 the.epic.man

© Karte: iStock-519518622 PeterHermesFurian

© Reisebuch Verlag 2019

Parkstraße 16

D-24306 Plön

Reisebuch Verlag

Reisebücher in Print und Digital - Reisecontent

www.reisebuch-verlag.de

verlag@reisebuch.de

ISBN: 978-3-947334-18-6

Eine ergänzende Foto-Galerie zu diesem Vietnamreisebuch finden Sie zum komfortablen Durchklicken unter:
https://reisebuch.de/reiseziele/vietnamreise.html

Der Autor

Dr. Jürg Kugler ist in der Schweiz aufgewachsen und hat bis vor einigen Jahren überwiegend dort gelebt. Immer wieder hat er längere Reisen unternommen nicht nur nach Asien, sondern auch nach Nord- und Südamerika, Ozeanien und Australien und Nordafrika. Seit einigen Jahren lebt er hauptsächlich in Vietnam und wohnt in einer Großfamilie auf der Insel Phu Quoc, wo er mit einer Vietnamesin verheiratet ist. Die Regenzeit zwischen Juni und September verbringt er vor allem an der Mittelmeerküste in der Türkei. Er spricht Vietnamesisch und betreut und berät in einem Travellerslodge Touristen aus aller Welt. Sporadisch organisiert er für kleinere interessierte Gruppen ausgesuchte Reisen in Vietnam, wobei er die touristischen Haupttrampelpfade auszulassen versucht.

Seine Frau und er bemühen sich auch um bedürftige Vietnamesen in der Gegend, sie unterstützen arme Großfamilien mit Reislieferungen, Kranke durch Zahlung von Medikamenten, Minderbemittelte durch finanzielle Unterstützung bei der Ausbildung von deren Kindern. Der Erlös dieses Buches soll ausschließlich diesen Zwecken zukommen. Vom Autor ist bisher unter dem Pseudonym Dr. Simon George ein weiteres Buch erschienen mit dem Titel:
Ich nix lügen, wenn ich lügen, du mir Zunge abschneiden, in dem er anekdotisch haarsträubende Geschichten aus seiner früheren Anwaltstätigkeit beschreibt.

CHINA

Ha Giang
Cao Bang
Lao Cai
Bac Kan

Red R.
Song Chay
Thac Ba

CHINA

VIETNAM

Dien Bien Phu
Son La
Black R.

HANOI
Haiphong

Cai Bau

LAOS

Ninh Binh
Thanh Hoa

Bach Long Vi

Song Ca

Nam Ngum Reservoir

VIENTIANE

Gulf
of
Tonkin

Hainan

Vinh
Ha Tinh

Dong Hoi

Sirikit Reservoir

Ubon Rat Reservoir

Mekong

Dong Ha
Hue

SOUTH
CHINA
SEA

THAILAND

Da Nang
Cu Lao Cham

Tam Ky

Cu Lao Re

Quang Ngai

Pleiku

BANGKOK

Quy Nhon

Tuy Hoa

Buon Ma Thuot

CAMBODIA

Tonle Sap

Nha Trang
Cam Ranh

Ho Dau Tieng

PHNOM PENH

Ho Tri An

Phang Rang-Thap Cham

Bien Hoa
Phan Thiet

Gulf
of
Thailand

Ho Chi Minh City

Rach Gia

Phu Quoc

Cu Lao Thu

Vung Tau

Can Tho

SOUTH CHINA
SEA

Ca Mau
Bac Lieu

Con Dao

50   100 km
50   100 mi

Inhaltsverzeichnis

Prolog

Als ich an einem frühen Novembermorgen 1972 auf dem Flug mit einer DC 8 der Thai Airways von Tokio nach Bangkok vor mich hin döste, wurde ich durch die Durchsage des Kapitäns abrupt aus meiner Holzklassenruhe geschreckt: „Good Morning Ladies and Gentlemen, we are flying over Vietnam and we are just now above Da Nang."

„Good Morning Vietnam", kam mir bei dieser Ansage in den Sinn. War das nicht die bekannte Radiosendung für die amerikanischen Soldaten in Vietnam? Und Danang, war dort nicht die große Army-Base gerade südlich der Demarkationslinie? Flogen wir jetzt gerade zwischen den Fronten der amerikanischen Armee und den kommunistischen „Viet Minh"? Waren wir hier nicht gefährlich nahe dem Boden - Luftkrieg der Kriegsgegner? Waren wir sicher vor den Flap-Geschossen der kommunistischen Armee oder riskierten wir im „friendly fire" der Amerikaner, quasi als Kollateralschaden eines Angriffs auf Nordvietnam, unser Leben auszublasen. „Gute Nacht, Vietnam", beschwor ich leise unser Schicksal in einem Stoßgebet. Nicht doch umkommen in diesem unseligen Krieg. Aber das Flugzeug surrte weiter. Ruhig und ungestört überflogen wir das Kriegsgebiet. Nichts passierte, keine Detonation, kein Rauch, nicht einmal die leisesten Turbulenzen waren spürbar.

Mein Flehen war offensichtlich erhört worden, denn zum Abschuss kam es nicht und eine Stunde später landeten wir sicher in Bangkok. Übrigens so sicher war ich nicht, ob ich als neutraler Schweizer das amerikanische Feuer als

„friendly" und das vietnamesische als feindlich bezeichnen sollte. Schließlich war meine Sympathie, wie damals diejenige der meisten Studenten in Europa, klar auf Seiten des bereits verstorbenen Ho Chi Minh, der Viet Minh und der Viet Cong, weshalb wir gegen die amerikanische Intervention demonstrierten. Der sog. Dominoeffekt des reihenweisen Verlustes von Ländern in Indochina an die Kommunisten flößte damals vielleicht Henry Kissinger, nicht aber der Jugend in Europa Furcht ein. Dieses Erlebnis über Vietnam tätowierte sich in meine Erinnerung ein, was erklärt, weshalb ich mich für dieses Land mehr interessierte als für andere Länder, die ich in meinem Leben schon überflogen hatte. Aber schon damals bestand deshalb eine hohe Wahrscheinlichkeit, dass ich dieses Land einmal besuchen würde.

Nicht bewusst war mir, was mein Volksschullehrer, der mich zwar recht gut mochte, den ich aber mit meiner Faulheit und Flausenhaftigkeit mehrfach provoziert hatte, meinte, wenn er mir zurief: „Geh dorthin, wo der Pfeffer wächst!"

Meinte er damit, ich solle aus seinem Blickfeld verschwinden oder wollte er mich an einen bestimmten Ort sehen? Oder hatte der Lehrer bewusst oder unbewusst sein Orakel gesprochen? Heute wohne ich nämlich dort, wo der Pfeffer wächst, auf der Insel Phu Quoc ganz im Süden Vietnams. Phu Quoc produziert und exportiert sehr viel grünen, braunen, roten und schwarzen Pfeffer und ein deutscher Gewürzhändler, der diese Insel jedes Jahr besucht und hier Großeinkäufe tätigt, erklärte mir kürzlich, dass hier auch der beste Pfeffer der Welt wachse. Wahrscheinlich wusste der Lehrer selbst aber nicht so genau, wo der Pfeffer wächst und ebenso wahrscheinlich war es nicht der Lehrer, der mich bewogen hat, die Insel, wo der Pfeffer wächst, zu bereisen. Ich bezweifle auch, dass er so viel Hellsicht hatte, mein Karma zu sehen, wenn ich ihm eine insulare Hellsichtigkeit - in der klassischen Musik - durchaus nicht absprechen möchte.

Da waren die folgenden voneinander unabhängigen Voraussagen von zwei Wahrsagerinnen anfangs der 90er Jahre schicksalsbestimmender, wenn auch für mich kein Auslöser, nach Vietnam zu reisen und mich dort letztendlich niederzulassen. Beide erklärten mir nämlich unabhängig voneinander:

„Sie werden bald ihre bisherige Existenz als Anwalt aufgeben und ein ganz anderes Leben führen in einem Land, das sehr grün ist." Die eine Wahrsagerin war eine meiner Klientinnen, die mir dies anlässlich eines Mittagessens erklärt hatte, und die andere habe ich auf Anraten einer Bekannten im Rahmen einer Midlifekrise konsultiert. Ich habe aber diesen „Voraussagungen" keine allzu große Bedeutung zugemessen, wenn sie mir hin und wieder auch in den Sinn gekommen sind. Auch haben nicht diese Voraussagen, sondern eher mein durch die Politik gefördertes Interesse dazu geführt, dieses Land zu bereisen. Nun, lebe ich in einem Land das sehr grün ist? Haben sich die Voraussagen bewahrheitet? Ich lebe in Vietnam, einem tropischen, feuchtwarmen, sehr grünen Land, das trotz der Entlaubung durch Agent Orange seine

Farbe nicht verloren hat. Diese Wunden der Natur, nicht aber der menschlichen Opfer sind geheilt. Ich lebe in Ap Cay Sao, auf Phu Quoc, was übersetzt „Kap der Bäume und der Sterne" bedeutet. Der Name dieses Dorfes gibt das Bild der Landschaft sehr gut wieder. Hinter meinem Haus ist ein Naturpark, ein mit Urwald bewaldeter Hügelzug, der seit Jahrtausenden unverändert und unbewohnt ist, sieht man einmal von Schlangen und Affen ab. Mein Garten ist voll tropischer Fruchtbäume, Kokos- und Bananenpalmen, Cashewnut-, Mango- und Papayabäumen, grün in allen Variationen, und vor mir liegt das Meer, meist smaragdgrün und azurblau, und darüber wölbt sich der Himmel in meist sich verändernden Blautönen. Dabei ist festzustellen, dass die Vietnamesen, wie auch andere Asiaten, z.B. die Japaner, nicht klar zwischen blau und grün unterscheiden und für grün „xanh la cay" und für blau „xanh da troi" sagen, also grün, wie die Pflanzen oder grün wie der Himmel. Sie sagen auch: „die Verkehrsampel ist blau, du kannst weiterfahren." So gesprochen lebe ich an einem Ort, der grüner nicht sein könnte. So gesehen, bin ich dem Rat des Lehrers gefolgt und haben sich die zwei Wahrsagungen voll bewahrheitet, was nicht bedeuten soll, dass ich mich künftig auf solche verlassen und weiter Orakel konsultieren werde.

Dass auch mein Leben jetzt unter einem anderen Stern steht, zeigt auch das Wappen des Landes, in dem ich wohne. Das Viet Minh und heute vietnamesische Wappen zeigt einen gelben Stern auf rotem Hintergrund. Auch jener der Schweizerfahne ist blutrot hinter einem weißen Kreuz. Trotzdem lassen sich die zwei Ländersymbole nicht vergleichen. Ohne mich in die Heraldik vertiefen zu wollen, sei festgestellt, dass der Stern sehr gut zu meinem Wohnort passt, Kap der Bäume und der Sterne. Wenn sich am Abend die Nacht über die Natur legt, gibt der meist wolkenlose Himmel Myriaden von Sternen frei, die vor allem in der Trockenzeit, wenn die Luftfeuchtigkeit gering ist und die Seebrise sich legt, hell, regelmäßig und ohne Flackern leuchten. Hier ist die Sicht auch noch fast unbeeinträchtigt von fremden Lichtquellen. Dieser Stern, unter dem mein Leben heute steht, ist nicht von Hektik und Berufsalltag, sondern von Ruhe und Kontemplation geprägt.

1. Eine Fahrt von Saigon nach Dalat

An eine meiner früheren Reise durch den Süden Vietnams erinnere ich mich noch besonders gut. Sie führte mich im November 1996 von Saigon über Dalat nach Nha Trang. Mich ist eigentlich nicht die richtige Beschreibung. Uns, wäre besser. Uns, das heißt sechs Reisende, zwei Männer und vier Frauen, die wir uns in einem Hotel in Saigon getroffen hatten. Ein Schweizer, seine zukünftige vietnamesische Frau, deren Schwester und eine Freundin sowie meine damalige Verlobte und ich, der ich einige Tage zuvor aus Europa dort angekommen war. Wir hatten uns getroffen, verschiedene Einkaufs- und kulinarische Exkursionen unternommen und auch einige Sehenswürdigkeiten besichtigt. So waren wir unter anderem auch im chinesischen Stadtteil Cholon auf dem Markt gewesen und hatten dort einige Tempel besucht. Unsere Absicht war aber, auf Umwegen nach Nha Trang zu fahren, wofür wir einen Kleinbus mit Fahrer gemietet hatten. Eines frühen Morgens fuhren wir los. Die Fahrt führte uns durch ein infernalisches Verkehrsgewühl der Stadt und ihrer Vororte.

Ein unwahrscheinliches Chaos und Durcheinander von damals noch die Mehrzahl bildenden Radlern, einzelnen Motorradfahrern, die ihren Vortritt mit aggressivem Hupen erzwangen, wenigen Taxifahrern, die pferdestärkeprotzend auf ihr Vorrecht pochten und vorsintflutlichen Lkws aus russischer oder chinesischer Produktion, die mit ihren Schiffshupen jeden erschaudern und zusammenzucken ließen und verhinderten, dass jemand sich ihnen in die Fahrbahn stellte. Die dreirädrigen Cyclos, die dem Personen- und Warentransport dienten, stoben dann auseinander und die Schubkarrenschlepper versuchten, sich mit ihrer Last an den Straßenrand zu retten, ohne ihre Riesenladungen zu verlieren. Sie führten alles Mögliche mit. Zum Beispiel Tupperware made in China, Besen, Teppiche und Matratzen, Blechgefäße, ganze Haushaltseinrichtungen und Körbe etc..

Auf Mopedgepäckträgern waren in Körbe gepackt lebende Schlachtschweine, ihrem Schicksal mehr oder weniger ergeben. An Fahrradlenkstangen hingen ganze Sträuße von Enten und Hühnern, an den Füßen zusammengebunden und aufgehängt. Ihre nach unten hängenden Köpfe wippten im Fahrtwind hin und her. Sie blickten uns traurig und flehend an, als würden sie die Destination ihrer letzten Fahrt bereits kennen. Daneben stießen Frauen ihre rollenden Garküchen, Stände, Zuckerrohrpressen, Maiskolbengrille, Getränkeauslagen und fahrenden Eiscremeboxen ihre Produkte anpreisend durch den Verkehr und dazwischen karrte hin und wieder ein Kuli schwitzend stinkenden Abfall zur Entsorgung weg. Das bunte Straßenbild wurde üppig umrahmt durch die zahllosen kleinen Straßenkaffees und Suppenrestaurants, die ihre Miniatureplastikstühlchen und Tischchen beidseits der Straße aufgereiht hatten. Höckerchen, welche den Europäer zwangen, seine Beine zusammenzufalten und die sich unter seinem Gewicht bedrohlich bogen, als ob sie demnächst alle Viere von sich strecken und zusammenkrachen würden. Es stank abwechselnd nach Abgasen, Kohlendioxid, Exkrementen und Abfall, hin und wieder überlagert durch die wohlriechenden

Pho-Dämpfe einer Garküche. Der Straßenlärm drang trotz des relativ lauten Gestotters und der Vibrationen unseres Gefährts durch die offenen Fenster, der Fahrer fuhr nämlich wie die meisten Vietnamesen stets zu niedertourig und liess den Motor zuweilen fast abreißen.

Bis jetzt hatte der Verkehr nur bedrohlich ausgesehen, was unsere Reisegruppe stoisch und gelassen hinnahm. In einer Ausfallstraße hatte das Schicksal dann aber brutal zugeschlagen. Ein Fahrradfahrer lag, von einem weißen Leichentuch bedeckt, unter der Vorderachse eines Lastwagens. Sein Fahrrad daneben. Die Szene war umringt von Schaulustigen, welche neugierig gafften, bis der bunt bemalte Leichenwagen den Toten auf die letzte Fahrt mitnehmen würde. Unsere Teilnehmer erschraken, zeigten sich benommen, waren dann aber irgendwie auch glücklich, dass es nicht uns getroffen hatte. Der Straßenverkehr hatte sein Opfer gefordert. Man gedachte dessen in kurzer Besinnung. Sicher würden jetzt alle Verkehrsteilnehmer sich in der nächsten Viertelstunde vorsichtiger durchs Getümmel bewegen. Von einer Schweigeminute konnte jedoch angesichts des Lärms keine Rede sein.

Der Unfall beschäftigte uns einige Zeit und es entbrannte eine heftige Diskussion auf Vietnamesisch, Englisch und Pidgin, ob es sich beim Opfer um einen Mann, eine Frau oder ein Kind gehandelt hatte. Letzteres wurde verworfen, denn, soviel gab das Leichentuch preis, es musste sich aufgrund der Länge der Wölbung unter dem Leichentuch um eine erwachsene Person gehandelt haben. Die Stimmung unseres Fahrers erschien uns jetzt plötzlich trüber, er bändigte seinen forschen Fahrstil und zügelte die Pferdestärken seines Hyundai Kleinbusses, bis langsam, aber doch merklich seine Erinnerung an das tragische Ereignis verblasste, sein Bleifuß zunehmend wieder schwerer wurde, er mehr und mehr aufs Gaspedal drückte und sein Fahrstil vorerst unbeschwerter und dann wieder immer leichtsinniger wurde, was uns bewog, ihn diverse Male zur Vorsicht zu mahnen.

Dann ging's auf Überlandstraßen in Richtung Dalatgebirge. Der Verkehr war nun weniger dicht, die Straße wurde zunehmend schmaler und holpriger, und wir wurden immer stärker durchgeschüttelt. Teilweise glich die Piste einem unregelmäßigen Patchwork von holpriger Naturstraße mit geteerten Abschnitten, wobei unsere Gesäße bei den schanzenähnlichen Übergängen jeweils auf dem Polsterunterbau aufschlugen und unsere Halswirbelsäulen Gefahr liefen, Schleudertraumata zu erleiden. Die sprechende Puppe, welche eine der Frauen in Saigon für ihre kleine Tochter als Geschenk eingekauft hatte, kommentierte dabei, auf Bewegung und Erschütterung programmiert, jede größere Bodenwelle mit:

„Me oi, co dau lung", was bedeutete: „Mutter, ich habe Rückenschmerzen."

Anfangs empfanden wir dieses Klagen als ganz lustig und zur Situation passend und erklärten:

„Wir auch!"

Doch mit der Zeit nervte uns die Puppe derart, dass wir die Käuferin baten, entweder ihr Stiefkind zu stillen oder ihm die Batterien herauszunehmen, damit es Ruhe gab. Es reichte, wenn sich die Frauen beklagten:

„Mir tut der Hintern weh" oder „mich schmerzt der Nacken", was so häufig geschah.

Später am Tag lösten, wie es vorauszusehen war, die Hungerklagen das Stöhnen über andere körperliche Leiden ab und wir suchten ein Fischrestaurant auf einem Binnenweiher heim, das seine Fischköstlichkeiten anbot. Ein offener Pavillon, den man über einen langen wackeligen Holzsteg erreichen konnte, stand auf Holzstützen im Wasser in der Mitte eines Karpfenteiches. Je tiefer die Frauen in die Speisekarte guckten, umso freudiger strahlten ihre Augen, umso erwartungsvoller lächelten sie, umso heftiger wurden all die kulinarischen Köstlichkeiten diskutiert und umso phantasievoller wurde ihre Bestellung. - Vietnamesen müssen schlechte Nahrungsverwerter sein, denn Männer wiegen durchschnittlich 55 Kilos und Frauen deren 48 und sie sind meist sehr schlank, um nicht zu sagen dünn. Aber sie sind ausgesprochene Vielfraße und sie trauen sich noch viel mehr zu, wenn sie eine Speisekarte sehen und ihnen das Wasser im Mund zusammenläuft. Wenn sie gar von einem kalten oder warmen Buffet einvernommen werden, füllen sie ihre Teller, als wären sie Elefanten. Dabei trinken sie zum Essen nichts, denn damit würde der Magen nur mit unsolider Flüssigkeit gefüllt und fürs Essen bliebe kein Platz. Diese Gewohnheit stammt wahrscheinlich noch aus den Kriegszeiten, da nicht genügend Nahrung vorhanden gewesen war und jeder gegen den Hunger gekämpft hatte. Wenn dann einmal Festes in Mundnähe kam, musste man zuschlagen, man konnte den Magen dann später immer noch mit leichter Flüssigkeit betrügen. Vietnamesen scheinen auch laufend Hunger zu verspüren, wahrscheinlich sind ihre Magennerven aufgrund jahrelangen Mangels im Krieg besonders hungerempfindlich.

Dieses Leiden muss ihren genetischen Kode verändert haben. Vielleicht haben sie deshalb ein zusätzliches Hunger-Gen. So empfand ich es hier. Die vom Hunger und natürlich von der Speisekarte beflügelte Phantasie bewegte sie zur Bestellungen von Fisch in allen Varianten. Wels kandiert im Claypot, ganzer Karpfen gebraten mit Tomatensauce und Koriander, Schwertfischtranchen in Ingwersauce, süß-saurer Karpfen mit Mornlng Glory, Karpfen in Currysauce, roher Ca Trich (Hering) mit Erdnüssen, braun gedünsteten Zwiebeln, Knoblauch und Koriander usw. Die Platten deckten mit den Schälchen von Soja-, Nuoc Mam-, Pfeffer- und Chilisauce, Sauce mit fermentiertem Dau Hu ((Tofu) und Reiswein, etc. den ganzen großen runden Tisch. Es wurde bestellt und bestellt und geschlemmt bis zum Gehtnichtmehr. Die Karpfen wurden frisch aus dem Wasser gefischt. Sie fanden den direkten Weg in die Kochtöpfe, auf die Teller und in die hungrigen Münder. Von dort setzte sich der Kreislauf fort in die Mägen und durch den Darmausgang wieder in die ebenso gefräßigen Schlunde der Karpfen, denn die Toiletten waren in Form von kleinen Einzelhütten auf Stelzen über dem Wasser, schön verteilt auf dem ganzen Teich, auch wieder über Holzstege erreichbar und oft erreicht und rege benutzt. Auch ich fütterte die Karpfen extensiv. Ein Geben und Nehmen, ein geschlossener Nahrungskreislauf. Der Lauf der Dinge im Leben vereint auf einem kleinen Karpfenteich. Ein Zyklus, der zum Nachsinnen anregte. Nach dem Essen legten wir uns in die Hängematten, welche an den Stützen des Pavillons aufgehängt waren, und dösten eine Siesta lang. Nach ausgedehntem Mahl und Schläfchen ging die Fahrt weiter. Die Holperpiste trug wohl wesentlich zur schnellen Verdauung der Passagiere bei, sodass noch ein Boxenstopp zur Nahrungsaufnahme eingelegt werden musste. Nach einigen weiteren Stunden näherten wir uns den Bergen von Dalat. Aber zuerst musste wieder gefuttert werden. Danach, es war im November in den Anhöhen bereits kühl, tagsüber um die 20 Grad, mussten auf dem Markt Anoraks, Handschuhe und Roger Staub Mützen gekauft werden und erst dann ging's zum Einchecken in ein Stadthotel.

Dann bezog jeweils ein Mann mit je zwei bis drei Frauen ein Zimmer. „Honi soit qui mal y pense", es ist nicht so, wie Sie vielleicht vermutet haben. Vietnamesen lieben die Geselligkeit - auch beim Schlafen. Die Hotelzimmer waren ungeheizt und in der Nacht sank die Temperatur auf empfindliche 12 Grad ab, was bedeutete, dass die Frauen in ihren neu erstandenen Anoraks, Handschuhen und Roger Staubmützen unter die Decken schlüpften und dennoch wie Espenlaub zitterten und schlotterten. Nur das Stiefkind blieb ohne wärmenden Batteriebetrieb und ohne Decke ungeachtet auf der Schlafkommode liegen. Wenigstens klagte es nicht mehr über Rückenschmerzen und die Aussage: „Ich habe kalt", wäre wohl auch nicht in seinem sprachlichen Repertoire als Puppe in den Tropen gespeichert gewesen. Die Handschuhe hatten die Damen nicht einmal zum Teetrinken am Abend ausgezogen, nicht, weil sie sich vor dem heißen Teeglas schützen wollten, sondern, weil dessen Wärme nicht genügte, um ihre vor Kälte starren Finger zu entfrosten. Um zwei Uhr morgens knurrte der Magen einer der Damen erneut. Sie weckte die ganze Reisegruppe auf und konnte die meisten Teilnehmerinnen von der Notwendigkeit eines nächtlichen Mahls überzeugen. Ich wurde dadurch jäh aus dem Tiefschlaf gerissen und verzichtete deshalb darauf, denn ich konnte gut bis zum nächsten Morgen durchhalten.

Der nächste Tag stand im Zeichen des Wassers, denn wir besuchten die bekannten Wasserfälle. Aber solches fiel schon in Kübeln über Roger Staub Mützen und Anoraks, als wir aus der Hotellobby traten. Neptun hatte in und um Dalat herum seinen Dreizack eingeschlagen und begoss uns den ganzen Tag. Da erscheint es fast als überflüssig zu erklären, dass es keines besonderen Mutes bedurfte, unter einem Hochwasser führenden Wasserfall dem Felsen entlang zu kriechen, um zu vermeiden, begossen zu werden, denn nass und durchnässt waren wir ja schon vorher. Wir gelangten sozusagen vom Regen in die Traufe. Vielleicht liegt es daran, dass Dalat in mir keine begeisternden Erinnerungen hinterließ und ich nie mehr dorthin zurückkehrte auch wenn ich später Reisegruppen führte. Ich erklärte den Gästen immer, Dalat könnt ihr selber besuchen. Durchnässt und unterkühlt kehrten wir in unser Hotel zurück und verbrachten dort eine weitere Nacht. Diesmal glichen die Schlafzimmer einer Waschküche oder besser gesagt einem Trocknungsraum. Auf Nachttischen, Kommoden und Schränken, an Fensterverschlüssen, Türfallen, Waschbecken und Duschstangen hingen nasse

Kleider, welche selbst am nächsten Morgen noch feucht waren. In der Nacht hatten sich die Frauen den restlichen noch trockenen Kofferinhalt übergestreift und hatten schlotternd zusammengekuschelt unter der Bettdecke gelegen, um am nächsten Morgen die halbnassen Klamotten gar nicht wieder anzuziehen, sondern sie, so feucht, wie sie waren, in Koffern und Rucksäcke zu drücken, wo sie weitergrauten.

Die Reise führte uns weiter im Monsunregen durch tropische Feuchtwälder die Serpentinen hinunter in Richtung chinesisches Meer oder besser gesagt Ostmeer, wie die Vietnamesen es neutraler nennen. Die Chinesen beanspruchen ja den ganzen Meeresraum zwischen China, Vietnam, Indonesien, Malaysia und den Philippinen für sich und besetzen unter Protest der Anliegerstaaten jeden noch so kleinen Steinhaufen, der aus dem Wasser ragt, mit ihren Militärs. Schon damals war der Konflikt um die Spratly- und die Paracelinseln ausgebrochen. Diese Inseln sind einerseits militärisch-strategisch von Bedeutung, weil sie in einem der meistbefahrenen Seefahrtswege liegen, und andererseits werden dort große Erdölvorkommen vermutet, welche von den Anliegerstaaten ausgebeutet werden wollen. Diese Inseln liegen viel näher bei Vietnam als beim chinesischen Festland, sieht man einmal von der chinesischen Insel Hainan ab. Aber sie liegen doch nicht so nahe vor der Küste, dass wir sie an diesem Tag bei trübem Wetter anlässlich der Hinunterfahrt von Dalat zum Meer sehen konnten. Wir waren auch alle wie gebannt auf die gefährliche nasse Straße fokussiert, wo zwar nicht viel Verkehr herrschte, wir aber hin und wieder doch von einem Kamikazefahrer bei Gegenverkehr überholt wurden, sodass jeder und jede von uns sich hin und wieder in einen Verkehrsunfall mit schrecklichem Ausgang involviert wähnte. Dies beeindruckte unseren Fahrer allerdings ganz und gar nicht. Auch kam es vor, dass sich nach einer Haarnadelkurve die Straße auftat und von einem Riesenloch verschlungen schien, als ob ein Erdgeist sie heruntergewürgt hätte. Gesichert waren solche Löcher nur dürftig durch rundherum aufgereihte Felsbrocken. Eine Straßensignalisation, welche in westlichen Ländern nur Kopfschütteln ausgelöst und zu gefährlichen Unfällen geführt hätte.

Langsam lockerten sich die dichten Regenwälder auf und wir erreichten das Flachland. Die Serpentinen gingen in schnurgerade Streckenabschnitte Richtung Meer über und es regnete nicht mehr wie aus Kübeln. Der Fahrer war nun noch mehr von Eile getrieben und raste auf der noch nassen Straße so gefährlich dahin, dass in der Fahrt durch Pfützen das Wasser hoch wie bei einem Hovercraft aufstob und wir das beängstigende Gefühl hatten, wir schwebten oder surften auf dem mit Pfützen überzogenen Asphalt. Dieses Aquaplaning machte dem Fahrer dagegen erheblich Spass und, als wir beinahe in einem Reisfeld, in dem Enten schwammen, gelandet wären, ermahnten wir in wieder. Er war sichtlich enttäuscht, aber er zügelte sein Temperament, als ihm angedroht worden war, er kriege kein Trinkgeld, wenn er so übermütig fahre. Offensichtlich wollte er früh in Nha Trang ankommen, um dann zeitig seinen Tiefflug zurück nach Saigon antreten zu können. An eine Chauffeurverordnung hatte er sich nicht zu halten. Es gab auch keine Fahrtenschreiber und keine Ruhezeitbestimmungen. Ansonsten nahmen es die Vietnamesen damals gelassen mit der Zeit, noch gelassener als heute. Das Sprichwort „time is money" ist zwar auch hier bekannt, heißt „thi gio la tien bac", ist aber kein Zauberwort. Die Vietnamesen nehmen es nicht so wörtlich. Das Warten gehört zu ihrem Leben. Eile mit Weile passt besser zu Vietnam als „time is money".

Wir erreichten Phan Rang, wo wir die Bahnlinie Saigon Nha Trang überquerten. Als wir für eine für Vietnamesen obligate Zwischenverpflegung auf einer Raststädte uns die Füße vertraten, umsäuselte uns eine leichte von Meeresluft geschwängerte Brise. Aber noch war das Meer nicht in Sichtweite und es dauerte eine gefühlte Ewigkeit, bis wir kurz vor Cam Ranh, dem heutigen, aus einem Militärflugplatz der Amerikaner entstandenen Flughafen von Nha Trang, eine Bucht des vietnamesischen Meers erreichten. Dann folgten wir wieder der Inlandstraße, welche mehr schlecht als recht ausgebaut war. Heute erreicht man Nha Trang vom Flughafen aus auf einer breiten, fast unbefahrenen Betonstraße, die scheinbar für „ma", Geister, gebaut wurde, in einer guten Stunde. Damals wurden wir noch gute zweieinhalb Stunden durchgeschüttelt. An der Straße reihte sich Reisfeld an Reisfeld, soweit unser Blick reichte. Neu bewässerte und unbepflanzte Felder dienten als Ententeiche. Heute gibt es hier viele Shrimpszuchten. Die Garnelen wachsen hier viel schneller als im offenen Meer, weil sie mit Kraftfutter und Antibiotika aller Art gefüttert werden und dann groß und kräftig auf den Markt und in den Export gelangen und letztendlich auch unsere europäischen Gourmetteller zieren. Eine Augenweide. Nur ziehe ich die Garnelen, welche die Fischer aus dem Meer ziehen, vor, denn diese wurden nicht mit Kraftfutter hochgepäppelt und gezüchtet, auch wenn sie nicht reiner sind als das auch belastete Meerwasser. In Nha Trang angekommen, wähnte ich auch schon wieder die Magen der Reiseteilnehmerinnen knurren zu hören und alsbald schon lamentierten und jammerten sie, „an com", was soviel wie „lasst uns essen" bedeutet. „Com" bedeutet Reis, das Grundnahrungsmittel und ist gleichzeitig die Bezeichnung für Essen analog wie bei uns das Brot. „Gib uns unser täglich Brot", heißt es im Vaterunser. Also gingen wir essen. Wir fuhren zum sechs Kilometer langen Beach. Etwa 500 Meter südlich des Alexandre Yersin Museums hielten wir an und steuerten direkt auf ein Strandrestaurant zu, wo wir alle, inklusive Fahrer, uns frischen gebackenen Fisch, süß sauer, gegrillte Garnelen, gekochte Schnecken mit grünen Bananen, Frösche an Ingwer und gehacktes Schweinefleisch in Blättern frittiert „cha la lot" gönnten. Danach wurde der Fahrer unter Verdankung seiner geleisteten Dienste und mit einem mehr als angemessenen Trinkgeld auf die Rückfahrt nach Saigon entlassen und wir begaben uns auf Schusters Rappen nach Hause, meine künftige Frau und ich zu deren Tante, die mit ihren zwei Töchtern, einem Sohn, einem Schwiegersohn und einem Enkel in einer mittelgroßen, aber bescheidenen Behausung an sehr guter Lage wohnte.

Dort packten wir vor sechs strahlenden Augenpaaren die aus der Schweiz mitgebrachten Souvenirs, Toblerone- und Cailler-Schokoladen aus, welche, kaum vor Augen, auch schon in hungrigen sechs Mäulern verschwanden. Ich konnte mich des Eindruckes nicht erwehren, jedes der Mäuler hätte Angst, ein anderes Kieferwerk oder nachts eine Ratte oder Kakerlake würde sich an das Schokoladefestmahl heranstehlen, eine Gefahr, der getreu des Schweizer Sprichwortes, „sälber frässä macht feiss", sofort vorgebeugt werden musste.

2. Am Wolkenpass

Eine Beschreibung Vietnams mit dem Wolkenpass zu beginnen, ist etwa gleichbedeutend, wie in einem Bericht über die Schweiz mit dem Gotthardpass oder bei der Charakterisierung eines Kindes mit dem Bauchnabel anzufangen. Der Wolkenpass ist im Zentrum von Vietnam. Er liegt in der Mitte des langgezogenen Landes, stellt eine Klimascheide dar und trennte früher, aber verbindet heute geografisch Nord- und Südvietnam. Er war über Jahrhunderte historisch bedeutend. Im 15. Jahrhundert bildete er die Grenze zwischen den Reichen der Viet und der Champa. Die Franzosen errichteten später auf der Passhöhe Befestigungsanlagen, welche ich mehrmals besichtigt habe, und die Amerikaner benützten diese als Bunker, befand sich doch die Demarkationslinie zwischen den Fronten nur unwesentlich nördlich davon, etwa bei Hue, und lag der größte amerikanische Stützpunkt nur wenig südlich, bei Da Nang. Auch die Literaten und Poeten inspirierte der Hai Van Pass, wie er auf Vietnamesisch genannt wird. In Heldensagen und Gedichten wurde er seit Jahrhunderten beschrieben und besungen.

Das erste Mal überquerte ich den Wolkenpass im Zug auf einer Reise von Nha Trang nach Hanoi, welche damals, Mitte der 90er Jahre, mindestens zwei Tage und zwei Nächte dauerte. Ich war mit meiner damaligen Freundin und späteren Frau und deren invalider Tante unterwegs, welche ich samt ihren Koffern in ihrer Hand zum Bahnsteig getragen hatte, die dann bis Da Nang in jedem Bahnhof von ambulanten Händlern am Wagenfenster soviel Ware eingekauft hatte, dass ich mir ausrechnete, sie am Ziel nicht mehr mit allem Zusatzballast tragen zu können. Als sie in Da Nang am Gehsteig dann noch einen großen Betelnussast behängt mit Nüssen zum gemeinsamen Kauen mit der Familie erstanden hatte, verfügte ich einen unverzüglichen Einkaufsstopp für weitere Mitbringsel unter Androhung, dass ich bei Nichtbeachtung entweder sie oder die Einkäufe in Hanoi im Zug liegenlassen würde. Dies half. Sie enthielt sich vom Kauf weiterer Souvenirs und kaute auf der restlichen Wegstrecke fleißig Betelnüsse, spuckte den roten Saft jeweils in Gegenfahrtrichtung aus dem Wagenfenster auf die Gefahr hin, die Fahrgäste der nächsten Abteile zu bekleckern. Sie hatte verstanden, dass sie mich von meiner Kuliarbeit, so gut es ging, entlasten musste.

Die Diesellokomotive stampfte mit acht Wagen ächzend und schnaubend seitlich den Hang hinauf. Die Bahntrasse war anders als die der früheren Gotthardbahn, wo sich Kehrtunnel an Kehrtunnel reihte, eng an den Hang des Halbinselsporns angelegt worden, der weit ins Meer hinausragte. Die Natur hatte die Schienenbauer unterstützt. Der Zug schmiegte sich an die dunkelgrüne dichte Vegetation am Hang an, als ob er ihren Schutz vor dem Gefälle und einem Salto mortale ins Meer suchen würde. Durch diesen Umweg um den ca. 500 Meter hohen Pass konnte die Steigung für die Diesellok erträglich gehalten werden. Und trotzdem spürte und hörte jeder im Zug, dass diese für uns Schwerstarbeit verrichtete. Alle Reisenden hingen buchstäblich aus den Fenstern, sahen die Landschaft langsam und gemächlich an sich vorbeiziehen und schauten über die Meeresbucht zurück nach Da Nang, das langsam im Dunst verschwand. Erst, als wir durch einen Tunnel die Spitze der Landzunge erreicht hatten und zuerst das offene Meer und nach dem Abdrehen zurück zum Festland die weißen Strände vor Hue sichtbar wurden, nahm der „petit Train du Vietnam", wie er in einer Beschreibung des französischen Schriftsteller Philippe de Baleine liebevoll genannt wird, Fahrt auf und die Reisenden ließen sich wieder auf ihren Couchettes nieder, worauf es nicht nur immer schneller voranging, sondern auch das laute Geschwätz in allen Wagenabteilen immer flüssiger wurde. Der Himmel war bei dieser Zugfahrt zwar bedeckt, aber der Wolkenpass, nomen non est semper omen, nicht verhangen. Deshalb waren vorerst die Küsten des Südens mit der Bucht von Da Nang, welche mit dem Ban Dao Son Tra Naturreservat fast ein 270 Grad Dreiviertelrund bildete, und später die Küste im Norden, mit den weißen Stränden vor Hue, einigermaßen klar sicht- oder zumindest erkennbar. Ich habe den Wolkenpass im „kleinen Zug von Vietnam" noch ein paarmal in beiden Richtungen bereist, immer wieder war dies ein beeindruckendes Erlebnis und alle Reisenden öffneten jeweils die Fenster, reckten und streckten sich hinaus und bewunderten diese einmalige Landschaft.

Bei unserer Überquerung in einem Kleinbus ca. acht Jahre später wurde der Wolkenpass seiner Reputation voll gerecht. Er war mit dicken Wolken verhangen, die sich schwer die Hänge hinunter wälzten. Meine Frau und ich reisten mit zwölf schweizerischen und österreichischen Freunden von Süden nach Norden. Wir waren am Morgen in der wunderbaren alten Stadt Hoi An gestartet und schlängelten uns nun durch den Stoßverkehr im dichten Nebel die enge Passstraße hinauf, was die Taxi- und

Motorradfahrer, welche nun generell schon häufiger anzutreffen waren, nicht davon abhielt, trotz Gegenverkehr passab-passauf zu überholen, sodass die zweispurige Strecke teils von vier nebeneinander fahrenden Fahrzeugen beansprucht wurde. Wir standen alle aufrecht im Bus und kommentierten aufgeregt das Verkehrsgeschehen. Entsetzt schrieen wir Reisende:

„Schau, das geht doch nicht, das gibt einen Unfall, und der, der wird stürzen, ah, der kann noch bremsen, jetzt, nein, der weicht aus, ei, ahh, verrückt, schaut, der, nein, unmöglich, in der Schweiz wäre der tot, in Österreich gäbe es eine Anzeige. Die sind ja halsbrecherisch, das sind Kamikazefahrer. Nein, ich glaub das nicht. Das gibt's nicht!"

So reihte sich Aufschrei an Aufschrei die ganze Strecke der Serpentinen hinauf, bis wir erlöst die Passhöhe erreichten, anhielten, uns zur Entspannung die Füße vertreten und uns einen vietnamesischen Kaffee „fin", einen starken Filterkaffee, zu Gemüte führen wollten. Doch aus einer Entspannung wurde nichts. Wir wurden von den Straßenhändlern fast zerrissen, nachdem uns vorher schon die Bettler beim Ausstieg mit flehenden Augenpaaren, hohlen Händen und Ärmelzupfen überfallen hatten. Selbst nachdem einer der Garküchenbesitzer uns erfolgreich in seine Bude gezerrt hatte, wurden wir des aggressiven Angebots an Sonnenbrillen und Fächern, dringlichst gebraucht bei Regenwetter, gefakten US-Army Feuerzeugen, Schlangen- und Skorpionschnaps mit eingelegten Biestern (beides Aphrodisiaka), Kaugummis, Lotterielosen, Äffchen, die sich uns zwecks kostenpflichtiger Fotografie durch den Halter in unseren Schoß setzten, nicht los. Das war die fast noch stressgeladenere zweite Etappe der Überquerung des Wolkenpasses. Die dritte folgte sogleich: Wir bestiegen wieder unseren Bus und los ging's die Nordseite hinunter und wieder spielte uns der Verkehr das Lied vom Tod. Nur hatten wir uns diesmal bereits eine Elefantenhaut übergestreift und nahmen die Gefahren gelassener. Noch nicht so wie die Vietnamesen, aber wir erkannten, dass diese und Asiaten generell, sich beweglicher in den Straßenverkehr einfügen als Europäer und dass sich weniger Knoten bilden, sondern der Verkehr durcheinanderfliesst. Hier scheint der Reißverschluss mit Gegenverkehr erfunden worden zu sein. Der Verkehr floss wie das Wasser den Berg hinunter, allerdings fast wie ein Wildbach. Von der Klimascheide bemerkten wir bei dieser Passfahrt nichts. Wo bei der Hinauffahrt tropisches Sudelwetter geherrscht hatte, badeten wir diesmal in subtropischem Hundewetter und es regnete auch noch „cats and dogs", wie Engländer sagen würden, als wir in Hue ankamen.

Oft wirkt aber der Wolkenpass, anders als an diesem Tag, als echte Klimascheide, auch wenn die nahe Ai Van Son Spitze mit nur 1.200 Meter den Himmel nur schwach streift. Oft werden die kalten Winde, welche vom chinesischen Festland im Dezember und Januar die vietnamesische Küste hinunterheulen und das Leben fast zur Erstarrung bringen können, hier aufgehalten. Im Tonkinbecken um Hanoi kann es im Januar und in der ersten Hälfte des Februars empfindlich kalt werden und in den Bergen um Sapa gar schneien. Oft ist der Temperaturunterschied im Norden abrupt, wenn der Nordwind plötzlich stark vom asiatischen Kontinent her weht. Ich habe nördlich von

Hanoi schon erlebt, dass die Tagestemperatur von 25 Grad von einem Tag auf den andern bei starker Brise auf kalte 8 Grad abgesunken ist. Die gefühlte Temperatur war dann noch viel tiefer, weil die Häuser auf dem Lande um Hanoi herum nicht beheizt sind. Solche Abkühlungen sind nur im subtropischen Norden möglich, im tropischen Süden, namentlich im Mekongdelta und in Phu Quoc, bleibt die Temperatur tagsüber zwischen 30 und 34 und nachts um 26 Grad konstant. Ich mag mich an einen Anruf aus Hanoi in unserem Traveller's Lodge auf der Insel Phu Quoc, im äußersten Südwesten von Vietnam Anfang Februar letzten Jahres erinnern. Eine Frau, offensichtlich eine Hotelbesitzerin, erklärte mir auf Vietnamesisch, ihre Gäste wollten unverzüglich zu uns in den Süden reisen. Sie verband mich und am Apparat sprach eine Stimme in stark eingedeutschtem Englisch. Ich erklärte dem Mann, dass er ruhig Deutsch sprechen könne.

Er klagte: „Wir sind acht Kumpel und zwei Frauen aus Duisburg. Hier in Hanoi ist es arschkalt und wir wollen unverzüglich weg. Wie ist die Tagestemperatur bei euch?"

Antwort: „31 Grad!"

„Wir kommen morgen!"

„Wann?"

„Um 9.30 Uhr sind wir da."

„Soviel Platz haben wir nicht."

„Ist egal. Wir sind Bergwerksarbeiter und unkompliziert."

„Ok!"

Pünktlich um 9.30 Uhr waren sie da. Vier Kumpels und zwei Frauen schliefen neun Tage in einem unserer Familienhäuser und vier in einem Pavillon auf unserem Weiher. Unser tropisches Klima rettete ihre ursprünglich falsch geplante Reise. Natürlich geht das subtropische nicht abrupt am Wolkenpass in tropisches Klima über. Der Übergang von Norden nach Süden erfolgt allmählich. Während der Norden vier Jahreszeiten kennt, erlebt man im Süden nur deren zwei, nämlich eine Trocken- und eine Regenzeit. Während um Hanoi und im hohen Norden die empfindlichen Kokospalmen, Mangos und Durian nicht wachsen, kennt der extreme Süden wenige typisch subtropische Früchte, wie zum Beispiel die Zitronen und Orangen. Im Norden gibt es jährlich zwei Reisernten, im fruchtbaren Mekongdelta deren drei.

Nachdem ich mit diversen Gruppen hin und wieder unspektakulär durch den 2005 erstellten 6,5 Kilometer langen Wolkenpasstunnels gefahren war, entschlossen wir, das heißt eine kleinere Reisegruppe, uns im September 2016, die Fahrt von Hue nach Da Nang über den Wolkenpass zu wagen. Eine absolute Traumfahrt! Wir hatten die Tage vorher in Hue, der alten Kaiserstadt verbracht und dort vorerst die kaiserliche Zitadelle mit der sogenannten verbotenen purpurnen Stadt, die dem Kaiser und seinem Gesinde vorbehalten war, besichtigt. Am nächsten Tag waren wir zur Tu Dam Pagode, zum Altar für Himmel und Erde, zum Grab von Tu Duc, der 104 Frauen, aber keine Kinder hatte - offenbar waren alle Frauen unfruchtbar - und die Dien Hon Chen gefahren, wo wir von den Taxis auf ein Boot umgestiegen und gemütlich den Parfümfluss hinunter zur Tien Mu Pagode getuckert waren, der untergehenden glühenden Sonne entgegen.

Dabei hatte der Fischgeruch des Wassers, das wir durchpflügten, eher unseren Appetit auf Meeresfrüchte als unsere Lust auf eine nach Parfüm duftende Massage geweckt. Nun starteten wir also in Hue in einem Großtaxi und fuhren der Küste in Richtung Südosten dem Lang Co Strand entlang, der weitgehend noch unerschlossen ist. Azurblau zeigte sich der Himmel und smaragdgrünün umschmeichelte das Meer die weißen Sandstrände, welchen wir über Kilometer folgten. Beim Lang Co Beach Resort konnten wir den Verlockungen des Strandes und unseren kulinarischen Bedürfnissen nicht mehr widerstehen und rasteten unter Palmen, erfrischten uns bei einem Bad im relativ flachen und für die Ostküste Vietnams auffällig ruhigen Wasser und verköstigten uns mit gebackenem Fisch und gegrillten Langusten. Auf der Weiterfahrt entfernten wir uns bald vom Meer und der Aufstieg zum Wolkenpass begann. Die Fahrt stand diesmal nicht im Zeichen der Kamikaze. Der Tunnel hatte den Verkehr buchstäblich verschluckt und die Bergfahrt wurde zur entspannten Idylle. Glasklares Wetter, blauer Himmel, nach der Regenzeit saftgrüner tropischer Regenwald. Beim Blick zurück über den Haarnadelkurven kamen wir in den Genuss von postkartenreifen Bildern des Strandes, der uns eben noch zum Bade eingeladen hatte. Dann erreichten wir die Passhöhe, hielten an, stiegen aus und der 13 Jahre zuvor erlebte Kampf mit den Händlern wiederholte sich. Nur waren wir diesmal die einzigen Opfer, weil keine anderen Verkehrsteilnehmer über den Pass fuhren und als Reisegruppe passten wir perfekt in ihr Beuteschema. Der Händler waren jedoch noch ebenso viele wie damals. Nur die Kundschaft fehlte diesmal. So traumhaft der Blick zurück nach Nordvietnam, und so wunderbar die Aussicht auf die weiße Bucht von Da Nang in den Süden waren, mit den im

Gegenlicht der Sonne stahlblauem Himmel und dunkelblauem Meer, wo sich die Weiten Südvietnams auftaten, so ekelhaft empfanden wir die Belästigung der Händler, der wir uns leider nicht mit Mückenspray erwehren konnten. Wir hätten gerne länger hier verweilt. Aber zur Muße lud der Wolkenpass trotz herrlichen Wetters nicht ein. Wir besichtigten das französische Fort und die amerikanischen Befestigungsanlagen oder, was noch davon übrig war, zogen uns bald in den Schoß des schützenden Großtaxis zurück und hinunter ging`s in Richtung Da Nang. Man sieht vom Pass bei schönem klaren Wetter sehr weit nach Norden und nach Süden, aber erblickbar ist nur ein winziger Teil der fast unermessliche Nord-Süd Ausdehnung dieses Landes, welche sich vom 8. bis zum 23. Grad nördlicher Breite über 1.650 Kilometern erstreckt. Nicht vom Pass, aber vom Hai Van Son Huegel könnte man das Land aber in seiner ganzen Breite mit bloßem Auge erfassen, denn es ist hier nur ca. 60 Kilometer, an der schmalsten Stelle nur deren 50 breit, sodass die Berge von Laos gut sichtbar wären. Von der Fläche her ist Vietnam mit 357.000 Quadratkilometern Fläche nur unwesentlich kleiner als Deutschland. Mich erinnert es, wenn ich eine Landeskarte vor mir habe, immer an ein stehendes Seepferdchen, welches seit langem kein Futter zu sich genommen hatte, denn im Magen- oder Nabelbereich ist es doch sehr dünn, an ein vietnamesisches Seepferdchen, das ein ebenso schlechter Nahrungsverwerter ist wie die Landesbewohner. Aber der Deutungsversuche gibt es viele. In Reiseführern wird die Form des Landes entweder mit einem Drachen oder mit einer Tragstange und links und rechts je einem Reiskorb verglichen, links das Flussbecken des Roten Flusses mit der Tonkin Ebene um Ha Noi und den sie gegen China und Laos umsäumenden Bergen und rechts der „dong bang song Cuu Long", das Delta des Mekongs und des Saigon Flusses. Vielleicht entspricht die letzte Vorstellung am ehesten der vietnamesischen Eigenschaft, stets ans Essen zu denken, wenn auch der Drachen, der seine Lefzen gegen den großen Bruder China fletscht und mit jedem Augenblick Feuer zu speien droht, martialischer erscheint. Die Chinesen werden dabei daran erinnert, dass sie sich hüten sollten, Vietnam je wieder anzugreifen, wie sie dies 1977 taten und dabei kläglich untergingen, indem sie schon weit vor Hanoi, in der Gegend um Bac Giang von den vietnamesischen Reservetruppen in die Flucht geschlagen worden waren, derweil die Elitetruppen der Vietnamesen um Hanoi herum einen Sicherheitskordon gebildet hatten, welcher nicht in Kontakt mit den Invasoren kam. Die Eliten warteten vergeblich darauf, den Feind aufreiben und demütigen zu können. Seepferdchen, Reiskörbe mit Stange oder Drachen, der Rorschachtest lässt bei diesen Betrachtungen der Formen des Landes von Vietnam grüßen.

Sie sehen, lieber Leser, der Wolkenpass nahm auch mich gefangen und beflügelt immer wieder meine weniger poetischen als vielmehr prosaischen Gedanken. Gewisse Pässe haben es in sich. Sie sind sagenumwoben, geschichtsträchtig und oft von großer symbolischer Bedeutung für ein Land. Ähnliche Erfahrungen hatte ich auf der Schulreise am Gotthardpass gemacht, bei der Überquerung der Teufelsbrücke und dem Besuch des Denkmals des russischen Generals Suworow, der mit 200.000 Soldaten den Pass überquerte, um sich dem Kampf gegen Napoleon zu stellen, wobei es zu Scharmützeln an der Teufelsbrücke kam. Ebenso hatten mich als junger Hitchhiker die Eindrücke am Khyberpass, in Afghanistan, dem Tor von Zentralasien zum indischen Subkontinent, überwältigt, den ich zweimal auf meinen Indienreisen überquert hatte und wo ich einmal in der Nacht auf der Passstraße geschlafen hatte, weil ich wegen der Schlangen nicht wagte, mich ins Gras daneben zu legen. Heute stellt der Khyberpass die Kernstrecke des Schmuggler-, Flüchtlings- und Talibantrecks dar, früher hatte er eine große strategische Bedeutung und war Ort verschiedener kriegerischer Auseinandersetzungen, unter anderem zwischen Engländern und Afghanen.

3. Im Mekongdelta

Das Mekongdelta sollte man wie jedes andere Flusssystem auf dem Wasser und nicht auf dem Straßennetz bereisen, weil einem diesfalls ein großer Teil der Ur- und Eigentümlichkeit des Lebens entgeht, die diese Region im und am Wasser beherbergt. Die meisten Reisen in dieses hoch interessante und eigenartige Flusssystem habe ich bereits auf dem Wasser angetreten, indem ich von der Insel Phu Quoc, wo ich wohne, mit der Fähre über die Meeresenge im Golf von Siam in die Häfen von Ha Tien oder Rach Gia gelangte. Auf einer Reise nach Ha Tien war schon die Überfahrt abenteuerlich. Wir saßen in einem Schnellboot, dem Vorgängerschiff des heutigen Superdongs. Die Vietnamesen klebten alle gebannt an den Flachbildschirmen, die „Cai Luong"-Operetten darboten, als die vorerst ruhige See sich schnell in ein Ungetüm verwandelte, sich auftürmte und das Wasser sich schließlich in riesigen Wogen gegen das Schiff stemmte, sodass wir meinten, auf einer Schiffsschaukel auf dem Jahrmarkt zu schaukeln, oder viel besser noch in einem Toboggan auf einem Erlebnispark in die Höhe katapultiert wurden, um dann wieder in die Sitze gedrückt zu werden, wodurch unser Magen in einem Jo-Jo Spiel der Kräfte abwechslungsweise gedehnt und zusammengedrückt wurde. Die Vietnamesen konzentrierten sich nun nicht mehr auf das „Cai Luong" Lustspiel, das Bild auf dem Bildschirm ging in ein Flimmern und dann in starkes Schneetreiben über, es färbte sich grau, dann schwarz, der Rauschton im Hintergrund wurde stärker und stärker und schließlich knackte und krachte es laut, als ob wir Schiffbruch erlitten hätten. Schlussendlich ging der Vorstellung definitiv der Atem aus, der Bildschirm wurde schneeweiß wie auch die Gesichter eines Großteils der Passagiere und glich letzten Endes einem gewaschenen Leinentuch. Es wurden weiße Hygienesäcke verteilt und ein Kotzgejodel löste die „Cai Luong"-Operette ab, was meine permanente Hühnerhaut, ausgelöst durch die vorherige Katzenmusik der Cai-Luong Oper, zur Gänsehaut anschwellen ließ. Ich möchte nicht behaupten, dass ich dem Wellengang unbeschadet widerstand. Auch meine Begleiter und ich hielten uns zeitweise weiße Tüten vor den Mund, aber meine Sitznachbarin, eine ca. 60jährige Phu Quocerin, profitierte von jedem Tütenwechsel, welchen die aufmerksame Schiffsbesatzung anbot und füllte - wenn auch nicht bis zum Rand – acht Tüten. Mein Hauptproblem dagegen war nicht nauseatischer Natur, sondern diarrhoeinduziert. Montezuma hatte am Vorabend seine Rache angekündigt und trotz Bearbeitung des Magens mit Schul- und Naturmedizin musste ich dringend einen stillen Ort aufsuchen. Einen Ort gab es zwar, aber still war der nicht, denn Seekranke, welche ihre Tüten verloren hatten, versuchten sich dort und darum herum von ihren Magensorgen zu befreien, wobei ihre Treffsicherheit arg zu wünschen übrig ließ, was verhinderte, dass ich mich meiner Darmprobleme entledigen konnte. - Die Fahrt erinnerte mich an eine Überquerung des tyrrhenischen Meers von Tropea nach Lipari, auf der sämtliche Passagiere bei hohem Seegang ihre weißen Tüten füllten und der Italiener neben mir, offensichtlich ein Linkshänder, mit der rechten Hand die Tüte vor den Mund hielt und mit der linken das Cellulartelefon am Ohr und abwechseln kotzte und konferierte. Ich hoffte inständig, dass er die Instrumente für diese beiden Tätigkeiten nicht miteinander verwechseln würde. Obwohl es im bekannten Lied heißt: „Eine Seefahrt, die ist lustig, eine Seefahrt, die ist schön", war diese Seefahrt auch so wenig lustig wie eine Überfahrt, die ich seinerzeit in Neuseeland von der Insel Waiheke dem Vulkan Rangitoto entlang nach Auckland erlebt hatte, als das alte Schiff Barona mit bedenklicher Schieflage in den Wellen schaukelte, meine Frau die scrambled eggs, die sie gefrühstückt hatte, über die Reling der dem Wasser zugeneigten Leeseite den Fischen verfütterte und ich sie energisch festhalten musste, damit sie nicht das Gleichgewicht verlor und selbst zum Fischfutter wurde. Auch heute warf der Seegang das Schiff, welches vorher so elegant wie ein Pfeil übers Wasser geglitten war, wie eine Nussschale hin und her. Es tuckerte nun mühsam, wie ein Eintakter-Fischerboot, entlang der kambodschanischen Seegrenze, vorbei an kleineren Inseln, die am Fenster gefährlich auf und ab tanzten, seiner Destination, dem Flusshafen von Ha Tien entgegen, der eine Unendlichkeit lang nicht näher kommen wollte. Alle Kambodscha Reisenden würden in ihrer Erwartung enttäuscht werden, noch an diesem Tag Cheb, Kampot oder gar Sihanoukville erreichen zu können. Sie schafften es allenfalls noch, mit dem „xe om", dem Motorradtaxi, an die Grenze zu gelangen, die Zollformalitäten zu erledigen und sich ein Visum für Kambodscha zu beschaffen. Eigentlich schade, dass die meisten Reisenden wie Gazellen auf der Flucht vor dem Raubtier fliehen und nicht verweilen können. Sie sind wohl auf der Flucht vor dem Hier und Jetzt ins rettende Dort und Was-Wird-Sein. Ha Tien wäre ein sehr hübsches Städtchen mit ca. 50.000 Einwohnern, das man besuchen und in dem man verweilen sollte. Man fühlte sich dort bis in die letzten Jahre in einen Dornröschenschlaf versetzt. Ha Tien war eine schlafende, gemütliche Idylle, ähnlich einem französischen Städtchen in der France profonde vor 50 Jahren.

Das erste Mal, als wir dort zu übernachten beabsichtigten, hatten wir in einem Hotel am Fluss, einem Seitenarm des Mekong, gegenüber dem Hafen beim neuen Markt eingecheckt. Der Rezeptionist ruhte schlafend in Embryostellung in einer Hängematte. Das kühlende Lüftlein, das durch die auf zwei Seiten geöffnete Lobby säuselte, wiegte ihn leicht hin und her. Daneben, am Boden döste ein Baby in einer Kinderwiege, welche durch eine Schnur mit der Hängematte verbunden war und sich im Takt mit dieser bewegte. So schaukelte der Wind Vater und Kind. Unsere Reisegruppe drosselte angesichts dieses Idylls abrupt die Lautstärke ihrer Unterhaltung. Niemand wollte die kleine Familie in ihrer seligen Ruhe stören. Eine Glocke stand auf der Theke vor uns. Niemand stand dahinter. Wir versicherten uns, dass die Mutter des Kindes nicht irgendwo in einem Ablagefach unter der Theke schlief, wie man dies in vietnamesischen Kleinhotels häufig antrifft. Wir wagten nicht, mit der Glocke zu klingeln und das Paar aus seinen Träumen zu reißen. So stellten wir unsere Rucksäcke hinter den Desk, setzten uns in ein Café am Flussufer gegenüber des Hoteleingangs und genehmigten uns einen „Cafe sua da", einen Kaffee mit süßer Kondensmilch und Eis, beaufsichtigten durch den offenen Eingang unser Gepäck und nahmen jedes Räuspern der zwei Schlafenden erwartungsvoll als Signal zum baldigen Einchecken zur Kenntnis. Und, siehe da, als das Eis des Kaffees geschmolzen war, hatte sich auch der Bedienstete aus seiner

Hängematte gehangelt und streckte sich. – Solche Szenen erlebt der Reisende nicht, wenn er, wie ein vom Jagdtrieb besessener Windhund seinem elektrischen Hasen, dem möglichst entfernten Ziel, nachrennt. Der Weg sollte das Ziel des Reisens sein. Reisen ist ein Prozess wie leben. Wir reisen, um zu reisen. Wir leben, um zu leben, nicht nur, um möglichst schnell in den Himmel zu kommen.

Nun, auch diesmal erreichten wir schließlich den Hafen von Ha Tien. Ich drängte mit den Ersten zum Ausstieg, fand schnell eine Teeschenke und bestellte, während ich an den rettenden Ort rannte, einen „cafe den nong", einen heißen schwarzen Kaffee. Der stand dann schon auf einem Plastiktischchen, als ich erleichtert zurückkehrte und die anderen Reiseteilnehmer mich wieder eingeholt hatten. Dann fuhren wir auf sechs Motorradtaxis, denn sechs Personen waren wir, über die Brücke zum andern Flussufer und checkten wieder im gleichen Hotel ein, neben dem jetzt das bekannteste und schönste Hotel von Ha Tien, das River Hotel, fertiggestellt worden war. Diesmal war das Ambiente weniger gemütlich. Zwar begrüßte uns derselbe Rezeptionist, aber Hängematte und Wiege fehlten. Vom Dach nervte uns den ganzen Tag das künstliche Vogelgezwitscher, das Schwalben anlocken und zum Nestbau animieren sollte, woraus dann die kulinarische beliebte Schwalbennestersuppe gewonnen werden sollte. Zudem plärrten unterschiedlich amusikalische Karaokeselbstdarsteller aus dem obersten Stock bis spät in die Nacht hinein. Mittlerweile, dies habe ich wiederum ein paar Jahre später festgestellt, haben sich im Zentrum auf immer mehr Dächern Schwalbennesterproduktionen eingenistet und damit begleitet den Bewohner tagsüber ein gehörschädigendes, schrilles Gezwitscher, gegen welches man sich nur mit Oropax einigermaßen schützen kann. Leider kann die Suppe nur von Schwalben, nicht aber von Amseln, Nachtigallen oder Lerchen gewonnen werden, welche bedeutend schöner singen würden. Aber die einen trällern aus Schnabel und Kehle wunderbare Musik und die anderen produzieren köstlichen Speichel, einen kulinarischen Genuss. Ist das die ausgleichende Gerechtigkeit der Natur? Nun, trotz alledem würde die Stadt eigentlich zum Verweilen einladen: Das Flussufer mit dem schwimmenden Restaurant, der lebendige Markt, der Tempel Tam Bao der Buddhistennonnen mit den verschiedenen Pagoden, die für unsere Augen zum Teil vielleicht etwas kitschig anmuten, und dem kunstvollen Garten im Innenhof, sind sehenswert. Gegenüber steht die weiße katholische Kirche mit ihrer licht- und luftdurchlässigen Architektur und etwas außerhalb das Mac Cuu Familiengrab, das in einem idyllischen Park am Berg liegt. Diesen haben wir auch diesmal bestiegen. Weiter nördlich besuchten wir wieder einmal die Phu Dung Pagode, deren Mönche ich zum Teil bereits kannte. Der Ober lud uns zu einem Tee mit Süßigkeiten ein, während wir im Lotussitz um ihn herum zu sitzen versuchten, der eine mit etwas mehr, der andere mit etwas weniger Talent, wobei vor allem die Eifrigsten sich nachher über Knieschmerzen beklagten. Ich trug zufällig ein tibetanisches Hemd auf dem „om mani padme hum", die berühmte tibetanische Mantra, aufgestickt war, weshalb der Ober mich für einen praktizierenden Buddhisten hielt und mich beauftragte, assistiert von zwei Novizen, 21 mal den Tempelgong zu schlagen. Ich versuchte diese Aufgabe so würdevoll wie möglich zu erledigen und die Gruppe bestätigte mir nachher, dass ich einen guten Job geleistet hätte. Dann schenkte er uns 21 Teekerzenlichter, die wir später in unserem Travellerslodge bei Festlichkeiten, wie an Weihnachten und bei Hochzeiten aufstellten, womit sie ein würdiges Fortleben fanden. Nahe an der kambodschanischen Grenze besuchten wir auf sechs xe-om Motorradtaxis den Höhlentempel und erstanden auf dem darunterliegenden Markt, wo Schmuggelware aus Kambodscha auslag, Hängematten mit aufgenähten Moskitonetzen, die am Rücken verstärkt waren, sodass Moskitos weder von unten noch von oben angreifen konnten. Den Mui Nai Strand an der Grenze besuchten wir diesmal nicht. Er ist nicht gerade spektakulär und lädt wegen seiner Lehmschicht im Wasser weniger zum Bad ein als die herrlichen Sandstrände auf der Phu Quoc Insel.

Als wir früher einmal an einem Sonntag dort die Strandruhe genießen und entspannen wollten, schwante uns beim Herannahen einer Armada von Reisebussen, vollgepfercht mit vietnamesischen Sonntagsurlaubern, Unheilvolles. Die Busse entleerten ihre Bäuche und heraus strömten Großfamilien, bestehend aus drei bis vier Generationen von Menschen, be- ja, überladen mit Körben von Essen, Grillen und Kochgeräten aller Art, Schwimmhilfen, Sportgeräten und Cityblastern. Sie breiteten sich aus und belagerten den Strand, Gruppe an Gruppe, Großfamilie an Großfamilie. Da war Kindergewusel am und im seichten Wasser, Schreien und Gekreische. Ein Kuddelmuddel von Frittierdüften verbreitete sich, Kochdampforgien von brodelndem Shrimp, Fisch, Krebs, Schweine- und Rindfleisch aller Art und Gemüse. Da beschallte uns ohrenbetäubende

Musik in allen exotisch-vietnamesischen Varianten, sich alle zehn Meter abwechselnd, sodass, wo immer man sich zwischen zwei Großgruppen befand, die unterschiedlichen Musikrichtungen sich kakophonisch übelagerten und sich letztendlich zu einer dezibelstarken Einheitslärmkulisse aufbauten. Wir, die wir zu dritt waren, fanden immer weniger Platz, mussten immer näher zusammenrücken und wurden zwischen vielköpfigen Familienverbänden, welche sich immer aggressiver ausbreiteten, nahezu aufgerieben. Der Gang unter die Dusche, welche 20.000 Dong, ca. 70 Cents, kostete, stellte sich als Spießrutenlauf durch den nassen mit Duschabwasser durchtränkten Dreck heraus. Bald, nach einem Bad im Meer bis zur Hüfte, denn nur so tief reichte die schlammige warme Brühe im Meer, vermutlich aufgewärmt durch wasserlösende Kinder und inkontinente Greise, umgeben von Vergnügten in Schwimmwesten, Schwimmhilfen in Form von Lastwagengummireifen etc., flüchteten wir wieder in die damals noch ruhigere Stadt.

In der Zwischenzeit ist Ha Tien vom Prinzen namens Fortschritt aus dem Dornröschenschlaf wachgeküsst worden. Ha Tien hat sich in eine hektische wachsende Grenzstadt verwandelt. Man trifft immer mehr einheimische Bustouristen an. Die Moderne ist eingezogen. Und trotzdem fahre ich immer wieder gerne dorthin.

Am dritten Tag fuhren wir in einem Kleinbus weiter in Richtung Chau Doc auf einem schmalen Sträßchen, das sich auf langen Strecken eng an einen Kanal schmiegt.

Bei einer früheren Reise hatte die Fahrt per Boot auf dem Grenzkanal fröhlich und gemütlich begonnen, als irgendein Grenzpolizist die ungewöhnliche Fracht des Lastkahns mit uns Touristen bemerkt und uns ans Ufer gewunken hatte. Die Pässe waren kontrolliert, eingezogen und der Bootsführer aufgefordert worden, alleine, ohne die lebende Fracht weiter zu skippern. Wir wurden dahin aufgeklärt, dass dies ein Grenzfluss sei, welcher für Touristen Sperrzone darstelle. Daher mussten wir im Dorf einige Motorradtaxis auftreiben, damit die Fahrt zu Lande fortgesetzt werden konnte. Diesmal befand sich im Bus eine zufällig zusammengewürfelte Gesellschaft. Sechs Schweizer, eine Familie aus Holland und ein älteres schwedisches Paar mit schweren Überseekoffern, das den Eindruck erweckte, es befände sich auf einer Luxuskreuzfahrt und nicht auf einer Backpackertour. Nachdem wir ca. 30 Minuten durch Reisfelder den Grenzkanal entlang gefahren waren, wurden sie zunehmend nervös und fragten, ob sie sich auf der Stadtrundfahrt durch Ha Tien befänden. Sie hätten eine solche gebucht und wollten jetzt daran teilnehmen. Ich erklärte ihnen:

„Nein, dies ist keine Stadtrundfahrt. Sie sind auf dem Weg nach Chau Doc."

Darauf begann ein wilder Protest gegen die Busunternehmung, denn offensichtlich waren sie in den falschen Bus gesetzt worden. Wir hielten an und ich telefonierte mit dem Reiseorganisator, der nur Vietnamesisch sprach. Dieser erklärte, er werde ein Taxi nachschicken und das schwedische Paar zur Stadtrundfahrt abholen lassen. Wir warteten, nachdem die schweren Samsonitekoffer des Paares ausgeladen worden waren.

Nach 40 Minuten erreichten uns zwei „xe om" Motorroller mit zwei schmächtigen Männchen von Fahrern, um die verlorenen Schweden abzuholen. Damit flammte deren Protest von neuem wieder auf. Es war tatsächlich schwer vorstellbar, dass die zwei Wichte mit Grashüpferstaturen die zwei Riesenkoffer vorne auf dem Roller zwischen ihre Beine klemmen und hinten je einen schwedischen Hünen, wie riesige Knautschzonen gegen Auffahrkollisionen mitschleppen würden. Aber Vietnamesen sind akrobatische Rollerlastenträger und ich hätte ihnen dies trotz allem zugetraut. Nicht so die Schweden.

So musste ich deren neuerliche Reklamation telefonisch an den Reiseorganisator weitergeben und ihn auffordern, ein richtiges Taxi zu bestellen. Die Rollerfahrer mussten bis zu dessen Eintreffen vor Ort mit den Schweden quasi als Geiseln warten und ich erzwang die Weiterfahrt des Kleinbusses. So holperten wir endlich wieder entlang des Grenzkanals Chau Doc entgegen. Reisfelder, soweit das Auge reichte in Patchworkform zur Rechten, Hütten, Flussboote und Entenzuchten zur Linken. - Hin und wieder ein Fischerboot mit einem Schleppnetz und da und dort ein Fischer mit seiner Frau mit dem typischen „Non", dem konischen Strohhut, zum Schutz vor Sonne und Bräunung. Denn braun oder „den", schwarz, wie die Vietnamesen sagen, darf keine Frau, die etwas auf ihre Schönheit gibt, werden. Und das sind alle Vietnamesinnen unter 90 Jahren. „Schwarz" sein bedeutet nämlich, einer sozial niedrigen Klasse anzugehören. „Schwarz" ist gleichbedeutend mit hässlich.

Die Entenfarmen, die wir passierten, bestanden meist nur aus einem großen, grünen Netz, das an einigen Stecken hängend ein paar Hundert Enten, teils am erodierenden Ufer, teils im Wasser umzäunten, Enten, die im Schlamm und im Dreck schnabelten oder im Wasser   gründelten und denen hin und wieder wohl eine Ladung Mastkörner zugeworfen wurde, damit sie sich schneller dem Suppentopf entgegen fraßen.

Die Roten Khmer überquerten diesen nur einen Steinwurf breiten Grenzkanal in den Jahren 1975 bis 1978 mehrmals und schlachteten wahllos Vietnamesen ab. So wurde das ganze Dorf Ba Chuc mit 3.157 Menschen ausgelöscht. Das Motiv war wohl Rache für frühere Gebietsverluste der Khmer. Die Gegend hatte nämlich bis 1708 zu Kambodscha gehört, war diesem Land aber abhandengekommen. Seither leben Khmerminoritäten hier in Vietnam weiter. Die Khmer versuchten nun mit untauglichen Mitteln, diese Gegend zurückzuerobern, waren aber nicht zu mehr als gewissen Sticheleien fähig. Sie bewirkten nur, dass die vietnamesische Armee 1978 Kambodscha überrannte und Pol Pot in den Dschungel trieb, wo er sein Terrorregime weiterführte. Die Spuren des Khmervolkes und ihrer Kultur sind noch heute namentlich im Mekong Delta und auf Phu Quoc deutlich zu sehen. Die Khmer Tempel sind ganz anders gestaltet als die vietnamesischen oder chinesischen und das Volk der Khmer unterscheiden sich, soweit es sich nicht mit den Vietnamesen vermischt hat, von diesem durch die dunklere Hautfarbe und die runderen Mandelaugen.

Kurz vor Chau Doc fuhren wir am Nui Sam, dem 230 m hohen heiligen Berg, vorbei direkt Richtung Busbahnhof in Chau Doc, wo wir auf sechs „xe om" umstiegen und uns durch das Verkehrsgewühl durch den Markt zum Thuan Loi Hotel, nicht gerade die erste, aber die interessanteste Adresse in Chau Doc, führen ließen.

Das Hotel liegt direkt am und zum Teil auf dem Chau Doc River, einem wichtigen Seitenarm des Mekong. Die schönsten, aber auch lautesten Zimmer in den oberen Stockwerken erlauben speziell vom Balkon aus eine wunderbare Aussicht auf den Fluss. Soweit das Hotel neben dem Wasser steht, ist es auf fünf Meter hohe krumme Stelzen gebaut, die es vor dem Hochwasser schützen, welches der Fluss in der Regenzeit führt. Stelzen, die von ihrer Länge und Dünne an die Beine einer Zimmermannsspinne erinnern würden, wären sie eleganter und nicht so krumm. Die Pfahlbauer Europas haben mehr oder weniger gerade Stämme für ihre Häuser verwendet. Aber hier waren offenbar keine solchen vorhanden, deshalb machen alle Häuser im ganzen Quartier einen äußerst wackligen Eindruck und erinnern mit ihrer Dürre an Stelzengänger auf einem Straßenmarkt. Ähnliche Bauten haben wir auch in den Lodges an den Flussrändern im amazonischen Dschungel im Dreiländereck Peru, Kolumbien und Brasilien gesehen. Auch dort schützen sich die Bewohner mit solchen Konstruktionen vor Hochwasser. Dort prasselte das Duschwasser und pflatschen die Ausscheidungen fünf Meter hinunter in die Feuchtlandschaft, wo schnatternde Enten am Ende der Nahrungskette - oder vielleicht auch in der Mitte des Nahrungskreislaufs für Entsorgung und Wiederverwertung besorgt waren, bis das steigende Hochwasser des Amazonasbeckens die jährliche Generalreinigung übernahm. Hier, in Vietnam ist dies zufolge der größeren

Bevölkerungsdichte komplizierter und mindestens die Anlagen, welche auf festem Boden installiert sind, haben einen Drei-Kammerntank zur Entsorgung, wie dies in Zentraleuropa bis in die 70iger Jahre des letzten Jahrhunderts noch der Fall war. Da kein Platz zur Erweiterung der Stadt am Ufer mehr zur Verfügung stand, wurden dort einfach immer mehr neue Floßhäuser an den wackeligen Stelzen vertäut, sodass sich heute Floß an Floß reiht. Jetzt spielt sich das lebendige Mekongleben zwischen verschachtelten Flößen ab, auf denen Menschen auf engstem Raum wohnen. Wir beobachteten Kinder, die fernsahen, einen Alten, der am Wasser sein spärliches vietnamesisches Bärtchen rasierte, eine junge Frau, die ihr Haar wusch und ein Kind, das zwischen zwei Flößen urinierte. In einer engsten Wasserlücke befand sich ein Teich mit schnatternden Enten und in einer anderen schwamm ein geschlossenes Fischnetz an Fendern, worin Barsche auf ihre letzte Ölung in der Pfanne warteten. Irgendwo krähte ein Hahn. Rund um diese Floßhäuser herum forderten Fischer auf Einbäumen rudernd mit den diversesten Fangmethoden Petri Heil heraus, so, mit zwischen zwei Stangen trapezförmig gespannten Netzen, die sie unter die Flöße schoben, um damit die versteckten Fische, welche unter den Floßklos auf Nahrungssuche waren, rauszukitzeln. Fischersfrauen, mit konischen Nonhüten bedeckt, versuchten mit kleinen Korbnetzen oder Angeln ihr Glück. Jünger Petri, in motorisierten Bambuskörben sitzend, zogen Schleppnetze nach, in denen sich weniger die Fische als vielmehr die zahlreich herumtreibenden schwimmenden Inseln von Wasserhyazinthen verfingen. Solche trieben bei Flut massenweise den Flusslauf hinauf und bei Ebbe hinunter. Die Verrenkungen, welche die Fischer vollzogen, um sich dieses unerwünschten Beifangs zu entledigen, muteten teils wie artistische Darbietungen an. Da waren auch Fischer, welche auf ihren Booten stehend mit Präzision, Sicherheit und Eleganz ihre Rundnetze im weiten Bogen auswarfen, sodass diese kreisförmig ins Wasser platschten und eine größtmögliche Oberfläche entfalteten, bevor sie diese wieder einzogen und sich zum nächsten Wurf vorbereiteten. Groß war die Beute bei all diesen Fangmethoden nicht. Sie alle gemahnten mich an das italienische Sprichwort:

„La caccia e magra." „Die Jagd ist mager."

Daneben überquerten Fährbote den Bassac. Einbäume, auf denen Einruder-Gondolieres stehend balancierten, die wie in Venedig mit achtförmigen Ruderbewegungen durch die Fluten stachen und Kinder ans Ufer zur Schule brachten, Motorboote mit extrem langen, ins Wasser reichenden Kurbelwellenstangen und weit hinter dem Rumpf im Wasser stoßenden Antriebsschrauben, welche die Boote unter ohrenbetäubendem Geknatter vor sich hertrieben, Lastschiffe, Barken und Schleppkähne aller Größen und Destinationen und hin und wieder ein Boot mit Touristen. All dies konnten wir vom Floßteil des Hotels bei einer wohlschmeckenden Tasse „Cafe fin" als Beobachter mitten aus dem Geschehen heraus betrachten. Einem Floß, welches nur über einen langen wackeligen Steg durch ein kleines Quartier von Floßhäuschen hindurch erreicht werden konnte. Stundenlang haben wir dort das Wasser des Bassac-Flusses und dessen Leben an uns vorbeiziehen lassen.

Am nächsten Tag war der Besuch des Nui Sam angesagt. Nui bedeutet Hügel. Der Nui Sam ist der heilige Berg sechs Kilometer östlich von Chau Doc. Wir hätten die Strecke mit dem Fahrrad abpedalen können, aber ein „xe om"-Ritt erschien uns weniger anstrengend. So schmiegten wir uns an die schwitzenden Rücken von sechs Motorradfahrern und fuhren vorerst zur Tai An Pagode, die mehr vom Hinayana, dem südlichen oder älteren Buddhismus geprägt ist. Dann ging's zur Lady Chua Xu Pagode, welche ein Wahrzeichen des Mahayanabuddhismus, des nördlichen oder jüngeren Buddhismus darstellt. Während bei jener Bilder, bunte Farben und figürliche Statuen überwiegen, mutet diese strenger, dunkel und mit chinesischen Schriftzeichen konfuzianischer an. Vietnam liegt schon wegen seiner großen Nord- Südausdehnung im Überschneidungsgebiet des nördlichen und des südlichen Buddhismus. Ganz im Süden, im Mekongdelta sind hauptsächlich die südlich buddhistisch geprägten Khmertempel anzutreffen, in denen bunt-farbig die Lebensgeschichte von Buddha, aber sich auch Szenen und Gottheiten aus der indischen Mythologie, wie der Affengott Hanuman Dhoka und der auf Ratten reitende Elefantengott Ganesh finden, so in den Khmertempeln in Can Tho oder in Rach Gia und Soc Trang. Vor dem Altar der Lady waren Opfergaben aufgereiht, Früchtekörbe, Blumenbouquets, ganze gebratene Spanferkel. Es steht nur zu hoffen, dass die Lady sich daran nicht überessen hat. Dafür, dass solches allgemein nicht geschieht, sorgt der buddhistische Pragmatismus, wonach die Gabe, nachdem sie durch Weihrauchstäbchen nach ein paar Stunden mariniert ist und vielleicht besser schmeckt, dem Spender zum Verzehr zurückgegeben wird.

Früchte lässt man vor dem Buddha gemächlich reifen und verzehrt sie erst dann, wenn sie süß sind. Hier blieb der Lady allenfalls noch der Schweinekopf, der abgeschnitten wurde. Und die Spenderfamilie genoss ein gesegnetes räucherstäbchenduftendes Spanferkelmahl.

Nach soviel Gottesdienst erklommen wir den Nui Sam. Nein, nicht wie die Pilger per Pedes, sondern, wie es sich im motorisierten Zeitalter ziemt, auf dem Hintersitz der Motorräder, welche die teils über 10%ige Steigung hinauf asthmatisch keuchten. Die Schwerkraft forderte aber nicht nur den Protest der Motoren heraus, sondern auch wir zollten ihr Tribut: Ein schmächtiger Fahrer hatte die schwergewichtigste unserer Reiseteilnehmer(innen) zu weit hinten auf dem Sozius platziert, oder diese hatte sich geschämt, jenen auf der Fahrt zwecks Verlegung der Schwerkraft nach vorne kräftig zu umarmen. Der Motor war abgestorben, der Fahrer schaltete zurück in den ersten Gang und fuhr an. Da geschah das Unglück:

Das Motorrad bäumte sich vorne wie ein wildgewordener Mustang auf, der Fahrer verlor den Boden unter den Füßen und die weibliche Ladung plumpste hinten auf den Boden und hätte sich am Steissbein verletzt, wäre der Aufprall nicht durch ihren Allerwertesten wie durch zwei Schiffsfender abgepolstert gewesen. Härter flog oder fiel der Fahrer mit seiner Heuschreckenpostur. Unglücklicherweise landete er nicht auf seiner weichen Soziuspassagierin, sondern ungefedert auf seinem Sprungbein, was zu dessen Verstauchung führte. Er biss aber auf die Zähne oder auf das, was davon noch übrig geblieben war, das ungleiche Paar stieg wieder in den Sattel und die beiden schnaubten in inniger Umarmung auf ihrem

Vehikel den Berg hinauf, nachdem sie von uns angestoßen worden waren. Letztlich kamen alle heil oder leicht verletzt oben an. Die Bergfahrt lohnte sich trotzdem.

Die Aussicht vom Gipfel präsentierte sich bei herrlichem Wetter. Die Weiten des Mekongdeltas bis tief nach Kambodscha in den Norden hinein und das Flussdelta hinunter in den Süden taten sich zu unseren Füßen auf. Unser Blick schweifte über die rund herum flache Landschaft mit ihren hellgrünen Reisfeldern, die sich wie ein riesiges Flickentuch in jede Himmelsrichtung bis zum Horizont ausbreiteten und mit zunehmender Distanz immer blasser wurden. Reisfelder soweit das Auge reichte. Die Mekongebene als Reiskammer Vietnams lässt wegen ihrer fruchtbaren Böden und des tropischen Klimas mit viel Regen und Feuchtigkeit drei Ernten im Jahr zu. Hin und wieder zog sich ein Kanal zwischen den Reisfeldern durch die Landschaft. Auf der Nord- und der Ostseite konnten wir Seitenarme des Mekong erkennen, die breit und gemächlich ihr segensreiches Wasser dem Ozean entgegentrugen. Die Grenze zu Kambodscha im Norden war zwar nur zwei Kilometer entfernt, aber nichts außer einem schmalen Rinnsal ließ erkennen, dass hier Vietnam und dort Kambodscha liegt und dass die zwei Völker, welche in der nämlichen reichen Landschaft leben, sich Jahrhunderte lang Grenzstreitigkeiten geliefert hatten. Die Landschaft gab das Warum dieser Konflikte nicht preis. Im Gegenteil, sie legte mit den Reispflanzen, die sie so üppig gedeihen ließ, einen Schleier der Versöhnung über das Blut, welches dort vergossen worden war und verheilte optisch die Wunden, welche sich in der Vergangenheit immer wieder aufgetan hatten. Wir statteten dem Gipfel einen Rundgang ab, um so die Landschaft aus allen vier Himmelsrichtungen in uns aufsaugen zu können und hielten Rast in einer Teestube, die uns den Blick dorthin freigab, wo wir Kambodscha vermuteten.

Ein Vogelfänger belästigte uns an unserem Tischchen und zog Singvögel in kleinsten Holzkäfigen zum Verkauf vor unseren Augen und Ohren durch. Wir waren nahe daran, ihm einige abzukaufen, um dann die Käfige zu öffnen und sie auf den Flug in die Freiheit ins weite Mekongdelta zu entlassen. Aber Käfigvögel kennen die Freiheit nicht. Sie wären umgekommen, vielleicht, weil sie mit ihren gestutzten Flügeln nicht fliegen konnten und von den hungrig und erbärmlich mager aussehenden herumstreunenden Katzen gefressen worden wären oder, weil die Männchen die Nähe zu den noch eingesperrten Weibchen gesucht hätten und vom Papageno wieder eingefangen worden wären, um wiederum verkauft zu werden. Ein Gehen und Wiederkommen. Ein circulus vitiosus, den wir nicht hätten durchbrechen können. So setzten sich Vernunft und Geldbeutelpatriotismus gegenüber dem Idealismus durch. Papageno wäre beleidigt gewesen und hätte nur den Kopf geschüttelt. Die Vögel wären nicht frei, sondern „vogelfrei" gewesen.

Auf der Fahrt hinunter war der Körperkontakt zwischen Passagieren und Fahrern schwerkraftbedingt noch enger. Ob der Grashüpfer dies genossen hat? Sicher war seine ihm angetraute Frau Gemahlin knochigeren und weniger gepolsterten Körperbaus als unsere Schwergewichtigste. Diese war zudem so groß, dass ihr Busen ihm gut und gerne über die Schultern gereicht und als Genickstütze gedient haben mag. Zurückgekehrt ließen wir den Abend bei einer

Flasche „Dalat excellence", einem guten vietnamesischen Rotwein, auf dem Floßrestaurant ausklingen, nachdem wir im hotelnahen Tempel der Einübung eines Drachentanzes mit akrobatischen Einlagen junger Männer beigewohnt und uns dem von Düften, Bildern und Aktivitäten überbordenden Markt von Chau Doc hingegeben hatten.

Der nächste Tag stand im Zeichen einer Flussfahrt auf dem Mekong und seinen Nebenarmen. Die Fahrt auf einer pirogeähnlichen Barke mit knatterndem Eintaktmotor ging zuerst den Song Chau Doc hinunter, dann links den Flussarm des Bassac hinauf in Richtung Kambodscha, dann in einen schmalen Seitenarm in Richtung Osten, der in den Hauptarm des Mekong   mündete. Und diesem folgten wir den Flusslauf hinunter bis nach Long Chau. Wir waren direkt vom Floßrestaurant abgeholt worden und von dort in die Barke hinübergestiegen. Unser Skipper navigierte elegant durch das Gewühl von Einbäumen, Schnellbooten, Fischernetzen, Lastkähnen und Schleppern und, auf der Höhe des Hotels Victoria Chau Doc, dem, wie dies viele Reiseführer betonen, elegantesten Hotel im Mekonggebiet, bogen wir in den Flusslauf des Bassac ein.

Tatsächlich strömt vom Bassac Restaurant dieses Hotels mit seiner Terrasse über dem Fluss eine fernöstliche Eleganz aus, welche mit dem westlichem Komfort und Luxus seiner Ausstattung harmoniert. Ich habe mich dort mit Gästen schon kulinarischen Lüsten, umrahmt von einer wohltuenden fernöstlichen Wohlfühlatmosphäre hingegeben. Das Restaurant lullt den Gast in seinen ganz besonderen kolonial anmutenden Charme ein, der sich stark unterscheidet von der zum Teil protzigen Eleganz moderner Fünfsternehotels.

Von ähnlichen Gefühlen beflügelt war ich auch, als ich mit Freunden im „Eastern & Oriental Hotel" in Penang logierte. Da stand ein Bellboy am Lift, dem man läutete, der einem die Tür öffnete und sich in seiner Khakiuniform mit phantasievollem Hut verneigte, nach der Destination fragte und den Liftpassagier begleitete. Jede Liftfahrt gestaltete sich als Zeremonie. Da war die traditionelle Anchors-Bar, wo noch dieselben Cocktails gemischt wurden, welchen schon der englische Schriftsteller Somerset Maugham zugesprochen hatte, und der elfenbeinfarbene Rolls Royce, der auf zahlkräftige VIP-Hotelgäste wartete. Solche Luxusgefühle im Orient überkamen mich auch im Goodwood-Hotel an der Orchard Road in Singapur, mit seinen indischen Sikh-Securities in stolzen Khakiuniformen, mächtigen Turbanen und gezwirnten Vollbärten.

Nun, solchen Luxus ließen wir heute rechts liegen und bogen links in den Bassac ein. Das nautische Stadtgewusel wurde abgelöst durch das Vorstadtleben auf dem Wasser.

Wir tuckerten an Fischbrut- und Fischzuchtstätten auf Flößen vorbei, an Floßkäfigen, auf denen riesige, dicke Schweine gegenseitig die Bäuche aneinanderrieben, so aufgedunsen, dass sie zu platzen drohten, schon bevor sie ans Metzgermesser geliefert würden. Dann waren da Schulen auf Flößen auf dem Wasser, kleine schaukelnde Tante Emma Lädchen, schwimmende Supermärkte, und hie und da eine Tankstelle auf einem Boot. An einer solchen legten wir an, und der Skipper füllte seinen Bootstank in Form eines Plastikkanisters, den er mit aus einem Fahrradschlauch geschnittenen Gummistreifen an den Motor gebunden hatte. An einer Fischzuchtanstalt banden wir unsere Piroge fest und balancierten uns auf

Brettern über die verschiedenen, im Flusswasser liegenden, aus Netzen bestehenden Fischteiche. Wir wurden zur Fütterung eingeladen, warfen die wohl mit Anabolika getränkten Brocken den Fischen zu, die sich wie Piranhas in einem aggressiven Kampf ums Fressen und Überleben darauf stürzten.

Piranhas habe ich übrigens meist nicht als aggressiv und besonders gefährlich erlebt. Wir haben auf dem Rio Javari, einem Seitenarm des Amazonas, Piranhas gefischt, ca. alle fünf Minuten einen solchen herausgezogen und danach dort gebadet. Nur der Ruf der im Boot Verbliebenen, passt auf, dass ihr nicht entmannt werdet, hat uns leicht beunruhigt und uns bewogen, unsere Hände schützend, wie es die Fußballer beim Freistoß tun, über unsere intimsten Körperteile zu legen. Danach besuchten wir ein Dorf des Cham-Volkes am Wasser. Die Häuser und die Moschee standen auf drei bis vier Meter hohen Stelzen. Bei Hochwasser war jeweils das ganze Land um die Häuser überschwemmt gewesen und bei Höchststand konnten die Boote der Einwohner an der Küche, 3.5 Meter über dem Ackerland, anlegen.

Die Cham stellen einen Teil der ca. 1% Muslime in Vietnam dar. Sie sind relativ offen, akzeptieren auch andere zum Teil animistische Bräuche und essen auch Schweinefleisch.

In internationalen Statistiken über Menschenrechte wird Vietnam immer wieder als Land bezeichnet, in dem die Religionsfreiheit nicht gewährleistet sei und namentlich der christliche Glaube unterdrückt werde. Dies mag einmal gewesen sein. Buddhisten, Christen und Muslime können heute ihren Glauben frei praktizieren. Ich kenne wichtige

Leute mit dem Parteibuch, welche in Stiftungsräten von buddhistischen Tempeln sitzen und selber Buddhisten sind. In Saigon gibt es auch eine große Moschee, zwei Hindutempel, eine Kathedrale und im Kreis eins eine sehr gut besuchte große Kirche, wo vor und nach Gottesdiensten das Motorradchaos der Gläubigen den Verkehr lahmlegt, ebenso in Hanoi, bei der „Notre Dame de Hanoi". Im Mekong Delta sind die katholischen Kirchen noch viel häufiger anzutreffen und auffälliger als buddhistische Tempel. In Nha Trang, an der Duong Hung Vuong-Straße, wo ich kurz gewohnt hatte, übertönte der Gesang der nachbarlichen Kirche nicht nur an Weihnachten, sondern bei jedem Gottesdienst den Verkehrslärm der belebten Straße. Wenn jemand aus einer Familie einen Ehepartner katholischen Glaubens heiratet, verlangt die Kirche eine katholische Trauung, und die katholische Taufe der Kinder unter Verzicht auf den buddhistischen Glauben. Das ist die größte religiöse Unfreiheit, die ich in Vietnam angetroffen habe. Auch die Cao Dai Religion, die sich einem Synkretismus, das heißt einer Verbindung verschiedener Glaubensrichtung ähnlich des Sikh-Glaubens in Indien verschrieben hat und auch Viktor Hugo, als einem ihrer drei Heiligen huldigt, wird in ihrer Entfaltung vom Staat nicht mehr eingeschränkt.

Wir tranken Tee bei Cham Familien und wurden sehr freundlich empfangen. Später besuchten wir ihre Moschee. Da war kein Türsteher, der unsere Bekleidung kontrolliert hätte. Niemand hat unsere Anwesenheit bewusst wahrgenommen oder bemerkt, keine Bettler und keine Souvenirhändler haben uns belagert. - Weiter ging`s den Bassac-River hinauf und dann in einen kleinen Seitenarm, welcher uns in Richtung Hauptader des Mekongs brachte. Hier war das Wasser schmal und das aquatische Leben viel interessanter, familiärer und intimer. Wir ratterten den Menschen buchstäblich durch ihre Hinterstube. Hinter jeder Hütte führte eine in den erodierenden Lehmhang eingegrabene Treppe ca. drei bis vier Meter hinunter zum Wasser und ein Steg hinaus auf den Seitenarm. Dort spielten die Kinder und winkten uns zu. Einige fischten. Frauen wuschen ihre bunten Tücher auf den Stegen, badeten, wuschen sich und ihr langes schwarzes Haar. Wieder andere verrichteten ihr intimstes Geschäft über dem Wasser. Dafür hatten sie sich meistens ein viereckiges ca. 50 cm hohes Bambusgestell mit Stoffüberzug gebastelt, das sie in der Hüftgegend als Rahmen um sich herum trugen, wenn sie die Lehmtreppen hinunterstiegen und dann auf dem Steg über dem Wasser niederkauerten, sodass nur noch Kopf und   Füße sichtbar waren. Manch einer oder eine hielt mit einer Hand den Rahmen und in der anderen eine Zigarette oder ein Handy und war während des intimen Geschäfts gerade in ein Gespräch verwickelt. Für die Körperhygiene blieb dann allerdings keine Hand mehr frei. Diese besorgte bei starkem Niederkauern vielleicht das Wasser, das allerdings so gemächlich dahinfloss, dass dessen Reinigungskraft nicht annähernd an die eines Hochdruckreinigers herankam. Wir grüßten nicht nur die Kinder, sondern machten uns natürlich einen Spaß daraus, den Bambusumrahmten zuzuwinken, in der Hoffnung, sie würden die Zeichen des Grußes freundlich erwidern und Handy, Zigaretten oder noch viel lieber den Bambusrahmen dem Mekong opfern. Zweimal ließ einer seine Zigarette fallen und winkte zurück.

Die anderen Uferbewohner lächelten in ihren verfänglichen Posen nur freundlich.

Überall fraß die Erosion das Land weg. Bäume klammerten sich mit ihren letzten fest verankerten Wurzeln an die Abhänge, ihre Kronen zum Teil bereits ins Wasser getaucht. Schweineställe, deren Mauern teils bereits in die Luft ragten, hingen da, durch Bretterböden und Stangen notdürftig gestützt, sodass man von unten, vom Fluss her, zwischen den Bretterlücken runde Schweinebäuche sehen konnte. Hütten waren teils bereits unterspült und warteten auf ihren finalen Salto mortale ins Wasser. Offenbar hatten deren Bewohner einige Meter landeinwärts bereits für Ersatz gesorgt und neue Behausungen gebaut.

Teils sah man auch, dass das Baumaterial bei verlassenen hängenden Hütten demontiert und für den Aufbau von neuen wieder benutzt worden war. Am besten hatten sich die Enten auf die abrutschenden Hänge eingestellt. Ihre Netzgehege führten meist über den Abhang ins Wasser, wo sie sich am liebsten tummelten schnatterten und an den vorbeiziehenden Wasserhyazintheninseln schnabulierten. Allerdings bereitete ihnen der Wiederaufstieg aufs Festland Mühe. Während die im Wasser schwimmenden sich eines schneeweißen Gefieders erfreuten, waren die Federkleider der am Hang suhlenden Artgenossinnen mit einer braunen Dreck- und Schlammpatina überzogen. Hin und wieder lauerte am Ufer ein Fischer hinter einer spiralförmig sich verengenden Fischreuse auf Besucher für seinen Mittagsteller und alle paar hundert Meter führte beidseitig des Flussarms je ein Betonslip hinunter ins Wasser. Fähren dazwischen kreuzten unseren Weg. Meistens Barken mit kleinen Führerkabinen und käfigartig umrandetem Deck, auf dem sich eine Meute von Motorradfahrern einem Insektenschwarm gleichend zusammen drängte. Barken mit vorne und hinten je einer Eisenklappe, welche zur Be- und Entladung mit Fahrzeugen jeweils krachend auf den Betonslip hinunterklatschten. Hüben wie drüben drängten sich vor der Anlegestelle Motorrollerfahrer, ambulante Händler mit riesigen Karrenladungen, welche im Sturzflug die steile Rampe hinunterzurutschen drohten, sowie Viehtreiber mit Kühen und Schulkinder mit roten Krawatten und Schuluniformen. Sie alle wollten die nächste Fahrt nicht verpassen.

Nach ca. sechs Stunden erreichten wir den Mekong, wo uns vereinzelt große Lastkähne mit Holz, Kies und Baumaterialen und Schleppschiffe mit bis zu sechs motorlosen Lastbarken entgegen flößten. Die Hüttensiedlungen wurden jetzt von Industriebauten und Fabrikanlagen abgelöst, die Flöße von Wasserhyazinthen wurden größer, wuchsen zu Inseln. Zum Teil blühten sie in lilafarbiger oder hellvioletter Pracht. Wasserhyazinthen sind im Mekongdelta sehr verbreitet und schwimmen dank ihrer vielen lufthaltigen Stielverdickungen nicht nur, solange sie grün sind, sondern auch, nachdem sie längst abgestorben sind. Der Mekong treibt diese als schwimmende Inseln ins Meer hinaus und bei starkem Ostwind können solche weit draußen im Golf von Siam dahinflößen. So sammelten wir an unserem Strand in Phu Quoc bei Oststurm während einer Strandsäuberung, 120 Kilometer vom Ufer des Festlandes entfernt, ganze Berge von Wasserhyazinthen ein. Sie hatten sich bereits braun gefärbt, denn im Salzwasser überlebten sie nicht. Sie breiten sich im Süßwasser schnell aus und können in einem Gartenteich in Europa unter Umständen alle anderen Pflanzen verdrängen. Dies geschieht selbst in der freien Natur, so z.B. im Pantanal, im zweitgrößten Flusssystem Brasiliens. Die Wasserhyazinthe ist aber auch eine Nutzpflanze. Mit ihr werden Körbe und Möbel hergestellt, die wie Rattan oder Bambusmöbel sehr dekorativ und elegant sein können. Sie haben nur den Nachteil, dass sie im tropisch feuchten Klima Feuchtigkeit aufsaugen, selbst wenn sie nicht direkt im Regen stehen. Wir mussten unsere gesamte Aussteuer bestehend aus Wasserhyazinthen-Möbeln auf der tropischen Insel Phu Quoc nach acht Jahren ersetzen, weil sie in der Regenzeit grau geworden war.

Nach weiteren 50 Minuten legten wir in Chau Long an, einem Grenzstädtchen, welches in den meisten Reisebüchern nicht verzeichnet ist, weil es dort keine besonderen Sehenswürdigkeiten zu geben scheint. Wir besuchten den sehenswerten Markt, auf welchem viel Schmuggelware aus Laos, Kambodscha und Thailand und insbesondere auch Unterhaltungselektronik angeboten wird und wurden wie Aliens bestaunt, als wir im Markt mit Schweinefleisch und Reis für 20.000 Dong, ca. 70 Cents, unseren Heißhunger stillten. Zum Dessert war der Asientest fällig, den ich mit jeder Gruppe durchführe. Ich kaufte hierfür auch diesmal eine Durian, eine mit der Fruchtschale sechs bis 12 Kilo schwere Frucht, die äußerlich der Jackfruit gleicht. Sie wird wegen ihres vollen Geschmackbouquets auch „the king of fruits" genannt. Außen ist sie grün, nierenförmig oder oval, mit rundherum sich zuspitzenden Noppen. Wenn man sie öffnet, sind im gelben dicken Fruchtmantel, der von der Konsistenz her einer Orangen- oder Grapefruchtschale gleicht, sechs bis zehn hellgelbe etwas glitschige Früchte, in deren Fruchtfleisch je ein Kern eingebettet ist. Diese Früchte, welche klebrig sind, isst man am besten mit einem Löffel oder man packt fest zu und leckt sich nachher die Finger und Hände ab. Sie schmecken, wie der französische Dichter und Politiker Malraux dies einmal umschrieben hat, ein wenig wie ein reifer französischer Camembert, vermischt, aber nicht ganz durchgemischt, mit einer italienischen Tiramisu. Jeder Biss stellt eine Überraschung dar und schmeckt wieder ein wenig anders. Ein köstlicher Gaumengenuss, würde die Frucht nicht wie die Pest stinken und Knoblauchrülpse und -fürze verursachen. Deshalb mahnt in vielen Hotelzimmern in Malaysia eine Verbotstafel:

„No Durian please". Eine solche Frucht schleppte ich mit aufs Boot zwecks Durchführung dieses Tests, der wie folgt abläuft: Die Frucht wird geöffnet und jeder Proband erhält einen mit Fruchtfleisch umgebenen Kern. Wer sich sträubt, ihn entgegenzunehmen und zu essen, der ist durchgefallen und bleibt nächstes Mal besser zu Hause, wird aber nicht zurückgeschickt. Er darf bleiben. Wer isst und gleich wieder ausspuckt, hat knapp bestanden und erhält ein „rite". Wer die ganze Frucht mit verzerrtem säuerlichem Gesicht isst, erhält ein „cum laude". Wer mit Begeisterung schmaust und nach mehr verlangt ein „magna cum laude" und wer den Rest der Fahrt ohne zu furzen und rülpsen bewältigt, ein „summa cum laude", der ist voll asientauglich. Hier hat eine Teilnehmerin nicht bestanden.

„Nein, das esse ich nicht, das stinkt gruuuselig und ist wahrscheinlich auch gruuuselig!", kreischte sie mit schriller Stimme.

„Ich will nicht wissen, wie sie schmeckt."

Selbst Schuld, wer nicht neugierig ist, geht besser nicht auf Reisen. Die weiteren Dessertprobanten schlossen mit „rite", „cum laude" und „magna cum laude" ab.

Ob ein Teilnehmer gar ein „summa" erzielte, war angesichts des knatternden Lärms des Eintakters und des Fahrtwindes bei sechs km/h nicht auszumachen. Jedenfalls belebte das Examen die Diskussion und es wurde viel gelacht, bis wir gegen Ende der Rückfahrt müde auf unsern harten Holzbänken einschliefen.

Der nächste Tag gehörte der Weiterfahrt nach Can Tho, der wichtigsten und größten Stadt des Mekongdeltas. Früher einmal war ich mit einer Reisegruppe mit dem Schiff von Chau Doc nach Can Tho gefahren, aber die Strecke war weniger interessant wegen der Breite des Bassac und der riesigen Lastkähne, die unsere Motorgondel immer wieder fast zum Kentern gebracht hatten. Auch hatte sich die Fahrt als sehr lang erwiesen und wir hatten erst spät in der Nacht unser Ziel erreicht. Unterwegs gab es praktisch keine Anlegemöglichkeiten für einen Boxenstopp, was unsere Kehlen, Mägen und Blasen arg in Mitleidenschaft gezogen hatte, wobei die Blasenleiden sich als die unerträglichsten erwiesen hatten. Die Männer konnten ja bei dem dichten Schiffsverkehr nicht im hohen Bogen über die Reling pinkeln und die Frauen nicht ihre Hintern über die Bordkante hinausstrecken. Immer wieder wollten wir deshalb von Tam, unserem Steuermann, wissen:

„Wie weit ist es denn noch bis Can Tho?"

Wir wollten und wollten unser Ziel nicht erreichen. Wir erlebten auf unserem Schifflein ein ähnliches Drama, wie die Passagiere der brennenden „Schwalbe" auf dem Erie-See, wo John Maynard, der Steuermann Auskunft gab:

„Wie weit noch Steuermann?

Der schaut nach vorne in die Rund:

Noch dreißig Minuten...halbe Stund.

Noch zwanzig Minuten bis Buffalo.

*

Noch fünfzehn Minuten bis Buffalo.

*

Noch zehn Minuten bis Buffalo.

*

Rettung, der Strand von Buffalo!"

Oder hier:

„Rettung, der Steg von Can Tho!"

Eine Rettung wie im Gedicht von Theodor Fontane, nur dass nicht das Schiff brannte, sondern unsere Harnblasen drückten und dass der Steuermann nicht John Maynard hieß, sondern Tam und dieser glücklicherweise keinen tragischen Feuertod erlitt, um seine Passagiere vor ihrer Qual zu erlösen. Die rettende öffentliche Toilette, auf die wir flüchteten, war gerade 50 Meter vom Landesteg entfernt.

Eine solche „Tragödie" wollte ich nicht noch einmal erleben, weshalb wir die Strecke bis Can Tho unter die Räder eines Kleinbusses und nicht unter das Schiffsruder nahmen, was sich in ganz anderer Hinsicht als aufregend und nervenkitzelnd herausstellen würde.

Wir wurden vorerst im Hotel abgeholt und richteten uns schon auf eine komfortable Fahrt mit ausreichend Platz in privater Atmosphäre ein. 14 Sitze für sechs Personen, dachten wir erfreut und machten es uns in voller Zuversicht bequem. Plötzlich hielt aber der Bus in einem Hinterhof für ca. eine halbe Stunde an. Es wurden Kisten und Koffern eingeladen, zuerst hinten im Kofferraum, dann im Gang, dann zwischen den Sitzreihen, wo wir eigentlich unsere Beine platziert hatten, dann unter dem Beifahrersitz. Nur das Brems-, das Gaspedal und die Kupplung blieben für den Fahrer frei. Diese würden noch extensiv gebraucht werden. Nach weiteren 20 Minuten zwängten sich noch zehn Personen in den 14-Plätzer hinein.

Nun waren wir 16 plus sperrige Ladung, Fahrer und Kassierer. Dann ging die Fahrt los.

Zuerst durch die Stadt, dann durch die Vororte von Chau Doc. An einer Bushaltestelle wurden noch weitere drei Landleute aufgeladen. Schräg über mir saß eine Frau, glücklicherweise ein Fliegengewicht, eineinhalb Pobacken auf einer Kiste, einen halben Schinken oder, was bei Vietnamesinnen davon vorhanden sein kann, auf meinem Knie.

Mit den Stunden hätte ich mir wegen meiner Knieschmerzen doch gewünscht, ihr Hintern wäre weniger knochig, sondern saftiger und speckiger. Außerorts nahm der Bus noch verschiedentlich Kurzstreckenanhalter auf und lud sie auf ihren

Wunsch nach ein paar Kilometern, nachdem sie ein paar Noten „Bac Ho", Fahrgeld, bezahlt hatten, wieder aus.

Das tönt nach hohen Reisebeiträgen, aber in Vietnam ist das Geld das Papier nicht wert.

Die meisten Neuaufgenommenen waren ebenfalls mit Gepäck bewaffnet, das jeweils mühsam be- und entladen werden musste. Zeitweise befanden sich bis zu 19 Vietnamesen und sechs Europäer in dieser fahrenden Sardinenbüchse, die immer rasender fuhr und letztlich tief flog. Der Fahrer bretterte mit unglaublicher Geschwindigkeit über die holprige Piste, mit bis zu über 90 km/h innerorts, fünf Zentimeter vor Hundeschnauzen und 20 Zentimeter an Tornistern von Schulkindern vorbei. Diese balancierten jeweils gefährlich nahe meist zu zweit auf Fahrrädern, das Kind auf dem Sattel als Steuermann, die Lenkstange im Griff, das Kind auf dem Gepäckträger als lebendige Kurbelwelle, mit den Füßen auf der Pedale durch den Verkehr. So pfeilten wir durch das Gewimmel des sich an und auf der Straße abspielenden Dorflebens. Die Hinterreifen unseres Geschosses waren halb platt und ob seines Gewichts touchierten die Felgen bei Bodenwellen durch den Pneu unter metallischem Klingen den Asphalt. Kurven wurden im Powerslide mit Gegensteuerung genommen oder wie im Kristiania mit den Skiern auf der Skipiste. Dabei gefiel sich der Fahrer als Multitaskgenie, denn gleichzeitig mit der Linken am Steuerrad, mit der er in den Kurven wegen des Schlidderns nach Gefühl gegensteuern musste, klammerte er sich, ein Kettenraucher, mit der Rechten kontinuierlich an seine Glimmstengel oder telefonierte laufend mit der Kippe im Mundwinkel, selbstverständlich ohne Freisprechanlage. Der Schweizer Fahrlehrer unter den Passagieren protestierte lautstark und ich, zuhinterst sitzend, in ständiger Angst, bei einem Kristiania im parallel verlaufenden Fluss zu landen und als Unterseeboot oder Sardine darin zu enden, fasste mir ein Herz und brüllte:

„Fahr nicht so verrückt. Du gefährdest uns und die anderen Verkehrsteilnehmer."

Er erklärte, sein Ferngespräch unterbrechend, so fahre man halt in Vietnam. Immerhin stellte er mir am Telefon seinen Arbeitgeber durch. Das Handy wurde mir durch die Reihen nach hinten gereicht und ich hob zu meiner Klage an. Sein Chef fand aber kein Gehör dafür, sondern interessierte sich nur für die Nationalität der Mitglieder unserer Gruppe und fragte, ob es uns in Vietnam gefalle. Um das mangelnde Verantwortungsgefühl seines Verstappen oder Senna machte er sich keine Sorgen. Kurz, das Gespräch war nur ein Placebo ohne Sinn und Nutzen.

Wieder, wie schon bei der Bootstour, betete ich das Stoßgebet:

„Noch dreißig Minuten. Halbe Stund.

Noch zwanzig Minuten bis Buffalo.

Noch fünfzehn Minuten bis Buffalo.

Noch zehn Minuten bis Buffalo.

Bald hoffentlich sind wir in Can Tho."

Vom Albtraum wurden wir erlöst. Der Name des Fahrers interessierte uns nicht mehr, nachdem er wohl keinen Haftungsfall ausgelöst, sondern nur unsere Nerven strapaziert hatte. Gewünscht hätte ich ihm, dass er zwar nicht wie

John Maynard verbrannt wäre, aber seine Finger an seinen Glimmstengel bei seinem Dreifrontenkrieg angesengt hätte.

Der Abend in Can Tho begann gemütlich bei einem Happy Hour Drink auf dem Dachrestaurant des Kim Tho Hotels, wo wir die herrliche Rundsicht über den Bassac genossen, die untergehende Sonne verabschiedeten, welche wuchs und wuchs und sich als grosse und blutrot gefärbte Scheibe hinter den Horizont zurückzog. Die Happy Hour hat in den Tropen eine ganz besondere Bedeutung und nicht umsonst wird sie in der Literatur, z.B. in vielen Reisekurzgeschichten von Somerset Maugham beschrieben und besungen. Die Happy Hour bedeutet Feierabend, die schönste Zeit am Tag, wenn das tropische Sonnenlicht die kräftigsten Farben entwickelt und die Temperaturen angenehm werden, bis kurz nach sechs Uhr abends die Nacht ihren dunklen Schleier über die Natur legt. Es ist die Stunde, in welcher der Mensch nach getaner Arbeit sich auf die Ruhe, die Freizeit, das „Dinner" vorbereitet und dies häufig mit einem schönen Drink zelebriert. Einen solchen kredenzten wir uns nach dem Nervenkitzel der Busfahrt, bevor unser „Dinner" auf dem Schiff im Mekongfluss den Tag in Harmonie abrunden und beenden würde.

Wir bestaunten die elegante, sich fast schwerelos über den Mekong schwingende Hängebrücke in der Ferne, die Can Tho mit Vinh Long und Saigon verbindet. Was so schwungvoll und federleicht wirkt, ist in der Vergangenheit einmal ein schreckliches Opfer der Schwerkraft geworden. Beim Bau im September 2007 stürzte ein 90 Meter großes Teilstück 30 Meter in die Tiefe und tötete und verletzte Dutzende von Arbeitern. Nach offiziellen Informationen lag die Opferzahl bei 52 bis 59 Toten und 140 Verletzten. Als Ursache wurden falsche Berechnungen und Materialwahl genannt. Böse Zungen behaupteten allerdings, die Gelder der australischen Entwicklungshilfe für dieses Projekt seien zum Teil statt in Armierungseisen in Karaokehausbesuche einiger Verantwortlicher geflossen, was der Statik der Konstruktion abträglich gewesen sei. Zu Anklagen hierüber kam es freilich nie. Aber es wurde Sühne geleistet, indem später zum Gedenken an die Opfer unter der Brücke an der Unfallstelle ein Tempel errichtet wurde.

Nach der Happy Hour schlenderten wir auf der breiten Strandpromenade zum Dinner auf dem Flussschiff. Ein dreistöckiger furchterregender Koloss, vorne mit einem stilisierten Haifischgebiss als Bug, Augen und Zähnen, furchtheischend beleuchtet, dahinter ein dreistöckiger Haifischbauch. Auf jedem Stockwerk standen dutzende weißgedeckte Tische und langsam füllte sich der Magen zum - und nicht vom - festlichen Mahl, denn nicht der Haifisch war am Fressen, sondern sein Bauch füllte sich mit Gästen, die darin dinieren würden. Der Hai lüftete seinen Anker und begann, von seinen Fesseln entbunden, gemächlich den Bassac hinunter zu schwimmen. Alle Gäste hatten sich mittlerweile zu Tische begeben. Der Bauch des Hais war jetzt prallvoll und die Füllung der Mägen der Gäste stand kurz bevor. Die Schlacht am Buffet konnte beginnen.

Die Vietnamesen - fast ausschließlich solche befanden sich im Schiffsmagen – essen, wie bereits früher erwähnt, in der Regel ausgesprochen üppig. Es gibt in Restaurants häufig keine Zweier- oder Vierertische. Um jeden Tisch herum sitzen meist sechs bis zehn Hungrige.

Die Platten mit den verschiedensten Gerichten werden in der Tischmitte aufgereiht. Jeder erhält eine Schale, welche mit gedämpftem Reis gefüllt ist und Essstäbchen. Und los geht's. Oft reihen sich mehr Platten in der Mitte auf, als Menschen rund herum versammelt sind. Zur Vorspeise gibt es oft Krebse oder Meeresschnecken. Als Nachspeise werden meist tropische Früchte, wie Mangos, Papayas, Lychees, Wassermelonen, Ananas oder Mangostinen serviert. Hier waren nicht nur die Tische mit Tischtüchern bedeckt, sondern auch die Plastikstühle rundherum mit Stoffüberzügen, was deren wahre primitive Beschaffenheit verdecken und dem Gast ein festliches Ambiente vorspiegeln sollte. Weißgekleidete Kellner schwirrten umher. Sie apportierten Platte um Platte an die verschiedenen Tische. Vorerst Krebse, Garnelen, Schnecken und Austern, dann im Hauptgang Frösche, Schlangen, Ratten und geschnetzeltes Schweine- und Rindfleisch mit Ginger-, Süßsauer-, Curry-, Zitronengras-, Pfeffer-, Kokosnuss-, Nuoc Mam- (Fisch-) und Chilisauce. Auch unsere Reisegruppe hatte sich teilweise den kulinarischen Herausforderungen gestellt und Schlangen und Frösche bestellt, nachdem ich erklärt hatte, dass die Vietnamesen im Gegensatz zu den Franzosen nicht nur deren Schenkel kosten, sondern sie ganz verzehrten, weshalb sie nicht auf grausame Art lebendig zweigeteilt würden. Nur auf einen Rattenschmaus hatte niemand Lust. Die Ratten werden brutal geschlachtet, indem sie im Käfig ins heiße Wasser getaucht und damit gleichzeitig verbrüht und ersäuft werden, bevor ihnen das Fell über die Ohren gezogen wird.

Vorne, im Rachen des Hais spielten auf drei Stockwerken Bands und wurden Vorführungen dargeboten. Wir befanden uns auf der Folklore-Etage, wo Männer und Frauen in traditionellen Trachten auf ihren Saiteninstrumenten und Flöten spielten und magische Töne, ähnlich wie ich sie bei den japanischen Kotos und Shakuhachis gehört hatte, hervorzauberten, wo Cai Luong Gesang und traditionelle Tänze dargeboten wurden, Artisten Feuer schluckten und, als Drachen verkleidet, solches ausspien und mit drei, vier, fünf und sechs brennenden Keulen jonglierten. Zwischen hinein wedelten charmant lächelnde Frauen bauchfrei, die Hüfte schwenkend mit Federn am Hintern - quasi die süd-ostasiatischen Varianten der Bunnies, Huhn statt Häschen - um die Tische und hielten den Essenden einen Hut zwecks Entrichtung eines angemessenen Obulus unter die Nase, sodass diese sich vor dem Biss in den nächsten Happen zum Griff in den Geldbeutel genötigt sahen. So ging`s den Bassac hinunter und wieder hinauf, der beleuchteten Promenade von Can Tho entlang.

Wir defilierten dabei zweimal an der am Ufer stehenden riesigen Ho Chi Minh Statue vorbei, ohne stramme Haltung anzunehmen und die Hand zum militärischen Gruß an den Kopf zu legen. Zumindest das Erste wird vom Besucher des Ho Chi Minh Mausoleums in Hanoi verlangt. Die Besucher ziehen dort stramm und im Gleichschritt in Viererkolonne zuerst zur rechten, dann zur Fuß- und zuletzt zur linken Seite an Onkel Ho vorbei, von Soldaten der Nationalen Garde streng bewacht. Onkel Ho ist weit besser gehütet als die Pietr linken Seite an Onkel

Ho vorbei, von Soldaten der Nationalen Garde streng bewacht. Onkel Ho ist weit besser), wie er in Vietnam voller Ehrfurcht- früchterestaurants wieder Montezumas Rache angekündigt hatte, weshalb ich diesem Spektakel fernbleiben musste. Obwohl ich zur Wahrung meiner Kontinenz Damenbinden trug, wagte ich den Gang ins Mausoleum nicht, weil ich befürchtete, ein Schicksal könnte passieren und die Nationalgarden würden mich wegen Beleidigung des Würdenträgers oder Störung von dessen Totenfrieden abführen. - Immerhin sei auch an dieser Stelle daran erinnert, dass Onkel Ho nicht einfach ein Staatsoberhaupt war, sondern die Vietnamesen zusammen mit General Giap zum Sieg gegen die Franzosen und letztendlich die Amerikaner geführt hatte, auch wenn er vor Ende dieses Krieges gestorben war. Beide Gegner waren zermürbt und gedemütigt worden. Der erste wurde in der Schlacht bei Dien Bien Phu bezwungen, als Couve de Murville, der spätere Verteidigungsminister Frankreichs, die Vietnamesen völlig unterschätzt und seine Truppen ins Desaster geführt hatte. Und der zweite bekam in einem zermürbenden Guerillakrieg aufs Dach, der damit endete, dass die letzten Amerikaner, wie Diebe beim Rififi-Ausbruch aus dem Gefängnis, mit einer Leiter vom Botschaftsdach der USA in die darüber hovernden Helikopter hinaufklettern und zur Base gechoppert werden mussten, von wo sie fluchtartig repatriiert wurden.

Auf dem Rückweg ins Hotel besuchten wir den Chinesischen „Ong" Tempel gegenüber dem Park beim Bassac, an dessen Decke Dutzende glimmernde zylinderförmige

Räucherspiralen baumelten, welche die Versammlungs-
halle mit wohlriechenem Duft parfümierten. Riesenspi-
ralen, an denen die Glut bis zu sechs Monate lang hoch-
kriecht. An diesem Abend trafen wir hier bei Kerzenlicht
und Rauchdunst eine besonders mystische Stimmung an.
Die Gläubigen knieten vor den Altären nieder und ver-
beugten sich in tiefer Andacht mit jeweils drei Räucherstäbchen in den Händen, welche sie nachher in den Sand
der Betschalen vor den Altären steckten - In Can Tho leben
größere chinesische und Khmerminoritäten, weshalb man
hier neben vietnamesischen Tempeln chinesische und die
typischen gelben Khmerpagoden mit ihren vielen sich nach
oben verkleinernden, schwungvoll behuteten Aufbauten
sehen kann. In den nächsten Tagen haben wir hier einige
solcher Pagoden besichtigt und bestiegen. Meist geschah
dies in Begleitung eines jungen Mönches und einmal sogar
des Obers. Auf jedem Stockwerk befand sich in der Regel
ein Andachtsraum, im obersten ein Meditationsraum für
eine Einzelperson oder kleinste Gruppen von Mönchen.
Meist verzierten bunte Fresken aus verschiedenen Lebens-
abschnitten von Buddha Gautama die Wände. Besonders
eindrücklich war eine Darstellung von Buddha bei seiner
Geburt in Lumbini in Nepal oder bei seiner langjährigen
Meditation unter dem Baum in Both Gaya in Nordindien.
Auf der obersten Stufe, gerade neben dem Meditationsraum einer Pagode hatte ein Bienen- oder Wespenvolk
sein Nest gebaut, was einige in unserer Gruppe beängstig-
te, den Ober aber nicht aus seiner Ruhe zu bringen schien.
Er erklärte, er sei ohne weiteres fähig, neben dem Wes-
pennest zu meditieren. Eine Kunst, die gelernt werden will,
wie die Kunst, sich mit Zahnweh zu konzentrieren oder die
Mücke, die einem während der Meditation stechen will,

leicht abzuschütteln, statt sie zu töten. Dies tut ein anderer Mönch, wie er mir erklärte. - Eine solche Indifferenz gegenüber weltlichen Dingen und diese Abgehobenheit ist in unserem westlichen Leben selten. Bei uns würde die Firma Rent To Kill oder die Feuerwehr alarmiert, um dem Treiben der Wespen den Garaus zu machen.

Am nächsten Morgen machten wir uns, noch bevor der Hahn krähte, auf die Socken. Im Dunkeln torkelten wir schlaftrunken durch den zu solch früher Stunde noch stillen und unbeleuchteten Park, vorbei an der Ho Chi Minh Statue, ohne Onkel Ho die gebührende Referenz zu erweisen, entlang dem Bassac River zum Boot, das uns zum schwimmenden Cai Rang Markt bringen sollte. Dieser ist bei Morgendämmerung am lebendigsten.

Hin und wieder kam uns ein Nachtwandler und da und dort ein Bootsführer, der nach Marktbesuchern ausspähte, entgegen. Wir hatten uns mit einer Dame am Ufer verabredet, welche uns schon von weitem im Dunkeln wiedererkannt hatte. Sie winkte unser Boot herbei und elegant legte dieses bei laufendem Motor, den Vorwärtsgang eingelegt mit leichtem Standgas am schrägen Sandsteinufer an. Durch den leichten Schub wurde das Schiffchen mit dem Bug gegen das Ufer gedrückt, wir konnten rasch hinüberspringen und los ging die Fahrt den Bassac hinunter. In der ersten Stunde navigierten wir durch die Dunkelheit, der Morgendämmerung entgegen. Langsam lichtete sich vom Osten her der Horizont. Zuerst überzog er sich violett, dann rot, orange, goldgelb und letztendlich zeigte sich über der Uferböschung und den Kokospalmen die schon hell leuchtende Scheibe der

Sonne, welche den Morgendunst auf dem Fluss alsbald mit ihren goldenen Strahlen aufsog. Wir erreichten den schwimmenden Markt von Cai Rang und schon nahm uns die frühmorgendliche Hektik der um Schiffsladungen von Früchten und Gemüsen handelnden Großverkäufer gefangen. Die vollen Bäuche der Schiffe, meist Holzbarken, lagen dichtgedrängt nebeneinander, fast Bauch an Bauch, aber so, dass meist ein schmaler Fahrweg dazwischen für die Boote der Käufer frei blieb. Dazwischen kurvten Kleinhändler mit Motorbooten herum und drängten sich zwischen die Schiffsbäuche, von links und rechts, von hinten und vorne. Jeder versuchte, sich seinen Weg durch den dichten Verkehr zu bahnen. Sie stießen mit Stangen und Füßen die ihnen in die Quere kommenden Boote auseinander und den Gegenverkehr von sich weg. Dies geschah gekonnt elegant und ohne Aggression. Mit Ruhe und Übersicht und ohne, dass sie einander den Vogel oder Stinkefinger gezeigt hätten. Da war Ordnung in der Unordnung, Chaos, das mit Übersicht überlistet wurde.

Vietnamesen sind, anders als viele Europäer, keine passionierten Freizeitpolizisten, die andere auf ihre Fehler aufmerksam machen. Sie zeigten Großmut, Toleranz und Kreativität in brenzligen Situationen. Jeder wollte einfach möglichst unbeschadet durchs Schlamassel gelangen. Jeder musste sich durchs Durcheinander kämpfen und jeder wusste, dass auch der andere die gleiche Absicht hatte. Und jedem war klar, dass man nicht schneller vorankam, wenn man sich gegenseitig beschimpfte und beleidigte. Auf den Lastkähnen war am Bug jeweils eine hohe senkrechte Stange aufgepflanzt, an der die Produkte aufgehängt waren, die angeboten wurden. So konnte der Kaufwillige schon von weitem erkennen, welches Boot er anpeilen wollte. War er noch weit weg, erkundigte er sich mittels Zeichensprache über Preis und Qualität, sodass er gleichzeitig mit zwei drei Händlern an verschiedenen Orten verhandeln konnten, ohne jedesmal den Weg durch die Seeschlacht erkämpfen zu müssen. War er durch das Labyrinth am Ziel angekommen, begann das laute Feilschen um den Preis. Wir bewegten uns mitten im Getümmel, begutachteten Schiffsbäuche und Oberdecke voller Wassermelonen, Ananas, Kokosnüssen, Orangen, grünen und gelben Mangos, Bananen, Drachenfrüchten, Jackfruits, Duriane, Mangostinen, Karotten, Kartoffeln, Chinakohl, Taros, Topinambur, Zwiebeln, Chilis und so weiter und so fort, soweit das Auge reichte. Bevor sich vor dieser fernöstlich-illustren Kulisse überhaupt unser Hunger melden konnte und wir uns einen frühmorgendlichen Kaffee zu wünschen gedachten, kurvte eine Kaffee- „fin"- und Baguetteverkäuferin mit ihrem Boot elegant zu uns heran und schon streckten sich zwölf gierige Arme den von ihr angebotenen Köstlichkeiten entgegen. Sie schenkte bei Standgas des Motors stehend Kaffee ein, hielt uns Sandwiches und wir ihr Geld entgegen. Dabei wurde sie von vorne und hinten von anderen Booten bereits bedrängt und die langen Antriebswellen der kleinen Vehikel, welche weit ins Wasser hineinragten, kamen sich dabei gegenseitig in die Quere, wobei die sich drehenden Schiffsschrauben an den Stangenenden zum Teil gefährlich in Richtung der Bootsführer aus dem Wasser schnellten. Verletzte gab es dank der Erfahrung der Schiffer keine.

Allmählich legte sich die Hektik und das Treiben wurde ruhiger. Die Sonne begann ihren drückenden Hitze-teppich auszubreiten und die Käufer tuckerten oder ruderten meist ans Ufer, wo sie ihre Produkte einer Qualitätskontrolle unterzogen und sortierten. Wir legten an einem Restaurant-Floß an, wo wir uns einen zweiten Kaffee zu Gemüte führten und das Anlegen und Abdocken der Boote beobachteten. Als gegen zehn Uhr das Markttreiben langsam zum Erliegen gekommen und unsere Neugier gestillt war, stampften wir mit unserem Boot wieder den Bassac hinauf und bogen in einen Sei-tenarm ein, wo wir dörfliche Idyllen, in üppige Vegetation gebettet, entdeckten. Die Erosion war hier, anders als bei Chau Doc, nicht so deutlich zu sehen. Die Hütten lagen auch nicht hoch über dem Wasserspiegel, wohl, weil wir uns näher an der Flussmündung ins Meer befanden und der Hauptfluss breiter war. An den Ufern ragten Ko-kospalmen mit ihren langen, geraden Stämmen in den Himmel und duckten sich hellgrüne Bananenstauden. Da waren auch Mango-, Jackfruit- und Durianbäume und am Wasser Bambus, der hier nicht so hoch und so dick war wie in Japan, wo die Bambusrohre teils wie Baum-stämme in den Himmel ragen. Im Wasser wucherten dicht aneinander geschmiegt Wasserpalmen. Da ragten einzelne Stege ins Wasser hinaus, welche zu Häuschen in ländlicher Idylle führten. Hin und wieder war ein Boot daran angetäut. Wir fuhren durch einen Nebenarm, an dem das Leben stillgestanden zu sein schien und kamen uns vor, als ob wir uns auf eine Zeitreise begeben hätten. Immer dünner wurde der Seitenarm, und das Ufer wurde zunehmend von einer Schlammschicht gesäumt. Letzt-endlich geriet er zum Rinnsal. Offensichtlich ebbte der

Meeresspiegel und damit auch der untere Flusslauf und das Wasser in den Nebenarmen im Delta ab, und bald, wir hätten es vorausahnen müssen, blieb das Boot im seichten Brackwasser stecken. Der Bootsführer versuchte mit Stangen, unser Gefährt zu befreien. Motor rückwärts- vorwärts-rückwärts-vorwärts-seitwärts-links-rechts-Vollgas-Standgas-Vollgas-Stangenunterstützung-roter Kopf-Fluch. Keine merkliche Bootsbewegung mehr. Was machten wir nun? Acht Stunden warten, bis uns die Flut wieder wegträgt? Ein Boot ist kein Baron von Münchhausen, der sich an den eigenen Haaren aus dem Sumpf ziehen kann. Uns schwante, dass uns Unheil bevorstehen würde, aber keiner wagte es auszusprechen, bis ich dazu den Mut fand:

„Aussteigen und Boot und Führer dem Schicksal überlassen!"

Vielleicht schafft er es, alleine, ohne seine menschliche Fracht weiterzufahren. Also zogen wir unsere Flip-Flops oder Sandalen aus, denn die wollten wir nicht dem Bassac-River-Schlamm opfern, krempelten unsere Shorts hinauf, sodass sie wie die Zwilchhosen aussahen, an denen sich die schweizerischen Schwinger packen, bevor sie sich gegenseitig ins Sägemehl werfen, und stiegen ins schlammige Ungewisse, nicht ohne dem Bootsführer ein „Tam biet!" - „Auf Wiedersehen, mach's gut!" - auf den Weg zu geben. Vorerst tasteten sich die Dünneren unter uns in die warme Brühe vor und letztendlich, als diese Boden, wenn auch unangenehm schleimigen, unter den Füßen fanden und etwa bis zu den Knien einsackten, auch die Schwergewichtigste unter uns, die unter einem Aufschrei bis weit über den Wulst ihrer aufgekrempelten gelben Shorts einsackte.

So kämpften wir uns langsam und mühselig dem Ufer entgegen, einmal fanden wir eher Boden, ein andermal verlor sich das schlammige Ungewisse unter den Füßen. So hörte man Aufschrei um Aufschrei:

„Da, das ist ein Fisch!"

„Jetzt, ein Aal!"

„Nein, das ist nur Seeschlamm!"

„Neeein, ein Krebs?! Ich hab ihn deutlich gespürt! Er hat mich gezwickt! Ich gehe nicht mehr weiter!", schrie unser gewichtiger Nesthaken entsetzt.

„Ja, sollen wir dich auf den Schultern tragen, dann sinken wir noch mehr ein. Oder willst du warten, bis die Flut kommt, bis du schwimmen kannst? Oder geh zum Boot zurück, steig wieder ein und warte acht Stunden."

Diese Abschreckung half, die Hysterische fasste in ihrer ausweglosen Situation schicksalsverachtend Mut und kämpfte sich mit uns an Land. Dort betrachteten wir uns gegenseitig voller Schadenfreude, welche das Leid um das eigene Schicksal mehr als aufwog und hielten den historischen Moment unserer Rettung aus der Schlammschlacht fotografisch für die Familienalben fast. Dann ging es per Pedes in Richtung Can Tho. Vorbeifahrende Mofas folgten unseren flehenden Stoppzeichen nicht, offenbar meinten die Fahrer, wir wollen zu siebt auf einem Motorroller mitfahren. Vier Vietnamesen würden gut und gerne darauf passen. Aber ein Vietnamese mit so vielen Europäern? Oder aber die Angeflehten fühlten sich von unserem Outfit angewidert oder die Unannehmlichkeit eines Motorradputzes hielt sie von einer humanitären Tat ab. Letztendlich, nachdem uns auch kein Taxi hatte mitnehmen wollen, erreichten wir auch ohne Fremdhilfe, als schmutziges Häufchen der sieben Aufrechten, Can Tho und unser Hotel. Der Portier beorderte uns in den Motorradraum unter der Rezeption, wo wir uns abspritzen mussten. Die schlammdurchtränkten gelben Shorts der Letzten, die den Gang durchs Tote Meer gewagt hatte, sahen pitoyabel aus und wurden gleich vor Ort entsorgt, denn das Waschen im Hotel wäre teurer als der Einkauf eines neuen Paares auf dem Markt gewesen, wenn auch die Lady L-Größen nur auf dem Touristen- und nicht auf dem Einheimischenmarkt und damit nur teurer zu erstehen waren. Sie stieg in den Unterhosen in den Lift und fuhr an der Rezeption vorbei gleich auf ihre Etage. Nun hatten wir alle eine Dusche und eine Siesta verdient.

Unserer Marktfreuden waren noch nicht genug. Am nächsten Tag wagten wir uns auf einen entfernteren schwimmenden Markt, der nicht besonders bekannt ist. Diesmal ging's mit mit dem Großtaxi los. Dieser Markt von Phung Hiep liegt in der Nähe der Straße nach Soc Trang im Süden des Mekong-Deltas, war aber nicht leicht zu finden und der Taxifahrer verfuhr sich einige Male, ehe wir endlich unser Ziel an zwei sich kreuzenden Kanälen im unteren Mekongdelta, erreichten, wo sich noch keine Touristen herumtrieben und keine touristische Infrastruktur bestand. Schon der Einstieg in ein Boot, das vorher mit Früchten beladen gewesen war, weshalb auf dessen Hartholzbänken noch der durch die Hitze der Sonne bereits verdickte Saft und das Fleisch von überreifen Früchten klebte, gestaltete sich wegen des tiefen Wasserstandes und der glitschigen Lehmhalde, die zum Boot führte, schwierig.

Die Sportlicheren unter uns schafften es noch einigermaßen. Einer allerdings rutschte aus und glitt auf dem Hosenboden hinunter, worauf er sich mit einem verfänglich kakifarben Gesäß erhob, den Dreck sich schüttelnd hinunterflattern ließ und von der Gruppe wegen seiner vermeintlichen Inkontinenz verspottet wurde. Für eine Frau wurde mangels vorhandenen Lastenkranes nach langer Suche am Ufer eine Treppe gefunden, welche aber nur bis einen Meter über die Bootsreling hinunterführte, was bedeutete, dass wir sie mit vereinten Kräften quasi auf Händen ins Schiff hinunterlassen mussten. Ihr Allerwertester war zum Glück derart stattlichen Umfangs, dass die Händepaare der anderen ohne weiteres genügend Grifffläche fürs Zupacken fanden. Nun, glücklich im Boot vereint, klebten unsere Hintern auf den mit trocknendem Fruchtfleisch überzogenen Sitzbänken und unsere Augen am bunten Treiben der Händler auf den Schiffen.

Ein Bootsführer hatte einem Motorradhändler ein paar hundert Kilo Milchbrüste „vu sua", eine Melone, die wie eine Frauenbrust aussieht und, nachdem man sie geknetet hat, milchartigen Saft abgibt, verkauft. Wir beobachteten diesen bei der kunstvollen Beladung seines Gefährts, einem Motorrad ältesten Datums. Zuerst wurden die zwei riesigen Seitenkörbe links und rechts des Gepäckträgers, dann der Korb vor der Lenkstange, dann der Behälter auf dem Gepäckträger und dann mit Hilfe von Netzen traubenförmig der restliche Unterbau des vorderen Motorrades beladen, und danach wurden hinten und zuletzt über der Lenkstange noch Früchte angebunden, sodass sich dem Fahrer kaum Platz zum Sitzen bot. Hin und wieder kullerte eine „Milchbrust" auf den schlammigen Boden, eine fiel ins Wasser und wurde mit Mühe mit einer Stange wieder herausgefischt. Immer drehte sie sich beim Fangspiel und entschlüpfte ihrem Häscher, bis er sie endlich einfangen konnte. Dann startete der Schwertransport mit dem Fernziel Markt in der Stadt. Das Gefährt ächzte und stöhnte unter dem Gewicht. Beim Schalten in den zweiten Gang wäre der ausgelaugte Motor beinahe abgewürgt worden. Kein Tüv-konformes Motorrad und straßenverkehrstauglich wäre der Transport in Europa schon gar nicht gewesen. Aber wen kümmert das in Vietnam?

„So fährt man halt in Vietnam!", hatte der Kleinbusfahrer auf der Strecke von Chau Doc nach Can Tho uns auf seiner Kamikazefahrt erklärt.

Nachdem wir uns vorsichtig von den klebrigen Sitzen gelöst hatten, was dem Reisenden mit dem Lehmhintern besonders Schwierigkeiten bereitet hatte, uns am Wasser gewaschen und die Sitze im Taxi mit schützendem Plastik überzogen hatten, ging die Fahrt vorerst weiter ins nächsten Dorf, wieder einmal zu einem Textilmarkt, wo wir zu günstigsten Preisen unsere klebrige Bekleidung gegen Adidas und Nike Turnhosen Made in Vietnam eintauschten und unsere bisher angetraute zweite Haut ihrem Schicksal im Abfalleimer überließen. Vielleicht wurde sie ja dann gefunden, gewaschen und auf dem Touristenmarkt rezykliert. Dann fuhren wir weiter zum nächsten Ziel, zur Fledermaus- oder Chua Doi

Pagode, in Soc Trang. Fledermaus-Pagode wird sie auch genannt, weil im Wald hinter der Pagode auf den Bäumen eine große Fledermaus- oder Flughundkolonie lebt. Flughunde, die bis zu einem Kilogramm schwer werden und deren Flügelspannweite bis zu 1,5 Metern erreicht. Entsprechend gewichtig sind auch ihre Ausscheidungen, die sie im Flug wie Schrot vom Himmel schießen. Diese können gefährliche Krankheitserreger in sich tragen. So empfiehlt sich, nicht nur zum Schutz gegen die Sonne, sondern auch zur Abwehr von deren Marschflugkörpern, im Bereich ihrer mutmaßlichen Flugbahnen einen Sonnen- oder Regenschirm aufzuspannen. Die Tempel- und Klosteranlage ist im charakteristischen Khmerstil gebaut mit seinen typischen bunten Farben. An den Tempelwänden und -decken konnten wir auch hier viele bildhafte Fresken bestaunen. Im großen Teich neben dem Fledermauswald blühten wunderbare weiße und rosafarbene Lotosblumen mit ihren riesigen Blättern, welche an Größe und Eleganz nur durch die Emmentalerkäsegroßen Blattscheiben, der in den Gewässern des Amazonasgebiet wachsenden Victoria Rey Wasserrosen, überboten werden. Am Ufer des Teiches bot ein Händler aus einem Plastikbecken Goldfische zum Verkauf an. Diese konnte man auslösen und im Teich in die Freiheit entlassen. Eine Freiheit auf Zeit. Denn sie wurden, wenn der Inhalt des Beckens ausverkauft war, wieder eingefangen und neuerlich zum Verkauf angeboten, worauf sie vom nächsten Käufer wieder in die Freiheit entlassen wurden. Ein ewiger Kreislauf, fast symbolisch für die Auffassung der Buddhisten, die Kreaturen müssten immer wieder auf die Erde zurückkommen und ihr Karma ablegen, bis sie vom Schicksal der ewigen Wiederkunft erlöst würden.

Es bleibt zu hoffen, dass die Goldfische im Teich des Fledermaustempels dereinst auch von diesem ewigen Kreislauf erlöst und ins Jenseits eintreten werden.

Vis à vis des Tempeleingangs besuchten wir eine typische vietnamesische Tages- und Nachtherberge. Vorne, gegen die Straße, befindet sich jeweils der Motorradpark. Daneben in einem Glasverschlag eine Art Kiosk mit ein paar Stehtischen, wo man „Pho", Nudelsuppe mit Fleisch oder Fisch essen oder Kaffee und Bier trinken kann. Dahinter sind in der Regel zwei, drei Pfähle vom Betonboden bis zur Decke im Abstand von zehn Metern angebracht und darum hängen etwa zehn Hängematten im Kreis herum, am anderen Ende an den Dachstützen befestigt. Dahinter befinden sich Toiletten, Duschen und Waschanlagen. Dies alles ist von einem großen Kokosblätterdach überdeckt. Und nachts schnarchen dicht an der Straße, vom Verkehrslärm und Mitschnachern ungerührt, Menschen für vielleicht 10.000 Dong= 50 Cents pro Nacht. Tagsüber ist der Schlaf bei vorheriger Konsumation gratis. Vietnamesen sind allzeit bereite, gute Schläfer. Sie scheinen auch nicht lärmempfindlich zu sein.

Das spartanische Schlaflager schien uns angesteckt zu haben: auf der Fahrt zurück schliefen auch wir. So langsam passten wir uns dem lokalen Lebensrhythmus an und mutierten zu vietnamesischen Schläfern und vielleicht bald auch zu Vietnamesen.

Da traf eine Fahrt im Boot in ein Homestay in die Backwaters des Bassac mit nur einem kleinen Rucksäcklein bewaffnet - unser Hauptgepäck hatten wir in Can Tho gelassen -, genau unsere Stimmung. Wir fuhren durch immer engere Wasserrinnsale und legten an einem friedlichen Ort an einem kleinen Holzsteg an. Kein Mensch, kein Laut. Vor uns dichte Vegetation, Fruchtbäume und -pflanzen, kein Urwald. Büsche mit Mang Cau (Na) Früchten (Buddhaköpfen), den zuckersüßen braunfarbenen San Bo Che, Tanh Long, den Drachenfrüchten, Vu Sua (Milchbrüsten), Khe ngot (Starfrüchten) und Longanen, eine Art Lychees.

Auf einem schmalen Pfad kämpften wir uns teils durchs Dickicht, wo weniger Fruchtbäume wuchsen, und erreichten nach ca. fünf Minuten eine Lichtung, in der wieder nur Fruchtbäume und -Büsche sprossen und sich verschiedene 20x7 Meter große Wiesenflächen befanden, die jeweils durch einen Meter breite Kanäle umrandet wurden, in denen sich Fische versteckten und Frösche quakten. Ein Garten der Fruchtbarkeit. Auf den einzelnen Wiesenpatchworks standen Sitzplätze mit Rattanmöbeln unter Kokosstrohdächern, auf einer der „Inseln" befand sich eine offene Küche, auf einer anderen eine Bambus-Strohdachunterkunft mit zwei bis drei Dorms und auf einer weiteren Toiletten und Duschen mit Rattan und Bambuswänden. Die einzelnen „Inseln" waren durch Bambusbrücklein miteinander verbunden. In einem Gehege nächst der Küche fristeten Frösche und Kröten ihr Dasein und ließen uns erahnen, dass sie bald in die ewigen Kochtopfgründe eingehen würden. Unsere Vorahnung hatte sich nicht hundert Prozent bewahrheitet, denn am Abend, als wir unterm Strohdach unsere zum Teil selbstgekochte Reissuppe und grüne gedämpfte Bananen genossen, Frösche wollten wir diesmal keine verzehren, rettete ein Frosch den anderen vor dem Tod in der Pfanne, indem er ihn lebendig fraß, erst den Kopf, dann den Körper. Am Schluss schauten nur noch dessen Beine und nach dem zweitletzten Schluck nur noch dessen Füße wie ein Schnauzbart aus beiden Mundwinkeln heraus. Die Hausordnung stand unter dem Zeichen der Solidarität. Jeder durfte mitkochen, mitessen, mitschnarchen, im Kollektiv Zähne putzen und die Morgentoilette im Halbfreien erledigen. Das erste unter der Anleitung der Homefamilie, alles andere selbständig. Gäste aus aller Welt hatten sich eingefunden, Australier, Israelis, Oesterreicher und ein Portugiese. Der Homestayfamilie musste der Unterschied zwischen Australiens und Austrians erklärt werden. Dies tat ich wieder einmal mit dem etwas abgedroschenen Vergleich über die unterschiedliche Fauna in diesen Ländern und dem Slogan, den man im Flughafen Wien Schwechat auf T-shirts aufgedruckt kaufen kann:

„There are no kangaroos in Austria!"

Am Abend saßen wir an einem Lagerfeuer zusammen, der älteste Sohn der Familie spielte auf einer Art Mandoline und die Tochter sang traditionelle Lieder, wie „me oi", bei dem jeweils kein vietnamesisches Auge trocken bleibt. In der Nacht belegten wir zu sechst unseren eigenen Bambusverschlag und genossen die Geräusche der Nacht, das Quaken der Frösche und Kröten in den Kanälen und derjenigen, die im Käfig überlebt hatten, das Konzert der ca. zehn verschiedenen Zikadenarten, die nicht immer alle gleichzeitg zirpten, sondern sich abwechselten, und des Windes, der mit den Wedeln der hohen Kokospalmen spielte, bis wir uns an all diese Laute gewöhnt hatten und einschliefen. In der Nacht musste ich zum Wasserlösen ohne Taschenlampe den Rubikon, oder das Seufzerbrücklein, zur Toilette überqueren. Ich wagte nicht, an den nächsten Baum zu pinkeln. Glücklicherweise traf ich das Brücklein und das Urinoir im Dunkeln und konnte trocken wieder unter das leichte Leintuch schlüpfen. Die Morgentoilette erinnerte uns ein wenig an ein Pfadfinderlager oder den Militärdienst. Nur, dass nicht alle gleichzeitig auf das Kommando „Tagwach!" das WC aufsuchen mussten und sich deshalb kein Stau mit Gefluche bildete. Nach gemeinsamem Frühstück, Abwasch, Leintuchzusammenfalten und Packen machten wir uns auf den Weg zum Boot und ratterten in die Stadt zurück. Das Experiment war abenteuerlich gewesen, musste aber nach dem Kommentar meiner Reisegruppe nicht unbedingt jeden Abend wiederholt werden.

Danach fuhren wir per Taxi über die ominöse, schwerelos erscheinende Hängebrücke mit einem gewissen Bangen und in der Hoffnung, das Gewicht unserer Körper würde keinen weiteren Einsturz bewirken und uns zum Tempel der Toten hinunter reißen. Zum Glück erhörten die Götter unsere Stoßgebete und verschonten uns vor einem vorzeitigen Ende unserer Reise. Es ging nach Vinh Long, eine laute und nicht sehr schöne Stadt, die aber ein hervorragender Ausgangspunkt für Bootstouren über den Co Chien Fluss ist, hinüber zur Can Binh Insel und weiter auf einem Kanal quer durch die Insel zum Mekong Hauptarm und über den Mekong zum schwimmenden Markt Cai Be. In der Stadt selbst findet sich nahe dem Flussufer ein riesiger lebendiger Markt. Die Uferpromenaden sind schön angelegt, sauber und weitläufig und vor allem vor dem Tet Fest, wenn dort auf Kilometern gelbe und orange Blumenstöcke, Bonsai, Orangenbäume und Orchideen in allen möglichen Varianten, aber auch geschnitzte Wurzeln angeboten werden, ist ein Besuch sehr lohnenswert. Ich stieg mit je einer Gruppe einmal im Van Tam Guesthaus und ein andermal im im Cuu Long Hotel ab. Vom ersten genießt man eine wunderbare Aussicht auf den Co Chien Fluss und den Long Ho Kanal, aber der Verkehrslärm von der Straße ist ziemlich stark und es ist sehr einfach eingerichtet. Das zweite ist ein wenig komfortabler, aber noch lauter und die Aussicht nicht so stupend. Tag und Nacht legen schräg vis à vis der befahrenen Hauptstraße alle 15 Minuten Fähren an und ab und jedesmal weckt einen lauter Dieselmotor- und Rollerlärm. Dafür hatten wir gegenüber im Phuong Tuy Restaurant auf dem Wasser immer üppig und relativ preiswert diniert. Diesmal logierten wir auf der anderen, viel ruhigeren Seite des Co Chien Flusses in einem kleinen Homestay in Bungalows zwischen Fruchtbäumen. Am Abend mieteten wir Fahrräder und erkundeten die stille Insel. Über eine schmale, schwindelerregende Bogenbrücke, ähnlich jener in Lavertezzo im Verzascatal, wagten wir uns auf die andere Seite des schmalen Seitenkanals, der die Insel entzweischneidet, die Fahrräder sorgsam stoßend und den Blick in die Tiefe vermeidend. Das Abendessen genossen wir in einer kleinen Garküche an einer Straßenecke auf winzigen Plastikstühlchen und Tischchen, auf denen unsere Beine gefaltet waren wie die Hinterbeine von Heuschrecken vor dem Sprung. Stühlchen, die unter unserem Gewicht ächzten und stöhnten. Es gab „Pho Bo" und „Pho Ga", Rinds- und Hühnersuppe mit weißen, dicken Bandnudeln sowie Meeresschnecken, die wir mit Schraubenbewegungen mittels Zahnstochern mühsam aus den spiralförmigen Häuschen klaubten, nachdem die Köchin uns dies kunstvoll vorgezeigt hatte. Während sie pro Minute sechs Stück geschafft hatte, benötigten wir pro Stück sechs Minuten. Das Schneckenfleisch schoben wir uns mit dem Zahnstocher auf die Zunge und die Schneckenhäuser ließen wir unter den Tisch fallen, wie wir dies bei den anderen Garküchenbesuchern abgeschaut hatten. Der Vorplatz vor der Küche glich nach all den fallengelassenen unbewohnten Schneckenhäusern einem Kiesplatz.

Am nächsten Morgen, nach gemütlichem Frühstück im Garten, übersetzten wir zunächst mit der Fähre zurück nach Vinh Long und stiegen danach auf ein Privatboot um, geführt von einem alten zerschrumpften, wettergegerbten Schiffer, der einen traditionellen konischen „Non"-Hut und ein Bärtchen trug, das den Vergleich mit dem Gewächs von Ho Chi Minh nicht scheuen musste. Und los ging`s in Richtung Mekong. Wir überquerten den Co Chien, tuckerten durch das Kanälchen, das wir am Vorabend mit den Fahrrädern überquert hatten, danach über den hier sehr breiten Mekong, von dessen Strömung hier fast nichts zu spüren war. Es war Sonntag und das Marktleben nicht sehr aktiv, deshalb fuhren wir am Binh Hoa Phuoc Markt vorbei. Wir legten in einem Nebenarm neben verschiedenen Holzhäusern auf Pfählen an, wo bereits viele Boote vertäut waren. Uns schwante nichts Gutes. Wir waren in eine Touristenfalle geraten. In verschiedenen großen Holzlanghäusern wurde Touristen die Produktion typischer Güter aus dem Mekong gezeigt. So zum Beispiel von Reiscrackern, die mit Honig oder Melasse hergestellt werden, Kokoskaramellen in Reispapier eingewickelt, welches man mitisst, damit diese nicht schon auf den Fingern kleben, sondern im Mund vergehen und dort ihre zerstörende Wirkung bei der Zahnplombenvernichtung voll zur Entfaltung bringen können. Ferner wurden die Reisschnapsproduktion, die Honig- und die Nuoc Mam Herstellung gezeigt. In einem Innenhof konnte man sich eine Python als kühlenden Schal, denn Pythons sind ja bekanntlich Kaltblütler, umhängen und sich für einmal ohne Entgelt ablichten lassen. Und im Restaurant durfte man all die Produkte, deren Herstellung gezeigt worden war, gegen eine Gebühr probieren. Ich habe für die Degustationen den billigeren Weg genommen, bin immer wieder in das Produktionshaus für Kokoskaramelen geschlichen und habe dort die Anschnitte und die missratenen Karamellen stiebizt auch auf die Gefahr hin, mir eine gesalzene Zahnarztrechnung für den Ersatz der verlorenen Plomben einzuhandeln. Auch die Reiskracker hatten es mir angetan und ich stahl mich immer wieder zum Produktionsofen zurück, wo solche zur gebührenfreien Kostprobe angeboten wurden.

Wieder im Boot zurück überquerten wir den Seitenarm des Mekong auf die andere Flussseite, wo wir auf dem letzten Ausläufer der Flussinseln der Ben Tre Provinz im Mekong landeten. Hier präsentierte sich das Mekongdelta in seiner ganzen Fruchtbarkeit und Pracht. Es gab dort keine Straßen, sondern nur Pfade zwischen Fruchtbaumanlagen. Vom Zwitschern der Vögel und Zirpen der Grillen abgesehen vernahm man keine Laute. Früchte und Gemüse, wohin das Auge reichte. Mangos, Wassermelonen, Longanen, Papayas, Kokosnüsse, Mangostinen, Guave, Bananen, Sternfrüchte, Drachenfrüchte, Jackfrüchte und Durians wuchsen da. Daneben Gemüse aller Art. Wir wanderten auf schmalen Pfaden stundenlang durch die Anlagen. Ein riesiger Garten Eden war das, ein Paradies, Stille, Ruhe, Harmonie. Wenn Gott ein Paradies auf Erden geschaffen hat, dann hier. Und wenn wir durch den Genuss der Frucht der Erkenntnis daraus vertrieben wurden, dann von da. Zwischen hinein stiess man auf einzelne Hütten, ganz verstreut, ganz versteckt hinter Büschen, unter Fruchtbäumen. Menschenleer, alles ruhte, nur die Früchte und Gemüse wuchsen, von der Fruchtbarkeit des Mekongbodens genährt, vom warmen Monsunregen getränkt und von der tropischen Sonne gereift. Stille und Ruhe. Denn die Früchte hört man nicht wachsen, es sei denn, man sei Laote. Ein altes Sprichwort in Indochina, das auch der französische Schriftsteller und Politiker Malraux zitiert hatte, besagt nämlich:

„Die Vietnamesen pflanzen den Reis, die Kambodschaner ernten den Reis und die Laoten hören den Reis wachsen."

Nach ca. einer Stunde erreichten wir eine kleine Siedlung. Drei Mädchen angelten mit langen Stangen Longanen von einem Baum herunter. Wir beobachteten sie. Sie lächelten uns zu, kamen mit Händen voller Früchte auf uns zu und boten uns diese dar. Früchte nicht aus der Hand von Eva. Früchte aus der Hand unschuldiger kleiner Mädchen. Ein asiatisches Shangri La. Der Höhepunkt einer Mekongreise. Der Kulminationspunkt jeder Vietnamtour, vom Spitzenerlebnis her ein Himalaya Asiens in der Depression des Mekongdeltas. Was will man noch mehr erleben? Wir hätten hier die Reise ausklingen lassen können. Was gibt es noch Schöneres zu sehen. Wir hätten hier verweilen müssen. Aber man kann solche Momente der absoluten Harmonie nicht mit dem Lasso einfangen oder wie Konfitüre konservieren.

Die Zeit läuft weiter. Der Mensch muss weiter streben und der Haifisch muss weiter schwimmen. Jener strebt, solang er lebt, und dieser erstickt an Sauerstoffmangel, wenn er nicht ständig weiterschwimmt. So genossen wir die Stimmung, aber wir verweilten nicht dort.

Der Bootsführer hatte uns in der Zwischenzeit nämlich gesucht und gefunden und dort hin zurückgeführt, wo wir hingehörten und wohin er uns gemäß Vereinbarung wieder zurückführen musste, in die Zivilisation. Die Erde hatte uns wieder, die Realität hatte uns eingeholt und uns angedeutet, Abschied zu nehmen.

Nach einer Schlussfeier im Flussrestaurant in Vinh Long und einer lärmigen Nacht im gegenüberliegenden Hotel, in der wir dank reichlichen Alkoholkonsums tief schliefen, ging`s für meine Reisegruppe per Bus nach Ho Chi Minh und für mich per Motorradtaxi nach Can Tho und von dort per Flugzeug weiter auf die Phu Quoc Insel.

Nicht alle Reisen ins Mekong Delta habe ich in Phu Quoc angetreten. Zu einigen starteten wir auch von Ho Chi Minh aus, der chaotischen Wirtschaftsmetropole im Süden Vietnams.

Wer dieses Flusssystem von hier her erkundet, unternimmt eine Reise aus der Hektik der Großstadt zurück in die Vergangenheit. Im Bus starteteten wir meist beim Sinh Cafe, einem Travellertreff, wo die meisten Busse auch nach Kambodscha, Vung Tau und den Cu Chi Höhlen abfahren. Vorerst mühte sich der Fahrer durch den quirligen Stadtverkehr, links und rechts von Motorrollern bedrängt, die wie lästige Mücken um uns herumschwirrten, von vorne, hinten, von allen Seiten. Dann ging`s über die Ausfallstraße nach Südwesten in Richtung My Tho durch die nicht enden wollende Vorstadt, bis sich endlich Reisfeld an Reisfeld anlehnte und unseren Blick über unendliche Ebenen in die Ferne schweifen ließen. Hin und wieder passierten wir eine Stadt und überquerten einen Seitenarm des Saigon- und später des Mekongrivers, bis wir östlich von My Tho den Hauptarm des Mekongs erreichten. Heute geht die Fahrt über die Autobahn rasanter voran, ist aber auch weniger interessant. Über den Tien Giang oder Mekong setzten wir mit dem Motorboot. Er ist an dieser Stelle, nicht weit von der Mündung ins Ostmeer, ziemlich breit und der Schiffsverkehr ist hier weniger dicht als in Chau Doc. Wir besuchten die Dracheninsel, die Schildkröten- insel und die Phönixinsel und tuckerten danach hinüber auf die andere Flussseite in die Ben Tre Provinz, eine der ärmeren Gegenden Vietnams. Auf der Dracheninsel wan- derten wir durch fruchtbare Obstgärten und kauften einem Bauern die Longanen ab, die er gerade pflückte. Wir waren 14 Reiseteilnehmer und so machte er ein gutes Geschäft. Auf der Einhorn Insel wollten wir Affen, aber lieber keinen Schlangen und Krokodilen begegnen, denn die Insel war bekannt für ihr Vorkommen von Affen, Schlangen und Kro- kodilen. Aber die Menschen hatten diese Wildtiere bereits verdrängt. Vietnamesen essen ja alles, was da fleucht und kreucht. Auch geschützte Tiere sind vor ihren Kochtöpfen nicht sicher. Sogar Vögel sind hier deshalb seltener als in Europa. Und das Krokodil, das zweiterfolgreichste aller Raubtiere, wurde vom erfolgreichsten, dem Menschen, aufgefressen. Tiere, die niemandem gehören, werden rücksichtslos gejagt mit Gewehren, Steinschleudern, Fallen und von Hand erschlagen. Tiere sind Fleisch, bedeu- teten in der archaischen Gesellschaft und in den langen

Kriegszeiten Nahrung und Überleben.

Als meine Schwiegermutter das erste Mal Zentraleuropa besuchte und auf den Flüssen und am Bodensee all die Wasservögel entdeckte, fragte sie mich: „Wem gehören denn alle diese Vögel. Kann man die nicht jagen und essen?" Dies erinnerte mich an den Film „Derzu Uzala" von Akihiro Kurosawa. Als Derzu Uzala, der als Sohn der Wildnis, das erste Mal in Zentralasien eine Stadt besuchte und im Stadtpark Bäume zu fällen begann, in der Meinung, die Götter hätten ihm diese zum Heizen geschenkt, wurde er eines anderen belehrt, indem ihm vom Parkwächter Einhalt geboten wurde.

Auf der Phönix Insel besuchten wir den Tempel des Kokosnuss-Mönchs. Dieser liegt am Ende der Insel am Flussunterlauf, ist skurril und grotesk und erinnert eher an eine Techno-Maschine à la Jean Tinguely oder an das Atomgebilde in Brüssel, eine Remineszenz der Weltausstellung 1897, als an einen Tempel. Auf einer Art Turm, auf den ein nicht mehr betriebstüchtiger Lift in Form einer Apolloraumkapsel führt, hängt eine metallene Weltkugel. Daneben findet man Präsentationen von Buddha und Jesus, was auf den synkretistischen Glauben des Kokosnuss-Mönchs hinweist. Ong Dau Dua, wie er auf Vietnamesisch hieß, hatte seine universitäre Ausbildung in Frankreich genossen, war in Vietnam verheiratet gewesen, hatte dann aber Frau und Tochter verlassen und auf dem Nui Sam drei Jahre meditiert, nur Kokosnüsse gegessen und dort die Erleuchtung gehabt. Dann gründete er die Tinh do Cu Si Religionsgemeinschaft, die Buddha und Christus verehrte, und wurde mit seinem

Gefolge auf der Phönixinsel ansässig. Er wurde von der nationalistischen und später von der kommunistischen Armee diverse Male inhaftiert wegen seiner versöhnlichen und pazifistischen Haltung im Krieg. 1990 starb er und seine Sekte löste sich nach seinem Tod auf. Der Turm blieb aber bestehen und bleibt, obwohl im Verfall begriffen oder vielleicht gerade deswegen, eine markante Attraktion, weshalb sich ein Besuch lohnt. Die Aussicht, die man von dort auf den unteren Mekonglauf genießt, ist einmalig.

Danach überquerten wir den Mekong auf die Seite der Provinz Ben Tre, das rechte Flussufer, wo uns eine dichte Vegetation mit engen Kanälen erwartete. Wir stiegen in Gruppen von jeweils zwei bis drei Personen in kleine Einbäume um und wurden von rudernden Mädchen im Ao Day, dem langen traditionellen Kleid und dem Non, dem konischen Hut, durch engste Kanälchen und eine dichte Vegetation gerudert. Die jungen Grazien standen aufrecht im hinteren Teil des Bootes und faszinierten uns in ihrer rosa, weißen oder gelben Tracht, ihrer körperlichen Anmut und der Eleganz und Ruhe ihrer Ruderbewegungen. Der Himmel war durch die Üppigkeit der Wasserpalmen, welche in der Vorwärtsbewegung unsere Gesichter umschmeichelten, verdeckt und, obwohl die Mittagssonne am Himmel brennen musste, waren wir fast in Dämmerlicht getaucht. Stille Zeitlosigkeit, Ruhe, sinnliches Schweigen, nur das Plätschern der Ruderbewegungen war zu hören. Ein anderes Vietnam als jenes am Morgen bei der Abfahrt vom Sinh Cafe im Lärm des Stoßverkehrs. Das Vietnam der Stille, der Kontemplation, der immergrünen Natur. Nach ca. einer halben Stunde Fahrt, während der wir die anderen Ruderboote im Dickicht der verwundenen Kanäle meist aus den Augen verloren hatten, legten wir an ein paar Stegen an und wanderten zu einer Hütte, wo wir Tee und Früchte aller Art zu uns nahmen, der Vorführung von Tänzen junger Frauen und Männer in Trachten beiwohnten und Cai Luong Singspielen zuhörten. Man muss sich diese tragisch-lustigen Operetten immer vor ruralem Hintergrund vorstellen. Sie sind meist ähnlichen Inhaltes: Die Jungfrau weist den Jüngling vorerst ab, weil er einen vermeintlich schlechten Ruf oder schon andere Mädchen bezirzt hatte, aber schlussendlich bezeugt er durch sein stetes Drängen Charakterstärke und sie gibt nach.

Es folgt das von der vietnamesichen Landbevölkerung erwartete Happyend. Hier war nicht nur das Spiel anspruchslos schön und sentimental, es war eingebettet in eine perfekte Umgebung: Kanälchen, Brücklein aus Holzrugeln und Strohhütten sowie Zäunen aus unregelmäßigen Holzästen bei üppiger Vegetation. Einige Vietnamesinnen, die neben uns saßen, brauchten Taschentüchlein, um ihre durch die Romantik dieses Spiels feucht gewordenen Augen zu trocknen.

Dann ging es weiter mit den weidlingartigen Booten durch unübersichtliche Kanäle zu einer Bananenplantage, wo wir die kleinen süßen und fast dunkelgelben Ladysfingersbananen kosten konnten. Die Vietnamesen kaufen diese nicht pro Stück, oder Kilo sondern per „nai".

Das ist eine Hand Bananen mit fünf bis zwanzig Fingern oder hier fünf bis zwanzig Ladiesfingern. Die Bananen sehen attraktiver aus, wenn man sie pro Hand kauft. Befinden sich zwei oder drei Hände Bananen an einem

Stock, so eigenen sie sich als Altardekorationen. Sie sehen aus wie ein Lotusblumenkranz, auf dem Buddha im Lotussitz meditiert. Danach besuchten wir auch diesmal eine Kokosnussbonbonproduktionen und kauften Bonbons als Zwischenverpflegung ein. - Die Kokopalme liefert sehr wichtige Produkte im Mekongdelta. Nebst der Milch, die man direkt aus der geöffneten Frucht mit einem Strohalm trinkt, wird das Fleisch verwertet. Es wird geschnitten, gekocht und als Beilage zu Fleisch, Fisch und Gemüse zugegeben. Man kann es auch raffeln und zu Süßgebäck oder Süßreispastetchen verarbeiten, im Westen werden Kokosmakrönchen davon gebacken. Auch wird Kokosfleisch im geraffelten Zustand Frühlingsrollen und anderen Speisen beigeben. Das Kokosöl kann als Speise- oder auch als Massageöl verwendet oder auch zu gut riechender Seife oder zu Parfüm verarbeitet werden. Die getrocknete Nussschale wird zu Kokosmatten verarbeitet oder zu Figuren oder Handtaschen geschnitzt, die Fruchtschalen werden als Dekorationsschalen in Boutiquen und Blumenläden verwendet und die Kokoswedel zur Bedeckung von Dächern von Hütten und Häusern. Sie sind bei genügender Dicke und Dichte ein hervorragendes Regenschild und gegen Hitze ein viel geeigneterer Schutz als Ziegel- oder gar Wellblechdächer. Allerdings sind sie auch gefährlicher im Falle einer Feuersbrunst. Deshalb werden Palmwedeldächer häufig mit Beton oder Wellblechen unterlegt.

Zu guter Letzt wanderten wir zu Fuß auf einem schmalen Pfad durch den Busch in ein Dorf in dieser armen Gegend. Dort trafen wir eine Vietnamesin mit ihrem koreanischen Mann bei ihren Eltern. Sie hatte vor fünf Jahren auf

Vermittlung einer vietnamesischen Agentur gleich wie 12 andere Frauen aus der Gegend einen koreanischen Bauern geheiratet und war jetzt das erste Mal mit einem kleinen Kind wieder in ihre Heimat zurückgekehrt. Sie hatte Glück, es war ein Knäblein. Glück für den Koreaner, Glück für sie. Denn in beiden Ländern ist die Zeugung eines männlichen Stammhalters eine conditio sine qua non für ein erfolgreiches Familienleben, die Anerkennung in der Sippe und die soziale Akzeptanz. Oft wurden in Südostasien in der Vergangenheit auf Teufel komm raus Kinder gezeugt, bis der Knabenwunsch in Erfüllung ging, Oft wurde früher in Vietnam eine Frau verlassen, weil sie keine Kinder haben konnte oder weil sie dem Gatten nur Mädchen bescherte. Heute beginnt sich diese Tradition zu ändern. Nicht geändert hat sich der Heiratstourismus armer Vietnamesinnen aus ländlichen Gegenden nach Korea und China. Oft werden sie durch Vermittler angeheuert und wissen gar nicht, wohin die Reise geht. Klimatisch, kulturell und sprachlich sind sie überfordert, entwurzelt und können meist nicht mehr nach Hause zurückkehren. Oft sind sie mit irgendeinem Bauern auf dem Land verheiratet und es fehlt ihnen ein sozial zuträgliches Umfeld. Im Norden Südkoreas frieren sie im Winter, lernen die Sprache nicht und sind unter Umständen halbe Sklavinnen. Leben sie in China, so ist für sie die Sprache leichter erlernbar, denn Vietnamesisch und Chinesisch sind sich ähnlicher, aber auch hier erleben sie zum Teil Furchtbares. Da dort zufolge der lange praktizierten Einkindpolitik und der damit verbundenen Abtreibungspraxis von weiblichen Föten Frauenmangel herrscht, werden Vietnamesinnen hin und wieder an zwei Brüder oder an einen Vater und Sohn verkauft und als Sexpuppe oder Knabengebärmaschine verwendet. Die

Polygamie ist zwar in diesen Ländern verboten, aber die faktische Mehrfachehe ist verbreiteter, als man denken würde. Diese Frau, die wir mit ihrem koreanischen Ehemann antrafen, hatte dreifach Glück, sie hatte einen Mann gefunden, der anständig zu ihr ist, sie bescherte ihm einen Knaben und seine Finanzen erlaubten es ihnen, von Zeit zu Zeit nach Vietnam zurückzukehren und die Früchte ihrer Ehe ihren Eltern zu zeigen, was sie auch uns gegenüber mit erheblichem Stolz erfüllte.

Von Ben Tre führte uns der Weg mit dem Bus nach Sa Dec. Dies geschah auf ausdrücklichen Wunsch einiger Reiseteilnehmer, welche kurz zuvor den Film „L`amant" von Jean-Jacques Annaud gesehen hatten. Sie wollten die Stationen des Geschehens dieses Films en revue oder en r-Jacque passieren lassen. Der Film basiert bekanntlich auf einem Roman der französischen Schriftstellerin Marguerite Duras, welche ihre ungleiche Jugendliebe als 15- Jährige zu einem deutlich älteren Sohn eines chinesischen Mandarins beschrieb. Ort des Hauptgeschehens war Sa Dec, wo ihre Mutter als Schulleiterin tätig war, der Liebhaber in der Villa seines Vaters am Wasser wohnte und wo sich das Paar in einer Stadtwohnung regelmäßig zwecks inniger Umarmung traf. Wir besuchten den Markt, am Wasser das Haus des Mandarins, ein schönes französisches Kolonialstilhaus, und das verschlafene Städtchen mit einigen Pagoden, die dem Besucher verraten, dass die Khmer hier eine relativ große Minorität in der Bevölkerung darstellen. Sie bildeten einmal die Mehrheit in dieser Gegend. Nahe dem Zentrum machte uns ein junger Mann darauf aufmerksam, dass wir im Zimmer übernachten könnten, wo sich die Liebhaber jeweils zu ihrem sinnlichen Abenteuer getroffen hätten. Die Liebesszenen waren uns noch allgegenwärtig, die sinnlichsten Filmszenen zum Thema Liebe, die wir überhaupt je gesehen hatten, wunderschön, sinnlich, zärtlich, voll prickelnder Erotik, nicht einmal erreicht durch Nagisa Oshimas Film „Im Reich der Sinne".

Ob wir dasselbe erleben würden, wenn wir das Liebesnest mieteten? Sicher nicht die Alleinreisenden, außer ihre Jagd am Abend nach Partner/innen würde erfolgreich werden. Und wer gab uns die Garantie dafür, dass dies wirklich das Liebesnest war? Und wie sollten wir uns aufteilen? Dreizehn in einem Liebesnest oder stündliche Abwechslung. So verlockend das Angebot war, so unmöglich war dessen Realisierung. So zogen wir unverrichteter Dinge ab und nahmen mit einer Dschunke auf dem Mekong vorlieb. Braun, gebeiztes Holz, zwei Masten mit eingezogenen Segeln, lag sie am Steg außerhalb von Sa Dec. Wir bezogen unsere kleinen Zimmer, während der Koch und seine Gehilfen auf dem Oberdeck uns die Köstlichkeiten für den Abend zubereiteten.

Hin und wieder habe ich die Provinzhauptstadt Rach Gia ganz im Südwesten des Mekongdeltas besucht, vor allem, wenn ich Papiere für die Niederlassung auf Phu Quoc, oder für den vietnamesischen Fahrausweis beschaffen musste. Wir sind dann mit dem „Superdong" von der Insel Phu Quoc herübergepfeilt. Das sind etwa 120 Kilometer, die man mit diesem Schnellboot in ca. zweieinhalb Stunden zurücklegt. Viel schöner als im engbestuhlten Passagierraum, wo alle Vietnamesen an den Fernsehern kleben und Soap Operas in sich hineinsaugen, lässt es auf dem hinteren offenen Oberdeck reisen. Geschützt durch die vordere Kabine erlebt man, wie das Boot, welches ca. 160 Passagiere fasst, mit hohem Tempo über die Wellen reitet und einen langen Schweif schäumender Gischt hinter sich herzieht. Die Fahrt ist so viel kurzweiliger, vor allem, weil links und rechts Fischerboote und kleine Inseln, auf denen nur Squatters hausen und bei Regenzeit wieder aufs Festland zurückkehren, an der Fähre vorbeiziehen. In Rach Gia an der Bootsanlegestelle wurden wir meist von einer Meute von Taxi- Bus- und Cyclofahrern und von einer Menge von Reiseagenten umringt, welche uns da- oder dorthin bringen wollten, nur nicht an den Ort, wo wir hinzugelangen beabsichtigten, nämlich zum einen Steinwurf entfernten Tanh Dat Guesthouse. Rach Gia wird von den meisten Touristen links oder rechts liegen gelassen.

Sie streben rastlos auf die Tropeninsel Phu Quoc, um dort an den weißen Stränden Sonne zu tanken oder um von dort zu den Touristenattraktionen im Mekongdelta zu gelangen, dabei ist es die Hauptstadt der Provinz Kien Giang durchaus wert, besucht zu werden. Einen Rundgang kann der einigermaßen Sportliche auf Schusters Rappen unternehmen und vom Anlegeplatz des Superdong zum Nguyen Trung Truc Tempel schlendern, der dem regionalen Freiheitshelden gleichen Namens gewidmet ist. - Truc war ein Widerstandskämpfer, der in dieser Gegend und auf Phu Quoc, wo ihm im Nordwesten der Insel auch ein Tempel gewidmet ist, 1860 bis 68 die Franzosen bekämpft und insbesondere das französische Kriegsschiff „Esperance" versenkt hatte. Er wurde in der Folge gejagt und konnte sich lange Zeit tagsüber in einem hohlen Baumstamm verstecken, so zeigen es zumindest die Bilder im Tempel in

Phu Quoc, wurde dann aber aus seinem Versteck gelockt, als seine Mutter als Geisel genommen worden war. So erpresst, gab er sein Versteck auf, stellte sich den Franzosen und wurde 1868 hingerichtet. Die Bilder in diesem wie in jenem Tempel in Phu Quoc zeigen seine Geschichte mit der brennenden „Esperance". - Auf dem Tempelareal wird auch Naturmedizin getrocknet und verarbeitet, und man kann dort auch solche kaufen. An die Armen wird sie dagegen gratis verteilt.

Von dort lohnt sich ein 25-minütiger Spaziergang zur Phat Lon Pagode im Nordwesten der Stadt, einem Khmertempel, der in der Anlage etwas an die Fledermauspagode erinnert. Durch ein Tor, das gelben Drachenstatuen bewacht ist, wandert man an einem großen Teich voll blühender weißer Lotusblüten mit ihren großen schwimmenden oder im Wasser stehenden Blättern vorbei in eine Tempelanlage mit mehreren pavillonartigen Tempeln.

Das große vordere Gebäude ist mit Bildern im südbuddhistischen Stil bemalt. Meine Schwägerin aus Nordvietnam, die uns einmal bei einem solchen Besuch begleitet hatte, war befremdet ja fast beängstigt ob soviel bunter Malerei in einem Tempel. Solches war ihr aus dem Norden unbekannt. - Eine eindrückliche, von Touristen selten besuchte Anlage.

Zum Abendessen nahmen wir eine „lau", einen hot pot in Angriff. Der hot pot wird auf einem Gas- oder Spirituskocher, ähnlich einem Schweizer Fondue, in einer Pfanne auf dem Tisch inmitten der Gäste serviert. Er besteht meist aus einer Fisch-, Fleisch- oder Gemüsebrühe. Dann werden auf Tellern Beilagen wie Fisch-, Tintenfisch- oder Garnelenstücke gebracht, oder Fleischstücke, verschiedene Pilzsorten, Tofu und Gemüse etc., dazu gelbe Getreide- oder weiße Reisnudeln. Alles Zutaten, welche die Beteiligten selbst in den brodelnden Topf geben. Mit den Chopsticks wird gerührt und dann das gewünschte Häppchen herausgefischt. Oft muss man eine Weile im Trüben fischen, bis man erfolgreich ist. Der vegetarische hot pot schmeckte ausgezeichnet und wir konnten am Schluss den Boden der Pfanne sehen, soviel haben wir gegessen. Danach erkundeten wir die neuen Quartiere der Stadt. Wir fuhren ca. sieben Kilometer durch Niemandsland, durchzogen von geteerten Straßen und beleuchtet durch perfekte Straßenbeleuchtung. Aber nur vereinzelt stand verloren ein Mehrfamilienhaus auf weiter Flur, so, wie ein vereinzelter Bauernhof in der Schweizer Landschaft, mit dem Unterschied, dass hier das Land darum herum brach lag und nicht bearbeitet wurde. Offenbar war an dieser Stelle eine riesige Stadterweiterung geplant worden, stand aber noch fern ihrer Realisierung. Nach ungefähr sieben Kilometern straßenbeleuchteter Brachlandschaft erreichten wir einen großen, runden Platz etwa in der Größe der Place de l'Ètoile in Paris, nur dass dort in der Mitte der Triumphbogen protzte, hier jedoch ein überdimensioniertes Wasser- und Lichterspielbecken um eine 20 Meter hohe Stahlkonstruktion herum. Da waren sechs Bassins, die sternförmig in den Platz hinausragten, mit Springbrunnen in den einzelnen Bassins, Springbrunnen auf dem triumphbogenartigen Metallbau in der Mitte, Wasserfontänen in allen Höhen und Richtungen, kein Durcheinander, sondern als Ballett konzertiert, gepaart mit einem Lichter- und Farbenspiel und choreografisch untermauert durch klassische, Pop- oder vietnamesische Musik. Rund herum waren hunderte Motorräder abgestellt und auf den Beckenrändern saßen Schaulustige, spielten Kinder mit dem Wasser und flanierten junge Pärchen in Umarmung. Am Rande der „Place de l`Etoile de Rach Gia" befand sich eine riesige Gastronomieanlage, wo diejenigen, die sich einen Fruchtsaft, ein Bier oder ein Eis leisten konnten, ebenso am bunten Schauspiel teilnehmen und gleichzeitig eine riesige Leinwand auf der anderen Straßenseite im Blickfeld behalten konnten, wo Slapsticks von Mr. Bean gezeigt wurden. Hei, war das ein kulturdurchmischtes Multisinnesspektakel!

Am nächsten Tag besuchten wir noch andere Tempel und das Provinzmuseum, wo auch die zwei aufrecht stehenden Felsen, die sogenannten Vater und Sohn oder Hon Phu Tu Felsen an der Küste bei Ba Hon auf großen Wandfotos prangten. Vater und Sohn stehen auf diesen Bildern aufrecht schlank und hoch im Meer, der Vater überragt seinen Sohn um die Hälfte. Diese Photos wurden vor 2006 geschossen. Als wir auf der Weiterfahrt nach Ha Tien dann den Vater und den Sohn 2014 in der Realität bestaunen wollten, war der Vater gestorben. Ein Taifun hatte seinen ca. 30 Meter hohen Oberkörper mitgerissen und nur noch einen ca. 3 Meter hoher Stummel, der erbarmungswürdig aus dem Wasser lugte, hinterlassen.

Wir waren enttäuscht. Der Sohn überragte nun den Vater um ein Vielfaches, obwohl er nicht gewachsen war. Aber leider entspricht dies dem Lauf der Zeit. Das Schicksal hatte den Vater ereilt. Der Zahn der Zeit nagte auch an ihnen, ähnlich wie am Torbogen auf der Insel Gozo in Malta, der kürzlich einstürzte. Sic transit gloria mundi, kann man da nur feststellen.

Eine Wahrheit, die auch für Felsen gilt. Nicht einmal Felsen bleiben fest.

Die Strände, die wir zwischen Rach Gia und Ha Tien besucht haben, sind allesamt flach und schlammig und laden weit weniger zum Bade ein als die weißen und gelben Sandstände Phu Quocs. Sie liegen aber oft in idyllischen Landschaften und sind oft von Fila-Wäldchen umgeben. Der Fila- Baum ist ein Nadelbaum, der schnell wächst und lange, biegsame Nadeln aufweist. Er eignet sich zur Bepflanzung in Ufernähe, weil er starke Wurzeln schlägt und damit das Sandufer vor Erosion schützt. Wir haben solche Fila- Bäume zwischen den Kokospalmen an unserem Sandstrand in Phu Quoc zwecks Abwendung von Erd- und Sanderosionen gepflanzt, weil Kokospalmen zwar sehr viele, aber keine kräftigen Wurzeln schlagen. Der Fila Baum war ursprünglich fast nur auf der Insel la Réunion bekannt und wurde auf Phu Quoc zwecks Abwendung von Erd- und Sandersionen gepflanzt. Die Franzosen nannten ihn ‚fil d'eau' (Wasserfaden), weil das Tau- und Regenwasser den langen Nadeln entlang hinunter zum Boden fließt. So kann man auch bei Trockenheit morgens und abends mit den Fingern die Feuchtigkeit von den Nadeln abstreifen. Die Vietnamesen haben viele französische Termini vietnamisiert, so auch hier. Aus „fil d`eau" wurde „fila". Trotz des schlammigen Bodens habe ich auch hier ich ein Bad gewagt, während meine Frau und meine Schwägerin eine Siesta in der Hängematte dem erfrischenden Nass vorzogen.

Allerdings ließen die Fangopackung zwischen den Zehen und der Schlamm an den Beinen nur begrenzt Wohlgefühl in mir aufkommen. Wenigstens war der Strand einsam und verlassen und ich musste mein Badevergnügen mit niemandem teilen. Touristen trafen wir fast gar keine an, außer einem unentwegten Pärchen kaukasischer Herkunft, das sich auf dem Fahrrad durch die Gegend quälte. Das ist etwas, was die vietnamesische Landbevölkerung nicht versteht. Fahrrad fährt man nur, wenn man kein Geld besitzt, ein Motorrad zu erstehen. Deshalb fragt der Vietnamese oft:

„Warum gehen Kaukasier in die Ferien, wenn sie kein Geld haben? Wir Vietnamesen bleiben in solchem Fall auch zu Hause."

Die Erklärung hierfür erfordert eine differenzierte Darlegung der unterschiedlichen Kulturen und deren Entwicklungsstand, welche nicht alle Vietnamesen verstehen. Am nächsten Tag erreichten wir Ha Tien, wo wir den nächsten Superdong nach Phu Quoc bestiegen.

4. Fahrten in der Ha Long Bucht

Der Tourismus in der Ha Long Bucht hat sich in den letzten 23 Jahren, seitdem ich sie das erste Mal besucht hatte, stark verändert. Damals warnte die Reiseliteratur noch davor, dass es in abgelegenen Gebieten der Bucht zu Überfällen durch Seeräuber kommen könne.

Ich erinnere mich noch gut, dass ich mit meiner zukünftigen Frau, deren frisch verheirateter Schwester und ihrem Mann eine Honeymoon-Reise in die Ha Long Bucht unternahm und wir in der Nacht weit draußen zwischen ein paar dieser Tausenden von Inseln ankerten.

Wir waren vier Passagiere und drei Besatzungsmitglieder, sechs Vietnamesen und ich als einziger Europäer, mutterseelenallein. Absolute Stille, nicht der Hauch eines Lüftchens.

Wir hatten am Abend auf Oberdeck Krebse und Fisch vertilgt und dazu eine Flasche französischen Weines genossen, kuschelten nun auf den Liegestühlen auf dem Bootsführerdeck und betrachteten die sich nur schwach vom Meer und der Dunkelheit abzeichnenden Silhouetten der Karstinselchen, die wie kleinere Schwestern des Zuckerhutes in Rio und die Insel aus dem James Bond Film Dr. No aus dem tintenschwarzen Meer ragten. Unser Blick schweifte in die Weiten des Leermondhimmels, in dessen klarer, von Kunstlicht ungetrübter Unendlichkeit Myriaden von Sternen funkelten, als plötzlich ein Boot hinter einer Insel hervorschoss und uns näher und näher, gefährlich näher kam. Bahnte sich hier eine dieser im Reiseführer beschriebenen Seeräuberattacken an? Plötzlich verlöschte das einzige Licht auf dem Boot, das sich uns genähert hatte. Absolute Dunkelheit, auch bei uns auf der Terrasse. Totenstille. War das die Vorbereitung eines Überfalls? Würden wir alle zu Opfern werden? Als Europäer würde ich zweifellos als erster dran glauben müssen. Zuerst würden sie in meiner Kajüte nach Geld suchen und die Vietnamesen womöglich freilassen. Ein plötzlicher Albtraum verdrängte meine vorherige Ruhe. Kam das Boot näher? Dies war im Dunkeln schwer auszumachen. Hielt es an? Lange verharrte ich und hielt es genau im Blickfeld. Es stand still. Es näherte sich nicht weiter. Hatte ich mir die Geschichte nur eingebildet? War das alles nur ein Hirngespenst eines Europäers in der südostasiatischen Einsamkeit? Eine Panik wegen dieses Berichtes über Seeräuber? Hatte ich nur zu viel Rotwein getrunken? Oder hatten die Mystik dieses einsamen Ortes und die völlige Abgeschiedenheit in der Natur mich verunsichert und mir einen Streich gespielt? Litt ich simpel und einfach an Heimweh? Das Boot bewegte sich nicht mehr. Es lag vor Anker und ruhte. Mit der Zeit schwand der klopfende Herzschlag und mein Puls senkte sich. Er wurde ruhiger. Langsam wurde ich entspannter und allmählich kehrte die Stille wieder in mir ein und schließlich fühlte ich mich erlöst. Letztendlich fand ich den stillen Frieden, lag träumend in meinem Liegestuhl und mein Blick verlor sich wieder in den Tiefen des Sternenmeers.

Die Gedichte, „Wanderers Nachtlied" und „Ein Gleiches" von Johann Wolfgang von Goethe, stiegen aus meinem Unterbewustsein auf, „Ein Gleiches" formulierte sich gedanklich und wiederholte sich wie ein Mantra, immer wieder und wieder und ich begann befreit vom Albtraum zu zitieren, erst leise

dann lauter und lauter und immer wieder sang ich im Sprech-
gesang vor mich hin:

„Über allen Gipfeln

ist Ruh,

In allen Wipfeln

spürest du

kaum einen Hauch.

Die Vögelein schweigen im Walde.

Warte nur, balde

ruhest du auch."

Die Vietnamesen konnten sich zwar nicht des Inhaltes
des Gedichts, wohl aber dessen harmonischer Melodie
erfreuen. Sie lauschten ehrfurchtsvoll meinen sich wie-
derholenen Rezitationen, die sich klanglich zunehmend
magisch steigerten wie beim Bolero von Ravel.

Ganz im Kontrast zu dieser ersten stand die letzte Reise
2015 mit einer kleineren Gruppe. Wir hasteten frühmorgens um fünf Uhr von Bin An, einem kleinen Nest
in der Provinz Bac Giang, aus dem meine Frau stammt,
auf Nebenstraßen in Richtung Halong Bucht. Wir fanden
uns dicht umringt von Lastenträgern, Motorradfahrern,
Bauern mit Wasserbüffeln, die sie zum Pflugscharenziehen
auf die Felder trieben, Lastwagen, deren Monsterhupen
einem durch Mark und Bein gingen und später Schulkindern in ihren Pionier-Uniformen, meist zu zweit auf Fahrrädern, junge Mittelschülerinnen, mit schwarzen langen

Haaren in ihren weißen „Ao Day"-Trachten, die elegant auf Fahrrädern zur Schule rollten. Für den europäischen Betrachter versinnbildlichten diese Mädchen die typische asiatische Anmut, welche die Weiblichkeit ohne westliche aggressive sexuelle Attribute unterstreicht. Da bewegten sich ganze Kohorten solcher Grazien auf Fahrrädern zum Unterricht. War das eine Augenweide! Nach drei Stunden Fahrt erreichten wir den Hafen von Bai Chay, dem Stadtteil auf der westlichen Uferseite von Ha Long, welcher seit einigen Jahren durch eine Brücke mit dem Stadtkern verbunden ist. Wo 23 Jahre zuvor noch ein paar Schiffchen an einem Steg ankerten, stand ein Busbahnhof, eine große offene Tickethalle, lag ein Hafen mit einer Armada von Booten, Barrieren, die eine stürmische Schiffsenterung verhinderten und vor denen wir vorerst anstehen und saubere Kolonnen bilden mussten. Da befanden wir uns in einem hektischen Drängen und Treiben mit chinesischen und koreanischen Reisegruppen, mit Führern, die mit schwenkenden Schirmen, Fähnchen und Selfie-Teleskopstangen ihre Schafherden zusammenzuhalten versuchten. Just um acht Uhr, wie zu Hause an der Stempeluhr, rannten alle los auf die ihnen streng zugewiesenen Boote. Eine Verwechslung des Bootes hätte einen nicht davon abgehalten, sein Ziel zu erreichen, da doch alle die gleiche Tour abklapperten. Zwischen zwölf und 15 nach acht stampften alle Schiffe los und das Rennen auf die Inseln und der Kampf um deren mindestens fotografische Besitznahme begann. Alles ein fast martialisches Erlebnis. Da waren zwar hunderte von Inseln in der Halong Bucht, aber alle Boote fuhren wie von Sinnen auf einer, man würde meinen, vorgeschriebenen Tour auf die gleichen Inseln los und klapperten sie gleichzeitig ab.

Das Wettrennen führte zuerst in Richtung der „Ga Choi"-Inseln, der zwei Inseln der sogenannten streitenden Hähne, die bei Asiaten generell und Vietnamesen insbesondere beliebt sind. Die Boote drängten sich vor diesem Inselpaar, jedem Hobbyfotografen sein Selfie zwischen den Schnäbeln der zwei kämpfenden Hähne ermöglichend. Die Dschunken kollidierten fast, jede versuchte die andere aus der besten Fotoposition zu drängen und die Koreaner und Chinesen knipsten und surrten und fielen mit ihren teleskopstockbestückten Kameras fast über Bord. Während das Liebespaar im Film Titanic nach vorne blickend in Fahrtrichtung über den Bug hinausing, blickten diese über die Bugreling lehnend und die Schwerkraft überwindend, möglichst vorteilhaft lächelnd zurück in die Kamera, die kämpfenden Felsgockel im Hintergrund. Ein Kampf im Kampf war das. Ich beschrieb meiner Gruppe die zwei Felsen weniger martialisch. Ich erklärte, sie symbolisierten zwei schnäbelnde Tauben. Eine viel pazifistischere Metapher für die Felsformation, die mit zum Unesco Weltkulturerbe erklärt worden war. Langsam löste sich das Gewimmel auf, die Selfieteleskope wurden eingefahren und die Armada rauchte wie besessen auf eine Insel mit diversen Tropfsteinhöhlen zu. Diese erreichte sie wiederum in fast geschlossener Formation.

Die Zerstörer wurden nur kurz zur Ent- und Verladung der menschlichen Fracht angebunden. Danach mussten sie wegen des großen Andrangs an Konkurrenz weiter draußen in der Bucht ankern und warten, bis sie durch die Fähnlein der Reiseleiter, um die sich Menschentrauben gebildet hatten, zur Einholung ihrer Fracht wieder aufgerufen wurden. Vor und in den Höhlen bildeten sich menschliche Trauben und wehe, wir kamen einer der homogenen vorstürmenden Gruppe von Koreanern oder Chinesen in die Quere, wir wurden aufgerieben, bodygecheckt, an den Rand gedrängt oder wie von einer Horde vorwärtsdrängender Büffel überrannt. Die Augenweide, welche die natürlichen Kalkskulpturen der Stalaktiten und Stalagmiten auf früheren Reisen geboten hatten und die ich auf so manchen Touren in die Ha Long-Bucht genossen hatte, war dieses Mal gestört durch diese unangenehmen, fast tierischen Kontakte. So ging es den ganzen Tag weiter zu diversen Grotten und danach, als das Rennen zu Wasser fortgesetzt wurde, zur Ti Top Insel, die man besteigen kann und auf der man eine herrliche Weitsicht auf die tausende Halonginseln genießt. Diesmal haben wir, um dem Menschenstrom zu entkommen, auf den Aufstieg zugunsten eines Bades am gelben Sandstrand verzichtet. Da war die Sicht auf das Meer chinesen- und koreanerfrei, weil sich diese höchstens bis zu den Zehenspitzen ins Wasser wagten. War`s zu kalt? Hatten sie keine Badekostüme? Konnten sie nicht schwimmen? Hatten die Bootsführer vergessen, ihnen Schwimmwesten zu verteilen? Wen interessiert`s. Hauptsache, das kühlende Nass schützte uns vor weiteren (un)menschlichen Zusammenstößen. Um vier Uhr ging`s zurück. Alle Boote rasten gleichzeitig wie vom Stalldrang getrieben dem Ausgangshafen zu. Der Rausch trieb die Lemminge dieses Mal in umgekehrter Richtung an. Die Armada flößte in Richtung Ha Long Stadt. Wie eine Flutwelle strömten wir gegen das Ufer. Nun hieß es: am Steg anlegen, rausdrängen und über andere Schiffsbäuche hasten und stolpern, weil die Stege vier und sechsfach belegt waren. Drängen am Eiscremestand, Ellbogenkampf zu den Bussen, Stoßen in die Busse, Rufen, Suchen,

Schreien. Gleichzeitige Abfahrt aller Gruppen, Hupen, Bremsenquietschen, Gaspedalaufheulen - und vorbei war der Spuk um fünf Uhr.

Die Stille war wohl doch noch eingekehrt. Stille bis zum neuen Aufbruch der Kriegsmarine am nächsten Morgen um acht Uhr.

Nun, was war der Schluss, der aus diesen Reisen zu ziehen war? War früher alles schöner? War früher die Ha Long Bay kein touristischer Trampelpfad? Gehörte ich früher zu den Pionieren des Reisens, weil der Massentourismus zur Ha Long Bucht noch nicht eingekehrt war? Nein, die Entdecker waren schon nach Bougainville, Vasco da Gama und Captain Cook langsam ausgestorben. Wer reist, entdeckt schon lange kein Neuland mehr, ist schon lange kein Pionier mehr. Reisen tue ich für mich, um meine Welt kennenzulernen, nicht um der Erste zu sein. Um zu genießen, mein Leben interessant zu gestalten, aber nicht um höher, weiter, schneller und extremer zu leben. Selbsterfahrung braucht keine Superlative. Aber ich reise auch nicht, um mich wie ein Schaf über touristische Parcours treiben zu lassen. Die Ha Long Bucht ist heute noch eine Reise wert. Was mich betrifft, aber kein Tagesausflug bitte. Ein paar Tage und Nächte auf der Ha Long Bucht abseits der Touristenströme auf einem kleinen Boot sind auch heute noch erholsam und zudem muss man heute keine Angst mehr vor Seeräubern haben. Wir haben einige mehrtägige Bootsreisen unternommen, von einer davon möchte ich im nächsten Abschnitt noch berichten.

Aufgepasst aber: mit mehrtägigen Touren kann es bald vorbei sein. Die Pläne sehen vor, dass nur noch Eintages-touren mit festgeschriebener Route in die Halong Bay möglich sein werden. Es wird nur noch drei Bootstypen geben, sowie Schnellboote, vorwiegend für Chinesen, welche zwischen den Inseln hindurch brettern, kurz vor den Sehenswürdigkeiten umsteigen werden auf sog. Bambus-Boote für Kurzbesichtigungen, um schnell wieder dem nächsten Ziel entgegenrasen zu können. Die Fischer werden umgesiedelt werden und die Fischerdörfer auf Flossen werden verschwinden. Die Menschen werden in Dörfern auf dem Festland angesiedelt. Das ist der Preis des schnellen Wandels dieses Landes in die Moderne. Good afternoon, Vietnam. Oder: Good night, Vietnam? Dies alles sind allerdings nur Pläne. Solche werden in Vietnam schnell geändert oder wieder fallengelassen.

5. Hanoi und die Tonkinebene

Die meisten Reisen in den Norden, nach Sapa oder in die Tonkinebene beginnen in der Hauptstadt Vietnams, Ha Noi, einer Stadt mit 8 Millionen Einwohnern. Wir sind dort ein paar Mal per Bahn und auch schon mit dem Flugzeug angekommen. Den nachhaltigsten Eindruck hinterließ mir die Stadt mit ihren Bewohnern das erste Mal, als ich sie an einem Novembermorgen 1994 um fünf Uhr mit dem Zug vom milden Süden her erreichte und vom kalten Wind fast erschlagen wurde. Die frühmorgendliche Dunkelheit ließ mich beinahe erstarren. Die Männer, denen ich begegnete, trugen meist eine Art Uniformwams und hatten einen grünen Tropenhelm tief über den Kopf gezogen. Ihre Gesichter waren von der Kälte rot angelaufen und die wenigen Frauen hatten sich in Jacken und Wollkappen gehüllt. Alle stießen wie schnaubende Pferde Dampfschwälle in die Luft. Ich brauchte zur Abwehr gegen die Kälte, wie sie alle auch, eine heiße Pho, eine Reisnudelsuppe mit Fleischklößen und kauerte mich wie sie auf ein Stühlchen am Straßenrand. Das Klima ist hier mit heißen Sommern und kalten Wintern allgemein rau, was sich auf die Robustheit des Menschenschlages in der Tonkingegend abgefärbt haben muss. Sie waren grobschlächtiger und kräftiger als die Südvietnamesen und in ihren Gesichtern lag ein Ausdruck von Wildheit und Unbändigkeit. Es kam mir vor, als befänden sie sich noch im Krieg. Nicht feindselig, aber zurückhaltend machten sie kein Aufhebens um den einzigen Fremden unter ihnen. Sie schienen nicht neugierig zu sein, sondern verschlangen ihre heiße Suppe und gingen ihres Weges den Tagesgeschäften nach, ließen mich in Ruhe oder schienen mich einfach nicht zu bemerken. Dies stand ganz im Gegensatz zum Verhalten, welches Inder oder Thailänder, aber teils auch Südvietnamesen gegenüber Ausländern zeigen. Inder können aufdringlicher sein, Thailänder devot höflicher, freundlich lächelnd und Südvietnamesen interessierter. Die entschlossenen Gesichter und ihre stolze Haltung ließen hier darauf schließen, dass sie sich jederzeit bewusst waren, die Franzosen besiegt, die Amerikaner zum Rückzug gezwungen und die Chinesen in die Flucht geschlagen zu haben. Der Stolz und das Selbstbewusstsein standen ihnen wie die Wildheit ins Gesicht geschrieben. Der Nordvietnamese ist ein anderer Menschenschlag als der Südvietnamese: disziplinierter, fleißiger und willensstärker, dafür weniger locker, fröhlich und ausgelassen. Dies zeigte sich schon in ihrem Gesichtsausdruck. Es gibt auch in Vietnam wie in Europa ein Nord-Süd-Gefälle. Dies fiel mir an diesem ersten frühen Morgen in Hanoi auf, als ich aus dem Süden kam. Keiner schien verschlafen. Alle machten sich nach kurzer Stärkung durch eine Pho hurtig und entschlossen ans Tagwerk.

Mir kam das berühmte Zitat von Clausewitz in einer mir beliebteren Abwandlung in den Sinn: „Der Frieden ist die Fortsetzung des Krieges mit anderen Mitteln". Ihr Leben war zwar nicht mehr der Krieg, aber harter Alltag, steter Existenzkampf, Kampf ums Überleben.

Später, während vieler Besuche in Hanoi, habe ich die Menschen dennoch als fröhlich empfunden, wenn sie am Hoan Kiem See flanierten und den Schildkrötentempel auf der Insel besuchten, oder auf dem Nachtmarkt, der ab 19 Uhr auf der Hang Dau Straße stattfand, oder während des

Tet Festes, dem vietnamesischen Neujahr, dessen Zeitpunkt sich wie das chinesische jährlich nach dem Mondkalender richtet. Aber auch bei Hochzeiten konnte es sehr überschwänglich und fröhlich her- und zugehen, wenn alle fünf Minuten ein Trinkspruch „tram phan tram!" oder „mot, hai, ba yo yo!" ausgerufen wurde. Hingegen fiel mir diese Disziplinertheit wieder auf, wenn ich die Zitadelle in Ha Noi besuchte. Dies ist ein abgesperrtes, von Nationalgarden bewachtes Gebiet im westlichen Zentrum der Stadt, auf dem sich der Präsidentenpalast, das Ho Chi Minh Mausoleum, die Einsäulenpagode, das pavillionartige Wohn- und Arbeitshaus von Ho Chi Minh, sein Museum sowie der botanische Garten befinden. Als Besucher kamen wir uns besonders beim Mausoleum vor wie Soldaten, von Offizieren auf korrekten Gleichschritt überwacht, als wir in Viererkolonne an Onkel Ho, wie die Vietnamesen ihn nennen, vorbeizogen. Ich habe mit meinen Reisegruppen die Zitadelle deshalb nicht allzu oft besucht, so auch nicht auf einer Reise mit 14 Schweizern, Deutschen und Oesterreichern zu zwei Hochzeiten auf das Land in der Tonkinebene östlich von Hanoi. Diese Sehenswürdigkeiten ließen wir aus.

Ich hatte die Gruppe am Flughafen Noi Bai in Hanoi abgeholt, nachdem wir zwei Tage vorher miteinander telefoniert hatten und ich den Teilnehmern in letzter Minute noch zwei Reisetipps mitgegeben hatte, welche in keinem Reiseführer stehen, nämlich:

1. Männer, die sich nass rasieren, sollten auf jeden Fall ihren Vielfachklingenrasierer von Gilette, Wilkinson oder Schick mitbringen, denn in Vietnam gebe es keine

gescheiten Rasierer. Vietnamesische Männer brauchten mit ihren drei Härchen am Kinn nur Wegwerfschaber und bei Vietnamesinnen sei die Intimrasur weniger verbreitet als bei Europäerinnen. Auch sollen sie im Schambereich weniger borstig sein.

2. Sexuell Aktive sollten Kondome aus Europa mitbringen. Vietnamesische wirkten erektionshemmend, weil sie zu eng und zu klein seien und die Blutzufuhr, dort, wo sie beim Gebrauch am nötigsten wäre, unterbinden. Böse Zungen behaupten, Vietnamesen seien weniger gut bestückt. Diese entgegnen demgegenüber, dass ihr Gemächt dafür hart wie Kruppstahl sei. Ich habe dies nie überprüft und bin nie näher auf diese Debatte eingegangen.

Am ersten Tag der Reise war die Besichtigung der Stadt angesagt, nachdem sich meine Gäste am Vorabend erst einmal vom Jetlag erholt hatten. Ausgangspunkt war wie immer der Hoan Kiem See mit der Jadeberginsel, auf der sich ein vielbesuchter Tempel befindet und wo der Panzer der berühmten Riesenschildkröte ausgestellt ist, die angeblich 400 Jahre, vom 16. Jahrhundert bis 1968, im See gelebt und 250 Kilogramm gewogen haben soll. Auch heute soll hier noch eine solche sich im Wasser tummeln. Wie die meisten Besucher haben wir sie nicht entdecken können, aber es soll sie im Gegensatz zu Nessie im Loch Ness in Schottland wirklich geben. Hoan Kiem bedeutet „zurückgegebenes Schwert". Entsprechend einer Sage soll dem vietnamesischen Helden Le Loi beim Fischen im See ein Schwert ins Netz gegangen sein, das er erfolgreich in Schlachten gegen die Chinesen einsetzte. Nach zehn Jahren soll er zurückgekehrt sein und am See eine Dankeszeremonie abgehalten haben. Plötzlich habe es geblitzt und gedonnert und es sei eine Riesenschildkröte „con Rua" aus dem Wasser aufgetaucht, habe ihm das magische Schwert abgenommen und sei in der Flut verschwunden. Sie soll eine Inkarnation der Götter gewesen sein. Von dieser Schildkröte muss demnach der ausgestellte Panzer stammen. Danach überquerten wir das hübsche rote Bogenbrücklein zum Festland, die Brücke der aufgehenden Sonne, welche vielleicht schon wegen ihres Namens nicht zufällig den vielen roten Bogenbrücken im Land der aufgehenden Sonne, Japan, ähnelt. Dann traversierten wir die belebte Straße in Richtung Wasserpuppentheater und Altstadt, was, wie jedes Mal, einem Abenteuer und Spiel mit dem Tode gleichkam. Dort kauften wir für die erste Vorstellung am Abend unsere Tickets und zogen dann durch die bunte „vieille ville", wo im 15. Jahrhundert in jeder Gasse ein anderes Handwerk angesiedelt war. Jede Handwerkszunft hatte ihr eigenes Revier, so wie in Europa im Mittelalter. Heute verschwindet diese Unterteilung nach Handwerken leider langsam und die Geschäfte vermischen sich. Immer noch sieht man aber Gassen, wo z.B. vorwiegend Devotionalien, Räucherstäbchen, Tempeldrachen, Tempelglöcklein etc., oder Blechkisten aller Art, oder Bilderrahmen, Bilder, oder Strohwaren, Drachen oder ausschließlich geschreinerte Möbel angeboten werden. Wir schlenderten durch das Gewimmel hindurch bis zur großen gedeckten Markthalle „Dong Xuan", wo vor allem Kleider, Schuhe, Kosmetika, Koffer, Metallwaren etc. verkauft werden und genossen etwas weiter, im Cha Ca Vong, die berühmte Nudel-Fischsuppe. Die Gaststube im ersten Stock besteigt man über eine alte wacklige Treppe.

Das Lokal sieht aus, als ob es schon die Kriege gegen die Chinesen im 15. Jahrhundert überlebt hätte. Der Boden hängt schief, wie bei einem Kutter im Sturm, und knarrt bedenklich. Es gibt praktisch nur dieses eine Menu, welches die Familie kocht. Aber dieses ist nicht nur weltberühmt, sondern schmeckt wirklich ganz ausgezeichnet. Später besuchten wir einige Galerien an der Hang Gai und der Hang Trong, wo wir die einfachen geometrischen Tier- und Menschenfiguren in den Bildern z.B von Cung und von Cong bewunderten, die damals noch erschwinglich waren. Hillary Clinton hatte auch ein paar davon erstanden. Sie konnte diese aber mangels Wahl zur Präsidentin nie im Weißen Haus aufhängen. Nach einem Abstecher zur Kathedrale, die an diesem Nachmittag ausnahmsweise nicht überfüllt war, schlenderten wir zurück zum Hoan Kiem See, wo wir im Tuy Ta Cafe uns bei Bier, Eiscreme und einmaligem Blick über den See labten und uns vom Stadtstress erholten.

Danach sogen wir das exotisch traditionelle Spiel im Wasserpuppentheater in uns hinein. Dieses steht in einer langen Tradition des Volkstheaters und ist aus dem Marionettentheater entstanden, welches Wandergruppen in ländlichen Gegenden des Tonkingebietes auf den Reisfeldern und den dazwischenliegenden Deichen aufgeführt haben. Es fand meist statt, nachdem die Ernte eingebracht war und die Felder wieder unter Wasser standen. Vor einem Deich wurden Tücher aufgespannt, damit eine Kulisse entstand, welche zugleich als Versteck für Marionettenspieler diente. Dahinter auf dem Deich saßen diese nämlich und zauberten mit ihren Marionetten auf, im und unter dem Wasser kleine Theaterstücke hervor, während auf dem gegenüberliegenden Deich die Landbevölkerung, Bauernfamilien, Alte und Kinder, mit Begeisterung und bei Gags und Scherzen laut lachend das Spiel verfolgte, nicht ohne der Gruppe danach einen bescheidenden Obulus zu entrichten. Begleitet wurde das Ganze von Gesang und traditionellen Instrumenten. Auch die Holzschnitzkunst der Marionettenschnitzer war berühmt. Da gehörten Figuren von Bauern, Fischern, Schwänen, Schildkröten, Schlangen, Fischen, Enten, Fröschen und Drachen zu den Requisiten. Dieses Wandertheater war oftmals das einzige Dorfvergnügen, welches sich die arme Bevölkerung nach getaner Erntearbeit gönnen konnte. Diese Wanderspiele wurden verfeinert und und fanden Einlass in den Wasserpuppentheatern vorerst in Hanoi und später auch in Saigon.

Vor der Publikumsempore befindet sich vorne statt einer Tribüne vertieft ein Bassin mit Wasser, dahinter ein tempelartiger Aufbau, in dem versteckt die Marionettenspieler sitzen oder stehen. Sie zeigen sich erst nach der Präsentation, indem sie sich mit Stiefeln im Wasser vor der Kulisse stehend vor dem klatschenden Publikum verneigen. Das Spektakel wird umrahmt durch traditionelle Musik von Musikern in Trachten, die seitwärts sitzen.

Sie spielen „ken", die Flöte, „dan bau", ein mehrsaitiges Saiteninstrument, und schlagen „trong", die Trommel. Zwei Sängerinnen stimmen melancholische Lieder an und dann erscheinen die Marionetten, welche sich schwimmend, tauchend, auf Schiffen auf und unter dem Wasser bewegen. Fischer, die Fische aus dem Wasser ziehen, Prinzessinnen, die tanzen, Drachen, die auftauchen und Feuer oder Wasser speien, Frösche, die übers Wasser hüpfen und als Höhepunkt, der Fürst Le Loi, der mit dem Netz das

Schwert aus dem Hoan Kiem See fängt, in den Krieg zieht und es schlussendlich wieder an den See bringt, wo bei einem Gewitter die berühmte Schildkröte auftaucht, es ihm abnimmt, im Wasser untertaucht und verschwindet. Einfache, aber eindrückliche Handlungen. Beeindruckend ist vor allem die technische Fähigkeit der Marionettenspieler und dass sie dank langer Stangen, die sie unter Wasser verwenden, in der Lage sind, den ganzen Raum des Bassins zwischen Tempel und Publikum auszunutzen und gewisse Figuren tauchen und schwimmen lassen können. Nach dieser rührenden Vorstellung stürzten wir uns ins Marktgeschehen an der Hang Dao Straße und kauften einige Scherenschnittkarten.

Am nächsten Tag ging`s mit dem Bus nach Binh An, ins Dorf meiner Frau. Dies ist ein kleines Nest, das in der Tonkinebene etwa 50 Kilometer von Hanoi entfernt in Richtung Nordosten nahe der chinesischen Grenze liegt. Noch 1990 war Bin An nicht an das elektrische Stromnetz angeschlossen, Die Menschen lebten dort am Rande der Reisfelder, welche eine 500 Meter breite Talebene durchzogen, am Fuße von fast kahlen Hügeln, welche gerodet worden waren, die aber zur Vermeidung weiterer Erosion wieder aufgeforstet wurden.

Die Bäumchen wuchsen jedoch nur langsam. Im langjährigen Krieg hatten die Bewohner das Holz zum Kochen gebraucht oder verbrannt, um sich im Winter, bei Temperaturen, die bis auf sechs Grad Celsius absanken, warm zu halten. Die gefühlte Temperatur konnte bei Nordwinden vom chinesischen Festland um zwei bis vier Grad tiefer liegen. Das Holz, das die Bewohner nicht selber brauchten, trugen sie, um etwas Geld zu verdienen, in die zehn Kilometer entfernte Stadt Bac Giang und verkauften es dort auf dem Markt. Meine Frau durfte die Schulbank nur zwei Jahre drücken und musste danach nebst anderen Tätigkeiten solches Holz auf den Hügeln sammeln und auf den Schultern barfuß in die Stadt tragen. Jeden Tag und bei jedem Wetter, außer wenn der Monsunregen sehr intensiv von oben, von vorne und hinten und von links und rechts heran prasselte. Irgendwann waren die Bäume gerodet und die Hügel kahlgeschlagen und die Menschen mussten mit Reisstroh kochen, das zwar immer vorhanden war, aber die stete Präsenz der Köchin zum Nachfüttern des Feuers erforderte. Daneben musste meine Frau schon als Kind zur Bewässerung der Reisfelder für einen Hunger- oder Gottes-Lohn Wasser über die Deiche tragen. Die Reisernten reichten nur in guten Jahren aus, um eine Familie über die ganze Zeit zu ernähren. Im Winter wurde der Reis zunehmend mit Wasser und mit Blättern und Gras vom Rande der Reisfelder gestreckt. Eine Prise Salz wurde hineingegeben, und fertig war das Gericht. So wurde die Suppe gegen den Frühling oft immer dünner. Die Reisfelder waren vom Staat geliehen. Die Leihgebühr betrug zehn Prozent des Ernteerlöses. Diese Steuer musste auch in schlechten Jahren abgeliefert werden.

Der Bauer war verpflichtet, das Land zu bearbeiten. Dünger gab`s außer Wasserbüffel-, Menschen- und Schweinemist keinen. Heute sind die Erträge wegen der intensiveren Bewirtschaftung ca. vier Mal höher. Auch heute müssen die Bauern noch einen Zehntel abliefern. Eine erträgliche Steuer, wenn man sie mit den Steuersätzen in Europa vergleicht. Aber, wenn man fast nichts zu essen zwischen die Zähne kriegt, erscheint auch ein Zehntel noch zu viel. Eine Art Eigentum konnte man nur am übrigen Land, nicht aber an Reisfeldern erwerben, und zwar in Form eines sogenannten Leasings auf Zeit. Heute gilt dieses Leasing für alle Grundstücke, für die ein sog. Rotes Buch ausgestellt worden ist, im ganzen Land bis 2042. Wahrscheinlich wird es verlängert werden. Bauern besitzen zudem häufig das eingetragene Recht, für immer auf den geleasten Grundstücken zu wohnen. Diese Grundstücke wurden und werden auch gehandelt wie bei uns das Grundeigentum, und heute erzielen sie in Städten und in Tourismusgebieten astronomische Preise.

Die Gesellschaft war rural und archaisch. Es gab in Kriegszeiten nur wenige buddhistische Tempel. Der Glaube der Menschen war immer stark animistisch geprägt. Sie glaubten an böse Geister, „ma", an Verhexungen, an Leute, welche geistige Macht über andere ausüben konnten und sie fürchteten sich davor. Die Familienbindung war groß. Man lebte in Sippen. Meist war das ganze Dorf miteinander verwandt oder verschwägert. Oft wohnten vier Generationen in einem Einraumhaus. Ich hatte dies früher selber erlebt, unter einem Dach in verschiedenen Ecken in einem Raum mit der Schwiegermutter und der Schwester meiner Frau schlafend. Nachdem ich einen Fernseher gekauft und zur Vermeidung eines Diebstahls die Antenne über den Betten montiert hatte, traf sich jeden Abend das halbe Dorf zur Abendunterhaltung in unserer Lehmhütte und die gebannten Gesichter waren jeweils enttäuscht, wenn ich das Publikum vor dem Zubettgehen aufscheuchte. Geheiratet wurde meist innerhalb des Dorfes. Eine Heirat war jedes Mal ein Volksfest. Scheidungen kannte man nicht. Wenn eine Frau keine Kinder haben konnte, lebte plötzlich eine zweite im Haushalt und die de facto-Gemahlinnen verrichteten gemeinsam ihr Tagwerk. Die Homosexualität war verdeckt. Die Kriminalitätsrate gering. Der Alkoholismus aber war unter Männern weit verbreitet. Auch rauchten alle Männer. Frauen und Männer kauten so oft Betelnüsse, dass sich ihre Zähne im Alter zuerst hellrot, dann dunkelrot überzogen und zuletzt schwarz eingefärbt wurden, was als schön galt. Blackening, statt bleaching, würde man das nennen. Oft hatten sie überhaupt keine Zähne mehr. Aber sie waren sich ihres Schönheitsverlustes mangels Vorhandenseins von Spiegeln nicht bewusst. An einem Abend lud ich die älteren Frauen und Männer zu Coca Cola und Bier ein, welche sie wegen des Fehlens von Gläsern aus Reisschalen tranken. Wir knipsten Dutzende von Fotos, die Alten lachten, zeigten, auf den Reismatten sitzend, fröhlich ihr Gebiss oder was davon noch übrig geblieben war und waren sich der Tatsache nicht bewusst, dass die Kamera fast vom schwarzen Loch in ihrem Mund eingesogen wurde. Einige Zeit später zeigte ich ihnen ihre fotografisch festgehaltenen Porträts. Blankes Entsetzen machte sich angesichts des eigenen Konterfeis breit. Mit Lächeln vor der Kamera war`s fortan vorbei. Offensichtlich hatten sie vorher nur das gähnende Loch im Schlund des Nachbarn, aber nicht ihr eigenes entdeckt. Wie unvorteilhaft sie selber aussahen, war ihnen offenbar nicht bewusst gewesen. Sie gaben deshalb künftig vor der Kamera auch nicht das sparsamste Lächeln preis. Da nützte auch die fröhliche Aufforderung „nhe rang coi!", bitte lächeln oder wörtlich übersetzt: „Zähne zeigen!" nichts. Ihre Münder präsentierten sich von nun an auf den Bildern wie Geldschlitze von Sparschweinchen. Es war kein Mundwinkelverziehen aus ihnen herauszukitzeln. Meine Schwiegermutter löste ihr Zahnproblem anders: Wir hatten ihr Fr. 500,- gegeben, damit sie sich ein Gebiss verpassen ließe. Später erklärte sie uns dann, sie habe Fr. 450,- gespart und sich ein vorfabriziertes für Fr. 50,- erstanden. Dieses setzte sie ein, wenn Gruppenbilder mit ihr oder Einzelportraits von ihr geschossen wurden. Auf das Kommando „nhe rang coi!" lächelte sie verschmitzt und zeigte ihre schneeweißen dritten Zähne.

Aber zum Essen taugte ihr Gebiss leider nicht. Es schmerzte und haftete nicht und so landete es hin und wieder in der Reisschale oder in einer Suppe und musste herausgefischt werden. Zum Essen verstaute sie ihre Beißer deshalb jeweils in der Westentasche, was ihr beinahe zum Verhängnis geworden wäre, als sie von der Zürcher Flugsicherheitskontrolle auf einem Flug nach Vietnam gefilzt wurde, nachdem der Detektor gepiepst hatte.

Die Sicherheitsbeamtin hatte eine gefährliche Waffe in ihrer Wamstasche vermutet und wäre beinahe gebissen worden, als die Mutter ihre dritten Zähne verschämt unter Verkneifung von Ober- und Unterlippe aus der Tasche zog, es auf und zuklappen ließ, während sie es ihr zustreckte. Jedenfalls zog sie ihre Hand erschreckt, vielleicht auch angeekelt zurück und konnte sich danach ein Lachen nicht verkneifen.

Die Männer begnügten sich nicht mit Betelnusskauen oder Zigarettenrauchen. Zum Reisschnaps genossen sie auch die Wasserpfeife, „dieu cay", die sie vorwiegend am Rande der Reisfelder rauchten.

Aber im Gegensatz zur Wasserpfeife in arabischen Ländern oder in der Türkei ging es hier nicht um eine gemütliche postmammale Lippen- und Gaumenreizung. Sondern es wurde starker Tabak in ein winziges Pfeifenschälchen, ähnlich der früheren orientalischen Haschischpfeifchen, gestopft und der ätzende Rauch durch ein überdimensioniertes mit Wasser gefülltes Bambusrohr, das in einem großen Wasserkübel stand, unter lautem unappetitlichen Blubbern eingesogen. Dies löste bei mir, der ich anfänglich als echter Mann dieses, wie jedes andere Machogebaren auch, mitmachen musste, starke Hustenreize und Schwindelanfälle aus. Für die Männer zeugte diese Reaktion eher von meiner Unmännlichkeit und Unerfahrenheit im Umgang mit richtigen Männergepflogenheiten. Deshalb musste ich mich dann beim Armwrestling wieder rehabilitieren. Häufig täuschte ich dabei vor, ich litte unter einer Zerrung an der rechten Schulter und erklärte, der Kampf müsse mit dem linken Arm (meinem stärkeren) ausgefochten werden. Dies war für viele Rechtshänder ungewohnt und bevorteilte mich. Einen weiteren Trick wandte ich an, indem ich dem Gegner während des Drückens plötzlich lachend in die Augen schaute, worauf er seine Konzentration verlor und ich seinen Arm relativ leicht auf den Tisch legen konnte. Auch im Wettsaufen war ich oft der Gewinner, oder mit anderen Worten, der am Schluss weniger Besoffene, schon wegen meines höheren Gewichts, dann aber auch zufolge eines Enzymmangel der Asiaten, welche deshalb den Alkohol generell weniger gut ertragen, und letztendlich auch, weil ich nie auf den

Trick hereinfiel, mit jedem der Runde einzelnen zu trinken, sondern jeweils alle aufforderte, mitzutrinken, weil es in Vietnam unanständig sei, dies alleine für sich zu tun.

Nach vietnamesischer Sitte trinkt man nämlich immer gemeinsam und jeder prostet jedem bei jedem Schluck zu.

Kriminelle gab es, wie erwähnt, wenige. Es kamen aber, bedingt durch den Hunger und materielle Entbehrungen, Diebstähle vor. Hin und wieder wurde ein Hunde- oder Hühnerdieb aus einem Nachbardorf erwischt. - Hunde und Hühner waren nebst Schweinen die Hauptfleischlieferanten. - Mit solchen Übeltätern wurde nicht zimperlich umgegangen.

Hühnerdiebe wurden, wenn sie tagsüber erwischt wurden, zusammengeschlagen, ertappte man sie nachts in flagranti, wurden sie auch mal gelyncht. Tags wurden sie vor dem Tode verschont, weil niemand als Täter erkannt werden wollte, nachts konnte niemand genau klären, wer der Täter war. Manchmal hat ein ganzes Dorf sich solidarisch erklärt und gesagt, er sei von allen mit Steinen beworfen worden. Die Polizei ist dann unverrichteter Dinge wieder abgezogen, weil sie nicht alle Dorfbewohner verhaften wollte. Strafverfolgungen gab es meist gar nicht. Das Dorf zeigte sich solidarisch und Strafuntersuchungen wurden meist bald eingestellt. Der Dieb war quasi „lost in mission". Auch in Saigon wurden „pick pockets" nach der „Befreiung" Südvietnams bei in flagranti Ertappung gleich erschossen.

Selbst vor zwei Jahren ereignete sich im Dorf Binh An noch folgender Vorfall:

Zwei Hundediebe näherten sich auf dem Motorrad am Abend einem Bauernhof. Der Soziusfahrer erwischte mit einem Bambusrohr, an dem eine Metallschlinge hing, einen Hund am Hals, strangulierte ihn und schleppte ihn beim Wegfahren mit, sodass er an der geschulterten Stange wie am Galgen hing. Die Bäuerin sah es und rannte den Dieben nach. Der Fahrer rief ihr zurück:

„Dit me may!", „Fuck your mother!", worauf Bäuerin und Bauer über die Reisfelder zum andren Dorfteil hinüber brüllten:

„Haltet den Dieb!"

Es führte ein einziges Sträßlein dort hinüber und auf diesem flüchteten die beiden Übeltäter, mit dem Hund am Galgen in der Luft baumelnd. Die Bauern drüben erkannten die Not der Bauern hüben, warfen Stangen und Balken über das Sträßchen und zwangen die zwei Hundediebe mit ihrer Beute zur Umkehr. Hüben wieder angelangt, stand schon ein größeres Empfangskomitee bereit, welches die Hundediebe nach allen Regeln der Kunst verprügelte und blutig schlug. Dem einen wurde der tote Hund mit der Stahlschlaufe um den Hals gehängt, sodass Täter und Opfer sich nun Hals an Hals und Kopf an Kopf schmiegten. Alsdann wurden die zwei Täter durchs Dorf geprügelt. Der eine Häscher Mund an Mund mit seinem erhängten Deliktsgut. Die Schwiegermutter erklärte danach auf die Bemerkung meiner Frau, sie seien brutal, es sei den Hundefängern recht geschehen, wäre dies nachts passiert, würden sie nicht mehr leben. So oder so seien sie derart gestraft, dass sie nie wieder ins Dorf stehlen kommen würden. Die Sitten sind roh. Früher hatte die Bevölkerung auch Exekutionen beigewohnt, bei denen Verbrecher von Schießkommandos hingerichtet worden waren. Diese waren allerdings zur Dämpfung des Showvergnügens und, damit das Blut nicht zu weit spritzte, in dicke Säcke eingepackt. Man könnte daraus schließen, die vietnamesische Gesellschaft sei brutal. Sicher ist sie archaisch, wandelt sich nun aber schnell in eine moderne Gesellschaft, wobei die Unterschiede zwischen Stadt und Land und der alten und der jungen Generation nicht größer sein könnten.

Rachesüchtig ist die Landbevölkerung aber nicht. Sicher jedenfalls nicht gegenüber den früheren Kriegsgegnern. Wenn ich im Dorf gefragt hatte:

„Verspürt ihr Rachegelüste gegen die Franzosen und die Amerikaner, gegen die ihr Krieg geführt habt?", erklärten die alten Leute:

„Nein, wir haben keine negativen Gefühle gegen diese Völker, wohl aber gegenüber den Chinesen, die sich auf den Inseln vor Vietnam breitmachen und unsere Bodenschätze stehlen."

Erst auf Nachhaken hin erklären die ganz Alten:

„Die Franzosen haben die Männer auf ein Reisfeld getrieben und die Frauen auf ein anderes. Dort haben sie die jungen Frauen von den alten getrennt und jene zur Vergewaltigung mitgenommen. Da nützte die List der jungen auch nichts, ihre Vagina mit rotem Betelnusssaft zur Vortäuschung einer Menstruation einzustreichen."

Die Franzosen seien nicht wählerisch gewesen und hätten sie alle genommen, Menstruation hin oder her. Ein ehemaliger Oberleutnant der kommunistischen Armee, ein Onkel meiner Frau, erklärte mit seiner sanften sonoren Stimme:

„Es war Krieg, sie haben auf uns geschossen und wir haben auf sie gezielt. Nein, ich verspüre keinen Hass, obwohl ich noch heute Geschosssplitter in meiner Lunge habe und in permanenter Behandlung stehe."

Es mag unterschwellig noch Aversionen gegen Amerikaner und Franzosen geben, aber ich habe solche nicht oft gespürt oder selten davon erfahren. Einmal begegnete mir im Norden in der Tonkinebene einem vorbeifahrenden Fahrradfahrer, der mir auf der Straße zurief:

„Go home!"

Ein amerikanischer Freund und Kriegsveteran, der in Nha Trang lebte und immer noch sein „red barret" mit „Sergeant"-Abzeichen trug, wurde dagegen von den Südvietnamesen bewundert und sie erklärten manchmal, auch sie oder ihre Väter hätten noch ein solches zu Hause, aber sie würden nicht wagen, es zu tragen. Er wurde von der Polizei nie angehalten, dieses Emblem des Gegners aus der Kriegszeit auszuziehen. Alte Leute sind oft stolz, noch Französisch zu sprechen und sie zeigen dies auch gerne. Englisch sprechen, wenn überhaupt, aber eher die Jungen, die mit Touristen in Kontakt kommen.

In dieses Dorf Binh An, in das traditionelle Vietnam, starteten wir nun mit dem Bus vom alten Quartier in Hanoi aus.

Der Kulturschock war vorprogrammiert. Wir fuhren auf der Metallstrebebrücke über den roten Fluss, wo sich auf engen Fahrbahnen Fußgänger, Fahrrad-, Motor-, Auto-, Lastwagen- und Busfahrer in beiden Richtungen drängten.

Sieben Tage vor dem Tetfest herrscht hier jeweils besonders großer Betrieb, wenn die Menschen Fische in den Roten Fluss aussetzen, die Reichen teure Goldfische, die Armen irgendwelche billigen Sorten. Diese sollen als Boten ihrer Familien in die Freiheit und in den Himmel entlassen werden. Auf ihren Rücken sollen nach dem animistischen Glauben die Heiligen der Küchen der Freiheitsspender reiten. Die Heiligen hatten zuvor in den Küchen, dem Zentrum des Lebens der Familien der Spender gelebt und würden nun, auf den Fischrücken als Boten in den Himmel getragen und den Göttern berichten, ob die Familien der Spender in Anstand lebten. Den guten Familien würden die Götter Glück bringen.

Hunderte von Familien überlassen hier Fische dem roten Fluss und wollen ihr Glück beeinflussen. Beeinflussen tun sie aber vor allem die Umwelt, weil sie den Fischen die Plastiktüten und die Behälter hinterher werfen, in denen sie diese hergebracht haben, und damit den roten Fluss verschmutzen. Die Fahrt ging zuerst nach Osten in Richtung Halongbucht und nach ca. 40 Minuten nach Norden Lang Son und China entgegen. Die neue richtungsgetrennte Schnellstraße war schon weitgehend gebaut. Trotzdem kamen uns auf unserer Seite in Gegenrichtung so viele Geisterfahrer entgegen, dass wir manchmal zweifelten, ob der Geist nicht uns auf die falsche Straßenseite gewiesen hatte. Die Reise fand im Februar statt, und die Reisfelder wurden gerade gepflügt. Meist stampfte ein Wasserbüffel vor einem

Pflug durch den Schlamm, angetrieben von einem Bauern im grünen oder braunen paramilitärischen Wams mit Tropenhelm, der ihn mit einem schnellen und lauten „quoc quoc quoc quoc" etwa „hü hü hü hü hü" zur Höchstleistung trieb. Männer und Frauen, ja ganze Familien mit Kindern, arbeiteten auf dem Feld. Ein Bild, dem man im Westen nicht mehr begegnet. - Insbesondere das spätere Eindrücken der Reissetzlinge in die sumpfige Erde erfordert die Mitarbeit von drei Generationen auf dem Feld. Alle stehen dann in einer Reihe mit den Stiefeln im kalten Wasser und drücken die jungen Pflänzlein in die Erde. Langsam erreichten wir die Gegend um Binh An und bogen in die schmale Straße in Richtung Dorf zwischen den wieder aufgeforsteten Hügeln ein. Die Straße ging in einen Naturweg über, der immer holpriger und schmaler wurde und zwischen den Reisfeldern durchführte. Und auf einmal sahen wir den Talkessel mit den weiten Reisfeldern von Binh An. Schon von weitem konnten wir unser stattliches, neues zweistöckiges Haus mit der großen Dachterrasse erkennen. Die Fahrt ging immer stockender voran und wir kamen dem Ziel immer langsamer näher, bis das Sträßlein zwischen den Reisfeldern zu schmal wurde und wir stecken blieben. Wir berieten uns, scherzten über unsere hoffnungslose Situation und suchten nach Lösungen, während wir fast besessen, laut knusprend an den „Banh Da" knabberten, den kreisrunden Fladenknäckebroten mit Sesamsamen, welche für diese Gegend so typisch sind. Wir hatten unterwegs kiloweise davon gekauft. Sie sind richtige Süchtigmacher, so wie Erdnüsschen oder Pommes Chips. Schließlich stiegen wir aus und beschlossen, die Reise per Pedes ohne unser Gepäck zu beenden und dieses, Bus und Fahrer ihrem Schicksal zu überlassen. Aber Vietnamesen sind beweglich und erfinderisch.

Wir waren zwar ohne Präzisierung des genauen Ankunfts-
datums zum Ziel, dem Haus meiner Familie, wo die Hochzeiten stattfinden sollten, gereist. Aber dennoch erspähte
diese schon aus weiter Ferne den steckengebliebenen
Bus, erkannte, dass wir im Anmarsch waren und sah unser
Problem. So wurden Motorräder ausgesandt, um Shuttle-
transporte vom steckengebliebenen Bus nach Hause
durchzuführen und allmählich wurden Frau um Frau, Mann
um Mann, Koffer um Koffer und Rucksack um Rucksack
auf den schmalen Deichen zwischen den Reisfeldern nach
Hause balanciert. Das Empfangskomitee von sieben Fami-
lienmitgliedern, welches zufällig gerade anwesend war,
stand im Tor und bald lagen sich laut lachende Menschen,
welche sich noch nicht kannten, in den Armen. Danach
bezogen wir zu dreizehnt die zwei Zimmer im ersten Stock.
Einem der zwei Paare, welche heute heiraten würden,
wurde das Einzelzimmer gegönnt, fünf Paare wurden im
Massenlager im großen Zimmer und eine Einzelperson in
der Hängematte auf der Dachterrasse, von der man das
ganze Tal übersehen konnte, einquartiert. Dazu stand uns
allen zusammen ein WC mit Dusche, nur durch eine zwei
Meter hohe Mauer vom Einzelzimmer getrennt, zur Verfügung. Der Wasserdruck der Zisterne auf dem Nebendach
reichte gerade aus, dass der Duschstrahl die Gäste bis zum
Bauchnabel besprenkelte, wenn sie stehend duschten.
Scheitel und Oberkörper blieben dabei trocken. Ein solcher
„Baumangel" stellt für Vietnamesen kein Problem dar, da
sie alle körperlichen Dinge wie Essen, Duschen und Ruhen
sitzend oder kauernd verrichten. Das Problem wurde erst
aufgrund unseres Besuches erkannt. Selbst die Ruhestel-
lung der Vietnamesen ist die typische Kauerstellung mit
den Ohren zwischen den Knien. Wir mussten uns damit

notgedrungen diesen Gepflogenheiten anpassen, wenn wir unsere Haare nicht im Kopfstand waschen wollten.

Bestand das Empfangskomitee noch aus sieben Schnäuzen, hatten sich nach einer Stunde schon ca. 70 Familienmitglieder zur Vorbereitung der Hochzeit und am Abend zum Fest deren 250 eingefunden. An späteren Nachmittag begann ein hektisches Treiben. Tische und Stühle wurden herbeigekarrt und auf dem Hof aufgestellt. Eine Stoffdekoration wurde an der Wand gegenüber dem Haus aufgehängt, worin mittels Text und durch aufgedruckte Fotos die Heirat der zwei Paare angekündigt wurde. Eine Karaokeanlage wurde herbeigeschafft und ein Metzger und sein Team waren herbeigerufen worden und das Schlachtfest oder für die Tiere das Schlachtleiden begann. Ein Riesenschwein wurde an einem Fleischerhaken, der in seinem Hals stach, aus dem Stall gezogen und unter lautem Quietschen in den Hof gezerrt, gestochen und geschächtet, wobei das Blut zur Blutwurstherstellung aufgefangen wurde.

Ein halbes Schwein wurde vom Metzger herbeigebracht. 14 Hühner und sechs Enten wurden geköpft, ausgeblutet und im Hof gerupft. Nachdem die Hühner ein letztes „Gaaaa, gaaa, gaa, ga ggg" ausgestoßen hatten, endete der Tierprotest. So löschte Leben um Leben aus, während wir Gäste das grausige Geschehen von der Terrasse im ersten Stock verfolgten wie Kaiser Nero die Gladiatorenkämpfe im Kolosseum in Rom. Die Männer filmten, die Frauen stöhnten entsetzt und kündigten einen Hungerstreik für das abendliche Festmahl an. Als dann an der Feier aber die die Schweinsfilets, die Rippenstücke, die Blutwürste und

die Enten- und Pouletbeinchen und -flügelchen häppchen-
gerecht serviert wurden, war der Appetit größer als das
Erinnerungsvermögen an das Tierdrama.

„Wir können sie eh nicht mehr zum Leben erwecken!", lautete
der Kommentar derjenigen, welche mit der Nahrungs-
verweigerung gedroht hatten. Die Schweinsköpfe, Nasen,
Ohren und Augen, die Hahnenkämme, Hühnerfüße und die
Blutwürste wurden vorwiegend an den Tischen serviert, an
denen die einheimischen Männer saßen. Solche Häppchen
sind Delikatessen, Hahnenkämme und -füße und -hoden
gehören zudem zu den wichtigsten Aphrodisiaka. Die Bräutigame erklärten auf Anfrage der Gastgeber in üblicher euro-
päischer Selbstüberschätzung, sie bräuchten solche Potenz-
förderer nicht. Dies erklären zwar auch Vietnamesen, aber
sie verzehren sie trotzdem mit Lust und Vergnügen. Nützt`s
nichts, so schadet`s nichts. Etwa 250 Gäste fraßen sich durchs
üppige warme Buffet, wozu auch Fische, Muscheln, Langusten, Krabben, viel Gemüse und Früchte aller Art beitrugen.

Die Musik wurde eingestimmt und die Bräutigame, ein
Schweizer und ich hielten je eine Festrede. Jene des
anderen Junggemahls wurde durch einen Germanistik-
professor aus Hanoi übersetzt. Ich dankte der Gemeinde,
dass ich ihre Tochter entführen durfte und kündigte an,
ich bringe sie heute wieder zurück. Worauf alle Zuhörer
erfreut jubelten. Erklärte dann jedoch:

„Aber ich nehme sie in ein paar Tagen wieder mit!"

Die ganze Gesellschaft lachte belustigt. Dann gedachte ich
der Toten, die im letzten Jahr verstorben waren, worauf
die ganze Gesellschaft schluchzte. Aber bald war die
Trauer wieder vergessen und es wurde angestoßen: „mot,

hai, ba yo yo!!!" und getrunken und wieder angestoßen: „tran phan tran!!!" und „chuck suc quae!!!", bedeutet so ungefähr „prosit!!!", „hau ihn rein!", „bibite ex!!!". Die Vietnamesen wunderten sich über das Trinkvermögen der Europäerinnen, denn einheimische Frauen trinken wenig. Karaoke wurde angesagt und die verschiedensten Künstler unterschiedlichsten Talents und Alters gaben ihre Performance zum Leidwesen der meisten Ausländer. Ein Versuch unserer Repräsentanten scheiterte jedoch kläglich und so sangen wir zusammen à capella „Vo Luzärn gegä Wäggis zue". Unsere Darbietung wurde frenetisch applaudiert. Ein Pädagoge unter uns spielte mit den Kindern Nachmachspiele mit Tischklopfen und Pöpperln:

„Alli Vögeli flüüged uus!"

So wuchsen die zwei Gesellschaften zusammen. Zur Belustigung trug auch der Ringtausch der zwei Paare bei, während meine Frau und ich diese uns in konventioneller Art gegenseitig über den linken Ringfinger streiften, hängten unsere Freunde sich die Ringe an die Ohrläppchen. Besonders komisch fanden die Vietnamesen, dass das andere Brautpaar bereits fünf Kinder hatte. Keine gemeinsamen, der Bräutigam deren drei, die Braut zwei davon. Patchworkfamilien waren zu jener Zeit auf dem Land in Vietnam noch unbekannt. Der Abend klang feucht fröhlich aus und aus den Nachbarhöfen hörte man bereits die Hähne krähen, als wir uns in Richtung Massenlager bewegten. Wenigstens hatten wir eine Toilette auf unserem Stock.

Früher war dem nicht so. Früher musste ich jeweils in der Nacht die Treppe hinuntersteigen, über den Hof schleichen und mich der Wand entlang am bissigen Hund vorbeidrücken, der wenigstens angekettet war. So konnte ich auf dem Weg hin und zurück, mich eng an die Hausmauer anschmiegend, an ihm vorbeischleichen und war doppelt erleichtert, wenn ich heil im oberen Stock wieder in die Federn schlüpfen konnte. Oft ersparte ich mir diesen Gang und begoss oben von der Terrasse aus in hohem Bogen den Teich, was aber den Nachteil hatte, dass die Gänse wegen dieser ungewohnten Dusche laut schnatternd protestierten und die ganze Familie aufweckten. Der Tadel meiner Schwiegermutter am nächsten Morgen über meine ungewöhnlichen Uriniergewohnheiten war mir damit sicher. Am Absurdesten waren aber die Sitzungen auf der Toilette am Tag. Diese stand direkt an der damals noch niedrigen Hofmauer zur Straße hin, sodass man von draußen über die Mauer Einblick in das Geschehen darin haben konnte. Auf dem Hof wohnten damals nur Menschen, die ihre Verrichtungen auf Vietnamesisch in tiefster Hocke erledigen konnten. Dazu war ich als ungelenkiger Europäer nicht in der Lage, weshalb mein Kopf, wenn ich „geschäftlich" dort unterwegs war, über die Mauer ragte. Die Kinder ertappten mich dabei immer wieder, radelten mit ihren Fahrrädern jeweils nahe an der Außenmauer vorbei und salutierten beim Vorbeidefilieren: „Hello Sir!", „Hello Sir!", „Hello Sir!", worauf ich erzieherisch vorbildlich mit „Hello!", „Hello!", „Hello!" zurückgrüßen musste, statt mich auf das Wesentliche konzentrieren zu können.

Am nächsten Nachmittag besuchten wir verschiedene Behausungen der weitverzweigten Familie. Meist waren dies noch Lehmhäuser, die nur aus einem Raum bestanden.

Wir saßen meist auf einem der vier Betten, die jede Raumecke zierten. Diese waren nur mit einer Reismatte belegt und entsprechend hart. - Früher hatte ich auch darauf geschlafen, zwei Stunden auf der rechten Seite, dann taten mir die Rippen rechts weh, zwei Stunden auf der linken Flanke, dann schmerzte mich die Linke des Brustkorbs und eine Stunde auf dem Rücken, dann war meine Wirbelsäule überstrapaziert und aus war`s mit dem nächtlichen Träumen und ich lauschte dem Schnarchkonzert des Restes der Familie. Schnarchen in allen Tonlagen, Sopran, Mezzosopran, Alt, Tenor, Bariton und Bass. Wobei die Urgroßmutter eher für die Einsätze des Kontrabass und der Tuba als für jene der Querflöte verantwortlich war. Ein Großonkel rauchte Wasserpfeife und spie den Tabak und seine Rotze auf den Lehmboden, wie dies damals noch üblich war. Die Europäer lehnten die Einladung, mitzurauchen dankend ab. - Wir hatten das Spucken auf den Boden bei uns unseren Besuchern schon früher verboten, nachdem wir Terracottafliesen im Haus hatten verlegen lassen. - Wir tranken mit unseren Europäern Tee und knabberten Kürbis- und Sonnenblumenkerne, ein Genuss, bei dem man wegen der damit verbundenen aufwändigen Schälarbeit mehr Kalorien verbraucht als zu sich nimmt. Schon deshalb ist der Verzehr gesunder als das Verschlingen von Erdnüsschen und Popcorn. Daneben wurden wir mit getrocknetem und gesüßtem Kokosnussfleisch, „mut dua" sowie getrockneten Lychees aus den Gärten bedient. Auf den Höfen vor den Lehmhütten tummelten sich die Kinder, oben Leibchen unten nackt, und ohne Leibchen die Haustiere, Schweine, Hühner, Enten und Hunde. In den Vogelkäfigen wurden Singvögel und im Stall ein oder zwei Wasserbüffel gehalten. Beim Gang durch den Hof mussten

wir achtsam wie auf Eiern gehen, um keine Hühnerschei-
ße zwischen Flip-Flops und Zehen zu zerpflatschen. Dann
wurde uns Reiswein in kleine Gläschen eingegossen und wir
tranken im Kollektiv, was in Vietnam und Asien allgemein
Brauch ist, anfänglich alle Beteiligten, dann nur noch die
Männer. Niemand trinkt für sich allein. Bei jedem Schluck
wird angestoßen: „Tram phan tram", hundert Prozent austrinken gleich „bibite ex", oder, wenn die Männer schon
angetrunken sind: „mot, hai, ba, yo, yo", oder aber, wenn
es etwas gesitteter her und zugeht, „chuc suc khoe",
„wünsche gute Gesundheit". Gegen Abend wurden wir
in der Hütte eines Großonkels mit einem „Dinner" überrascht. Enten und Hühner wurden geschächtet, die Einheimischen setzten sich im Lotus-, Schneider- und die Ausländer im Kreuz- und Quersitz auf die Reismatte vor den Altar,
wo der weibliche Buddha, der in Vietnam häufig verehrt
wird, daneben Ho Chi Minh und General Giap thronten
und, etwas daneben, die Ahnen der Familie, die Männer
meist in Uniform der vietnamesischen Armee. Weiter
daneben hingen die Familienfotos. Unter anderen war da
auch ein Foto von mir, das mich, sehr passend zur subtropischen Hitze, in Rovaniemi, Finnland, im Tiefschnee vor
verschneiten Tannen auf einem Snowmobil zeigte. Wieder
wurde auf die gute Gesundheit getrunken.

Ob dies geholfen hatte, zweifelten wir auf dem Fußmarsch
zurück über die schmalen Reisfelderdeiche, die uns an
diesem Abend wie Slacklines vorkamen und keinen Fehl-
tritt zu erlauben schienen.

Am nächsten Morgen besuchten wir den vielleicht zwei
Quadratkilometer großen Stausee über dem Tal in den

Hügeln, der für die Bewässerung der Reisfelder als Reservoir gebaut worden war. - Es konnte dort gefischt werden. Im Sommer mit der Angelrute und im Winter, wenn die Temperatur auf 6 bis 10 Grad gesunken war, schwammen die Fische jeweils so träge herum, dass wir sie von Hand erhaschen konnten. Auch in den Reisfeldern lebten zur Regen- und Brachzeit Fische, meist Barsche, die die Kinder zufolge der Untiefe des Wassers mit Händen erfassten. Das Entsetzen meiner Frau war groß gewesen, als sie einmal als Kind aus einem Loch unter dem Deich statt eines Karpfen eine Schlange hervorzog. Des schrecklichen Fanges gewahr, ließ sie ihn unverzüglich entgleiten und rannte schreiend davon. Seitdem ging sie nicht mehr von Hand Fischen und leidet unter einem Schlangentrauma. Wir wanderten um den See, der völlig natürlich zwischen den sanften Hügeln lag und einem Naturschutzgebiet glich. - Dieser See sollte in Zukunft noch Berühmtheit erlangen. Denn später überfielen Immobilienmakler das Dorf und, nachdem das umliegende Hügelland im Masterplan in eine Golfzone umgezont worden war, kauften sie den Bauern das Land über und außerhalb der Reisfelder ab. Jeder Dorfbewohner war geldgierig genug und wollte reich werden. Schlussendlich wurden die vorher wieder aufgeforsteten Hügel wieder gerodet und es wurde eine künstliche Golflandschaft, mit weiß nicht wie vielen Löchern angelegt. Ob „the green" gegen die Erosion schützt, bleibe dahingestellt. Der See gehörte nun zum künftigen Golfplatz. Was die Gemeinde und die Bauern in ihrer Geldgier vergessen hatten, war, ihre Wasserrechte für die Bewässerung der Reisfelder zu schützen. So bestand die Gefahr, dass sie ihre Lebensgrundlage verlieren würden. Die Bauern, welche vorher ihr Geld für den Verkauf bekommen hatten,

standen nun plötzlich auf und beschuldigten die Gemeindebehörden, entweder das Problem nicht erkannt oder es
bewusst verschwiegen zu haben. Es begannen allabend-
liche Demonstrationen vor den Häusern der vermeintlich
Verantwortlichen. Das Dorf war zweigeteilt. 400 Familien
demonstrierten. 30 Familien wurden belagert. Auch quer
durch unsere Sippe ging der Streit, auch sie war geteilt.
So wusste die eingeheiratete Tante nicht mehr, mit wem
sie überhaupt noch Kontakt haben durfte. Ihr Schwager
verbot ihr, ihre Brüder zu besuchen und umgekehrt
sprachen diese nicht mehr mit der Familie ihres Mannes.
Das Leben war durch den plötzlichen Wohlstand nicht an-
genehmer geworden. Die Gemeindebehörden konnten
sich post festum von den Golfplatzerbauern zwar wieder
Wasserrechte für die Bewässerung der Reisfelder sichern,
aber die Demonstrationen gingen weiter. Die Polizei war
zwar schon von Anfang an präsent, aber sie schritt lange
nicht ein. Auch das ein Zeichen, dass es um die Rechte der
Bürger nicht so schlecht bestellt ist, wie man im Ausland
oft darzustellen pflegt. Letztendlich wurden aber etwa 30
Rädelsführer der Demonstrationen dann doch verhaftet
und bis auf weiteres eingebuchtet, derweil die anderen
Dorfbewohner, auf deren Seite sie standen, sie materiell
unterstützten und ihren Familien bei der Reispflanzung
und Ernte halfen.

Die Zeiten ändern sich im Dorf. Männer und Frauen
gaben in den letzten Jahren ihren Bauernberuf auf. Die
Arbeit auf den Reisfeldern wurde ihnen zu schwer. Sie
reisen oder verdingen sich nach Taiwan, China, Hong

Kong, Macao oder Malaysia und arbeiten dort als Fabrikarbeiter oder Hausdienerinnen. Manchmal haben sie Glück, ihre Reisepässe werden ihnen an der Destination nicht entzogen, sie können Geld sparen und dieses nach Hause schicken. Oft zahlen sie aber horrende Summen an Vermittler, müssen die Pässe abgeben, sind halbe Sklaven und kommen ärmer zurück, als sie gegangen sind. Viele sterben auch im Ausland. Oft gehen Familien daran zu Grunde, wenn der Mann oder die Frau den Ehepartner und die Kinder zurücklässt und für ein paar Jahre im Ausland verschwindet. Nicht selten lernt der Weggereiste einen andern Partner kennen. Frauen gehen Beziehungen zu ihren Vorgesetzten ein, die ihnen den Himmel auf Erden versprechen und die alte Beziehung zerbricht. Aber auch für die Zurückgebliebenen hat sich das Leben geändert. Ausländische Firmen haben sich in der Gegend nördlich von Hanoi zuhauf niedergelassen. Oft gründen sie seriöse Joint Ventures, oft aber auch lagern sie riskante und gefährliche Produktionsstätten ins vietnamesische Ausland aus, weil dort die Produktionskosten geringer, die Arbeiterschutzbestimmungen nicht so ausgeprägt und die Arbeitszeiten weniger limitiert sind. Dann gehen solche Firmen häufig in Konkurs, und die Angestellten stehen auf der Straße, oder die Arbeit ist in Chemiebetrieben so gefährlich, dass der Anstellungsvertrag zum Beispiel auf zwei Jahre limitiert werden muss, damit keine nachweisbaren Gesundheitsgefährdungen entstehen und keine Haftpflichtklagen angehoben werden können. Es gibt viele Frauen, die Schicht arbeiten, wovon die eine von sieben Uhr abends bis sieben Uhr morgens und die andere von sieben Uhr morgens bis sieben Uhr abends dauert. Die Frauen, die zum Schichtbeginn auf ihren

Motorrollern in Massen in die Chemiefabrik strömen, und sich in Rudeln in der Umkleide einfinden, sehen in ihren weißen Overalls, weißen Kapuzen, weißen Handschuhen und weißen Schuhen oft aus wie eine geballte Ladung von Spermien bei einer Ejakulation in den Uterus und erinnern an die Szene in Woody Allens Film „Everything you always Wanted to Know about Sex", als er zusammen mit vielen andren als Sperma verkleidet im Samenleiter auf den Befehl des Hirns auf den Ejakulationsausstieg wartete.

Heute wird auch öfter geschieden, die Drogenkriminalität hat sich verbreitet. Delikte, wie Raub am ATM und ähnliche Verbrechen sind häufiger geworden. Auch hat der Verkehr stark zugenommen. Die Teilnehmer fahren rücksichtsloser und es kommt zu immer mehr Verkehrsverletzten und -toten. Im Verhältnis zur Bevölkerung ist die Anzahl der Verkehrsopfer ca. sieben bis zehn Mal höher als in westlichen Ländern.

Am nächsten Morgen in der Dunkelheit brachen wir zu unserer viertägigen Fahrt in die Ha Long Bucht auf. Damals war noch nicht der große Run im Gange. Wir fuhren im Bus nach Ha Long und bezogen dort das Boot, das uns für die nächsten Tage als schwimmende Ferienvilla aufnehmen würde. Eine chinesische Dschunke aus braunem Holz, ein Dreimaster mit Segeln, im Unterdeck schön eingerichtete, wenn auch nur kleine Doppelzimmer mit Dusche. Vorne führte eine Treppe hinauf zu einem Zwischendeck. Im Bug waren ein kleiner tempelförmiger Altar und ein paar Sitzplätze. Von dort führte eine Treppe zum überdachten Oberdeck, wo grosse quergestellte Rattantische und -stühle, die Tische weiss gedeckt, auf uns warteten. Koch, Skipper, Maat, Matrosen und Küchengehilfen begrüßten uns freundlich. Dann gönnten wir uns alle erst mal einen Gin Tonic gegen die Malariamücken und dann einen Whiskey gegen die Diarrhoe, eine Zeremonie, welche in den nächsten Tagen zum Habitus wurde. Dann genossen wir den fernöstlichen Luxus, welchen sich einige von uns nach den Entbehrungen des Ethnotourismus der letzten Tage so heiss ersehnt hatten und wir skipperten gemütlich den touristischen Trouvaillen, welche die Ha Long Bucht zu bieten hat, entgegen. Das Boot pflügte sich ruhig und gemächlich durch die Bucht. Entspannt, Zeitgefühl und Sorgen hinter uns lassend, tuckerten wir dem Horizont entgegen, wo sich langsam die James Bond- und Zuckerhutinseln abzeichneten. Wir waren in einer anderen Welt angekommen, entbunden vom Festland, erlöst vom Alltag, voller Vorfreude auf die kommenden Tage gemeinsamer Gemütlichkeit und Entspannung. Die Februarsonne stand freundlich und wärmend am Morgenhimmel, ohne auf unsere noch weißen oder schon leicht gebräunten Häupter zu brennen. Wir zogen an Floßdörfern vorbei, Kindergärten und Schulen auf Flößen, auf denen Kinder ohne Schwimmwesten herumtollten und wir fragten uns, ob diese die besseren Schwimmer waren als alle anderen Kinder in Vietnam. Mir war aufgefallen, dass selbst Kinder von Fischern, die am Wasser wohnten, wie Wettsteine schwammen. Unsere Nachbarin in Phu Quoc wohnt seit ihrer Geburt vor 35 Jahren am Strand, blieb aber des Schwimmens unkundig und brachte natürlich ihren Kindern diese allenfalls rettende Kunst auch nicht bei.

Vietnamesen können ausgesprochen wasserscheu sein. - In den Dörfern reihte sich teilweise Floß an Floß, oft waren sie aber weiter voneinander entfernt. Hunde bewachten die schwimmenden Häuser und empfingen die Passanten auf deren Booten mit lautem Gebell. Oft sprangen sie von Floß zu Floß. Hin und wieder legten Händler mit wendigen Booten am Bauch unserer Dschunke an und wir hatten die Gelegenheit, uns zusätzlich kulinarisch zu versorgen, Früchte aller Art, Zwischenverpflegungen, Vietnamesische Reiskuchen, „Banh mi", das heißt Brot, Sandwiches, „ Keo Cao Su", was Kaugummi bedeutet, Schokolade usw. Dann besuchten wir einen Floßfischmarkt, wo in verschiedenen Bassins in den Netzen im Wasser die unterschiedlichsten Meeresfrüchte angeboten wurden. Wir konnten über schmale Bretter, welche die einzelnen Netze trennten, Grooper, rote und braune Snapper, Seeteufel, Barrakudas, Makrelen, Haifische, aber auch Krabben, Langusten, Hummer, Garnelen, Austern, und Muscheln aller Art bestaunen und lange überlegen, ob wir Hummer oder Krabben kaufen sollten. Jene waren drei Mal so teuer wie diese. Das Fleisch der Krabben schmeckt aber eher besser, nur das Öffnen bedeutet für Unkundige Schwerstarbeit.

Auf Empfehlung meiner Frau entschieden wir uns für eine Krabbenvorspeise vor dem Mittagessen. So geschah`s. Der Koch und seine Helfer bereiteten bereits das Gemüse und den Fisch vor und waren gerne bereit, uns zuerst Krabben zuzubereiten, welche wir mit einer Limonen-Pfeffer-, einer Nuoc Mam Sauce und einer Crème aus fermentierten „Dau Phu", Tofu, kosteten. Wir zeigten der Gruppe, wie man die Zangen der Krebse am besten mit Hilfe eines Nussknackers und deren Panzer mit zwei eleganten Handgriffen öffnet, dass man die Eier der Weibchen auch essen kann und diese eine besondere Delikatesse darstellen und dass zur Krabbe ein Bier mit Eis, ein kühles Glas Weißwein oder ein Weinschorle am besten schmeckt. Trotz unserer Anleitung ging`s mit dem Schälen nur bei meiner Frau und mir zügig voran und manch einer bereute, nicht doch Hummer gekauft zu haben. Nach Snapper mit Reis und Gemüse und zur Nachspeise Lychees, Drachenfrucht und Mango, gönnten wir uns eine Siesta in unseren Kabinen oder auf dem Sonnendeck. Dann, in der Bucht vor der „Hang Dao"-Höhle legten wir Anker und nahmen ein erfrischendes Bad. Ein fast zu kühles. Der Mutigste, der zuerst einen Kopfsprung wagte, schrie ob der kühlen Überraschung erschreckt auf, was uns bewegte, auf Deck vorerst zu Duschen und dann langsam, die Zehenspitzen voran, die Schiffsleiter ins Wasser hinunter zu steigen. Manch einer quittierte durch ein gequältes langes „Aaaah", dass er definitiv im kalten Nass angekommen war. Vielleicht war die Temperatur, die fast wie ein Schockfrost wirkte, objektiv 19 Grad, aber nach der durch die Nachmittagswärme aufgeheizten Decktemperatur gefühlte 15 Grad. Nach der wohltuenden Aufwärmung in den Liegestühlen auf dem Sonnendeck wagten wir uns zu den Höhlen. Das Boot glitt langsam zum Steg, wir sprangen an Land, kletterten die fast 100 Stufen zum Höhleneingang hinauf und wurden beim Einstieg von einer feuchten Kühle empfangen. Riesige Gewölbe, beleuchtet in den unterschiedlichsten Farben, zum Teil groß und hoch wie Schiffe gotischer Kirchen, taten sich vor uns auf. Von den Decken herunter ragten tropfende Stalaktiten. Ihnen kletterten von unten Stalagmiten entgegen. In engeren weniger hohen Durchgängen vereinigten sich diese und wurden eins, wurden zur Säule und zwischen diesen Säulen bildeten sich Tropfsteinbögen. Kunst der Natur in Reinform. Kein Architekt hätte sie schöner gestalten können. Dazwischen enge Schluchten, durch die das Wasser schoss und über einen Felsvorsprung in einen beleuchteten unterirdischen See plätscherte, dessen Königsblau im Lichtkegel der Scheinwerfer die Tiefe und die Sauberkeit seines Wassers bezeugte. Eine Kathedralenkuppel wölbte sich über dem See.

Ein unterirdischer Petersdom. Dann wieder ein enger Durchgang mit schmalen Treppen zwischen den Tropfsteinen und plötzlich eine Sixtinische Kapelle, ohne Wandfresko von Michelangelo aber mit göttlichen Tropfsteinarmen, welche von der Wölbung herunter den bittenden irdischen Kalksteinfingern die Hand zur Erlösung entgegen reichten, und ihnen im Verlauf der Jahrhunderte Zentimeter um Zentimeter entgegenkommen kommen würden, als wollten sie diese in ihrem Streben nach oben nach dem Motto befreien:

„Wer immer strebend sich bemüht, den können wir erlösen."

Irgendwo wies uns eine Treppe hinaus aus der Höhle auf eine Zinne, von der man die Bucht von hoch oben überschauen konnte. Ein Händler verkaufte dort „nuoc mia", Zuckerrohrsaft, der aus Zuckerrohren zwischen zwei Metallwalzen herausgepresst wurde.

Die Vietnamesen kafeln die Rohre auch, was dann so aussieht, als ob Häschen oder Meerschweinchen Karotten nagen würden. - Wir setzten uns auf drei der typischen vietnamesischen Steinbänklein mit der Inschrift irgendeiner Zementfirma, genossen die Aussicht und winkten unserer

Dschunke zu, welche weit unten, wie eine kleine Nuss-schale leicht im ruhigen Wasser der Bucht schaukelte. Der Gruß wurde von der Schiffsbesatzung nicht erwidert, ganz offensichtlich tat sie, was Vietnamesen in Pausen immer tun, sie schlief in den Hängematten oder auf Bänken in der Küche oder im Steuerhaus. Solche Schiffe, deren gesamte Besatzung schläft, kommen einem manchmal unheimlich seelenverlassen vor und gemahnen an das Totenschiff von B. Traven. Nach dieser Erholung ging`s wieder hinein in das schwarze Loch, auf einer Furt über einen kleinen See, wieder in die Tiefe der Unterwelt, die düster vor uns lag. Nur Charon der Fährmann fehlte, um uns in den Hades zu begleiten. Eine Wanderung in eine andere Welt war`s, ein Abtauchen aus dem Jetzt in die Zeitlosigkeit, wie ein Schlaf mit realem, mit allen sechs Sinnen wahrgenom-menen Traum, aus dem wir erst erwachten, als wir am Höhlenausgang beim Pier angekommen waren und nicht der griechische Gott der Unterwelt uns zur letzten Fahrt empfing, sondern unsere Nussschale mit der wieder auf-erstandenen Crew uns in die Halong Bucht hinaus schiffte. Mittlerweile hatte sich die Nachmittagswärme verzogen und langsam begann die Sonne sich hinter den Zuckerhü-ten zu verstecken. Hin und wieder blinzelte sie zwischen zwei Kegeln hervor, bis das Rot am oberen Firmament uns verriet, dass auch sie in die Unterwelt abgetaucht war. Auch nicht für immer. Nur bis zum nächsten Morgen. Wir suchten uns einen Ankerplatz in einer abgeschiede-nen Bucht und trafen uns für die Happy Hour auf dem Sonnendeck, welches bald zum Monddeck wurde, womit die Dschunke sich in ein Tausend-Sterne-Hotel verwan-delte. Wir konnten bei klarem, smogfreien Himmel nicht nur Fünf, nicht nur Tausend, sondern Millionen Sterne erahnen und waren uns gewiss, diese und die nächsten vier Nächte im besten aller Hotels auf Erden zu verbringen. Zu unserer fröhlichen Seligkeit trug sicher auch der australische Rotwein aus dem Barossa Valley bei, der uns zum Diner kühl serviert wurde. - In den Tropen trinkt man ja auch den Rotwein eher kühler. Wie auch das Bier mit Eis, was dem Bayern als Tabuverstoß vorkommen mag.

Der Abend klang fröhlich und harmonisch, vielleicht sogar glückselig aus, und wieder ging mir des Wanderers Nachtlied durch den Kopf. Bald wiegelte mich ein leichtes Schlagen kleiner Wellen auf den runden Schiffsbauch in der Koje in einen tiefen, sorglosen Schlaf.

Der nächste Tag begann für uns erst, als die Sonne schon hoch am Firmament stand.

Zu Kaffee und „trung op la" - was vom französischen „oeuf plat" abgeleitet zu sein scheint - und Früchten, gesellten sich die bereits beschriebenen krankheitsprophylaktischen Getränke wie Gin Tonic und Whisky. Wir waren, wie Sie lieber Leser sehen, sehr gesundheitsbewusst. Gestärkt strebten wir dann neuen Ufern im figurativen wie im wörtlichen Sinne zu, deren so viele hier anzutreffen waren, felsige Ufer, aber auch Sandstrände auf Inseln, auf denen wir baden konnten, Höhentempel auf Inseln, die wir schweißtreibend besteigen mussten, Dörfer und Märkte auf Flößen und Höhlen, touristisch erschlossene und auch unerschlossene, in deren Nähe praktisch nie je ein Boot anlegt. Jene waren zum Teil gefährlich, weil nichts abgesperrt war und man sich in der Dunkelheit im Inneren leicht verirren konnte. Wir waren zwar mit Turnschuhen und Taschenlampen sowie Anoraks gegen Wasserstürze von oben ausgerüstet, aber zum Teil waren die Höhlengänge einigen Teilnehmern zu abenteuerlich und sie blieben deshalb zurück.

So flossen die Tage dahin, ohne Müßiggang, voller Spannung und Abwechslung, mit viel Ruhe und Zeit für Karten, Rummikub und Aktivity spielen. Bei Letztem nahm sogar das Schiffspersonal teil, wenn wir Pantomime spielten und erraten werden mussten, was die Gesten bedeuteten. So lachten wir viel, zum Beispiel als einer Krabbenfleisch pantomimisch umsetzen musste und dies tat, indem er seitwärts übers Sonnendeck krabbelte und danach seiner Frau in den Hintern zwickte. Krabbe haben viele verstanden, aber Fleisch wenige. So neigten sich diese herrlichen Tage in der wunderschönen Bucht irgendwann dem Ende zu und wir hatten uns am fünften Nachmittag von unserer Dschunke und der liebgewordenen Crew zu verabschieden. Der Bus erwartete uns am Pier, und die Erde hatte uns wieder. Zurück im vietnamesischen Alltag mit seiner Hektik holperten wir wieder durch die Tonkinebene Binh An entgegen. Wir fuhren auf Nebensträßchen und erreichten einen Nebenfluss des Roten Flusses, über den keine Brücke gebaut war. Auf seinen beiden Seiten führte aber je ein abfallender Asphaltslip der Straße ins Wasser, als ob die Enden sich unter dem Wasserspiegel in der Mitte des Flusses, für Amphibienfahrzeuge gebaut, treffen würden. Auf dem Wasser kreuzte eine große verbeulte Metallbarke, mit Stahlseilen an einem uralten Schlepper gefestigt. Die Barke war symmetrisch und hatte vorne und hinten je ein Falltor, das beim Anlegen jeweils laut auf den Asphaltslip hinunter krachte und so auf der ganzen Slipbreite seinen Rachen zur Aufnahme der Fracht öffnete. Einmal angelegt, drehte sich der Schlepper am Seil um jeweils 180 Grad, denn die nächste Fahrt ging ja in die Gegenrichtung. Ich floh weg aus der Gefahrenzone des uralten Stahlseils, als es sich bei der Abfahrt gefährlich ächzend anspannte, in der Angst, es könnte reißen und mit ein paar Kilotonnen Energie uns die Köpfe abschlagen. Die Fracht war teilweise ebenso exotisch wie diese kombinierte Fähre. Als das Falltor herunterklatscht und die alte Fracht Reißaus genommen hatte, fielen die Fahrräder und Mopeds wie Moskitos im Sturzflug über die Barke her, die Autos folgten danach und das Schlusslicht bildete ein Transport, dem ich so noch nie begegnet war und nie wieder begegnen würde: Eine ausgewachsene lebende Kuh war auf ein Moped gebunden. Ihr Rumpf lag auf einem großen Brett auf dem Gepäckträger. Die Vorder- und Hinterläufe waren über den Hufen vor der Vorderradgabel unter der Lenkstange zusammengebunden und ihr Kopf auf einem hölzernen Radkranz an der Hinterradgabel befestigt. Der Fahrer saß dazwischen auf dem Sattel, umrahmt von der Kuh, gut geschützt durch ihren Leib. Offensichtlich hatte sie diesen Transport bis auf die Fähre überlebt. Gerade gemütlich scheint er aber für sie nicht gewesen zu sein, wenn sie ihn auch stoisch zu ertragen schien.

Der nächste Tag war für einen Besuch in der Provinzhauptstadt Bac Giang vorgesehen. Dort überfielen wir den großen Markt. Bald verteilten und verloren wir uns aus den Augen. Hin und wieder tauchte wieder mal einer der Gruppe aus der Menschenmenge auf. Einige Männer fanden sich dann aber vom Durst geplagt kaum zufällig in einer Bierschenke, während die Frauen fast wie im Ausverkaufsrausch die Stände auf dem Kleider- und Schuhmarkt durchwühlten. Ein Betelnusshändler, der mich kannte, bot einem Begleiter und mir eine Gratiskostprobe „trau Cau" Betelnüsse mit grünen Blättern an. Wir legten die zerstückelten Betelnüsse „cau" auf die grünen herzförmigen Blätter „trau", gaben unter genauer Anweisung des Händlers Gewürze sowie flüssigen Kalk bei, falteten die Blätter zusammen und schoben sie in den Mund. Dann kauten wir sie wie Kaugummi.

Eine leicht betäubende Wirkung stellte sich auf Zungen und Gaumen ein und unsere Zähne färbten sich rot. Zum Glück nicht für immer wie bei den Dauerkauern. Danach spukten wir den Brei aus. Die Spucke sieht jeweils tuberkulös blutrot aus. Wenigstens fliegen einem in Vietnam diese roten Schleimgeschosse nicht, wie ich es früher in Indien beim Spaziergang durch die Straßen von Old Delhi erlebt habe, gefährlich wie Dartgeschosse links und rechts um die Ohren.

In Vietnam muss man sich deshalb nicht laufend ducken und nach links und nach rechts schnellen wie früher in Indien. Ein Paar unserer Gruppe gönnte sich eine Massage im besten Hotel der Stadt. Es entstanden Verständigungsschwierigkeiten vor allem mit dem Ehemann, weil die Masseuse ihm das hier offenbar übliche Happyend bereiten wollte, er aber nicht zustimmte. Erst als der Manager beigezogen und diesem erklärt worden war, dass der Ehemann auch ohne Happyend glücklich sei, durfte sie auf das Handauf- und Handanlegen am empfindlichsten Teil seines Körpers verzichten. Andere Länder andere Sitten. Nachdem wir uns endlich alle wieder gefunden hatten, die Frauen kannten ihre Pappenheimer und wussten genau, wohin die Männer sich verflüchtigt hatten, besuchten wir den wohlhabenderen Teil der Familie meiner Frau. Die Schwester meiner Schwiegermutter betreibt nämlich einen Import von Plastik- und Blechwaren aller Art aus China, von Stühlchen über Tischchen, Kesseln, Kübeln, Krügen bis zu Bechern, Tassen, Tellern, Besteck und Haushaltsutensilien. Jedes ihrer neun Kinder betreibt ein Detailhandelsgeschäft mit chinesischen „Billigtupperwares" auf dem Markt oder außerhalb davon. Eine Tochter betreibt zudem in unmittelbarer Nachbarschaft eines Hundesuppenrestaurants einen Salzgroßhandel. Es sieht fast so aus, als habe die Familie das Salz- und Tupperwaremonopol in der Stadt inne. Wir besuchten die einzelnen Kinder in ihren Geschäften. Sie waren hinter Hügeln und Bergen von Plastik jeweils kaum erkennbar. Jedes Mal fand eine freudige Begrüßung statt, Tanz um die Plastikkessel, Fotos, Gruppenbilder mit Kübeln, farbliche Augenweiden. Dann waren wir bei der Tante zu Hause eingeladen. Auf dem Weg dorthin, bei der Salzmonopolistin hielten wir zum Boxenstopp inne. Es sah in ihrem Lager aus wie in einer Saline oder an den Salzseen in den Anden im Nordwesten Argentiniens. Berge von Salz waren da. Prompt mit unserem Eintreffen lieferte gerade der Hundefänger einen Korb voll junger, gerade aus dem Welpenalter entwachsener Hunde mit dem Motorroller zur Schlachtung im daneben liegenden Hundesuppenrestaurant an und unser Filmemacher drehte die Szene der Auslieferung. Als Profi, ähnlich einem geübten Paparazzo vor dem Schauspieler, ließ er sich durch die heftige Faustabwehr des Hundefängers nicht davon abhalten, dessen widerliches Konterfei und die traurigen Augen der jungen Hunde filmisch festzuhalten. Die Frauen in unserer Gruppe, namentlich die Hundebesitzerinnen, weinten bitterlich. Aber wir konnten am schrecklichen Schicksal der Hunde auch nichts ändern. Dann zogen wir schnell von dannen, damit wir das Heulen der Hunde, wenn sie in die Türrahmen zum Durchschneiden ihrer Kehlen aufgehängt würden, nicht hören mussten. Danach traten wir in den Hof der Schwester der Mutter meiner Frau ein. Drei große stolze Häuser lehnten fast aneinander, in 70 cm Abstand voneinander entfernt gebaut, die Höfe waren mehrere Meter hoch verstellt mit bunter Tupperware, hoch aufgestapelt 5 Meter bis in den ersten Stock türmte sich das Plastikzeug. Sie ragten sogar in den großzügigen offenen Eingangshallen hoch hinauf. Drei Hallen „chock-a-block", würden die Australier sagen, kunterbunte Kübel-, Kessel-, Tisch- und Stuhllandschaften. Nur die in Vietnam übliche geschnitzte Holzsitzgruppe stand frei und lud uns zum etwas harten Verweilen in dieser skurrilen Tupperwunderwelt ein. Unser Besuch war angekündigt und ein üppiges Essen war vorbereitet worden und so schlemmten wir mit der langsam eintrudelnden Großfamilie auf engem Platz und harten Holzsitzen zwischen den erdrückenden farbigen Plastikpetronastowers. Ein Abenteuer in einer vietnamesischen Plastikwelt.

Nun, die Feierlichkeiten und die damit verbundene Reise verstrichen schneller, als wir erhofft hatten, und an einem warmen Morgen mit Temperaturen von 25 Grad begleitete ich die österreichisch/schweizerische Hochzeitsgesellschaft auf den Flughafen „Noi Bai" in Hanoi und verabschiedete mich mit einem „Happy landing" von ihr. Zurück im Dorf, erlebte ich einen Nordsturm, der die ganzen Nacht an den windigen Fenstern und Fensterläden rüttelte und schüttelte und uns zunehmend frostige

Luft vom chinesischen Festland brachte. Eine Brise oder einen Mistral würde man den kalten Nordwind in Zentraleuropa nennen.

Wir holten wieder die elektrische Heizmatratze, den „calda sonio", zu Deutsch „Traumwärmer" heraus, den wir seinerzeit aus Italien mitgebracht hatten, und unterlegten ihn unserem Unterleintuch, um uns in der Nacht halbwegs zu erwärmen. Unruhig schliefen wir, bis wir um sechs Uhr durch eine brüllende Männerstimme jäh aus unseren wirren Träumen gerissen wurden. Ich verstand nicht sofort, worum es ging. Die Schwiegermutter und ihr böser Hund „Mich Kay" stellten sich einem Eindringling auf dem Hof entgegen, das bissige Ungeheuer grimmig bellend und knurrend, an seiner Kette zerrend und die Zähne fletschend. Die „Me" wirkte dagegen mit ihrer ruhigen Stimme besänftigend auf Hund und Störefried ein. Dies beruhigte die ungleichen Streithähne etwas. Die Streitursache war folgende: Der Schreihals war ein Nachbar und weiter Verwandter, dessen Vater an der Ecke zu unserem Grundstück in einem großen Privatgrab, wie es in Vietnam zu dieser Zeit noch üblich war, seine Totenruhe gefunden hatte. In Vietnam wurde man in der Regel namentlich auf dem Lande nicht auf einem Friedhof beerdigt, sondern meist auf dem eigenen Grundstück, wenn möglich an einem markanten Platz, von wo aus der Tote die Aussicht genießen konnte. Dumm war's, wenn dies in der Grundstücksmitte geschah, denn dann war dieses praktisch nicht mehr verkäuflich, oder am Rand, dann konnten Immissionen des Nachbarn den Totenfrieden stören. Und genau dies war hier geschehen. Wir hatten neulich auf unserer Seite gerade neben der Grenze möglichst weit vom Haus weg unsere neue zweite Außentoilette gebaut. Nun waren die üblen Düfte daraus offenbar ins Grab hinunter gesunken und hatten den Ahnen in seiner Grabruhe gestört. In Europa wäre in ähnlicher Situation ein Nachbarstreit unter Beizug von zwei Anwälten und Anrufung eines Gerichts entbrannt. Vietnamesen lösen solche Probleme anders, in der Regel allerdings nicht wie hier unter lautem Toben und Gesichtsverlust, sondern indem sie direkt miteinander sprechen. Dank der Besonnenheit der Mutter kam es auch hier zur Einigung, indem wir den Sohn des Verstorbenen erhört haben. Wir beschlossen eine Nutzungsänderung des gebauten Häuschens, konvertierten es zum Hühnerhaus und errichteten das Häuschen, wie die Toilette auf Schweizerdeutsch heißt, fernab und geruchsfrei für den Ahnen anderswo. Der nachbarliche und der Totenfrieden waren damit wieder eingekehrt und auf dem Hof herrschte Ruhe. Offenbar störte das Krähen des Hahnes den Verstorbenen weniger als die Geruchsimmission.

Ruhe? Ja, wäre da nicht das kluge Schweinchen gewesen, das frei auf dem Hof umherlief und jede Gelegenheit unserer mangelnden Konzentration dazu benutzte, ins Küchenhaus zu schleichen, um sich einen köstlichen Happen, welchen die Familie zum Kochen neben die Töpfe gelegt hatte, zu ergattern. Namentlich, wenn uns jemand besuchte und die Frauen angeregt in ihr Geschwätz vertieft waren, wusste Schweinchen schlau ganz genau, dass die Tour in die Küche zum ertragreichen Freigang würde. Wehe aber, wir wurden seiner Disziplinlosigkeit gewahr und einer von uns bewegte sich zur Küche hin, dann stob es flugs und geschwind von dannen und stiess prophylaktisch, bevor wir ihm in den Hintern treten konnten, einen Schmerzensschrei aus. Dieses Fang- oder Katz- und Mausspiel fand zunehmend unter Anteilnahme der ganzen Familie statt und ich, auch nicht dumm, schlich mich immer häufiger ungesehen vom rosa Tierchen zur Küche, überraschte es beim verbotenen Naschen und landete dann einen perfekten Arschkick zur Freude aller und zum Leidwesen des armen Tierchens. Resozialisierend wirkte diese Erziehungsmaßnahme allerdings nicht. Die Fresslust des Vieches muss viel stärker gewesen sein als dessen Angst vor körperlicher Züchtigung. Nun, das Spiel ist aus, les jeux sont faits, rien ne va plus, die Küchendiebin lebt nicht mehr, das Tierchen wurde zum Tier und zum dicken Tier, wurde schlachtreif und endete als Hauptgang auf einer Schlachtplatte bei einem Tet-Fest. Wäre das Schweinchen nicht laufend zum Naschen in die Küche geschlichen, hätte sich sein Leben wohl um ein Jahr, bis zum nächsten Tet-Fest verlängert.

In letzter Zeit hat ein anderer Nachbar seinen Schweinestall ein paar Meter von unserem Haus entfernt gebaut und verpestet uns mit Schweinejauche und -gestank. Nun, unsere Mutter ist über 81-jährig und wohnt nur noch zeitweise und allein dort, wenn sie nicht bei uns in Phu Quoc, 1700 Kilometer weiter im Süden lebt. Keiner hatte bis jetzt die Energie, sich dem Verursacher der Immission vehement entgegenzustellen und auf seinem Hof ein Lamento zu führen, damit der Nachbarfriede wieder hergestellt würde. Vietnamesen fressen auch vieles in sich hinein. Sie lieben die Harmonie, wie sie sagen. Vieles, oft das Wichtigste, wird nicht zur Debatte gebracht. Man übt sich lieber in Smalltalk und lässt die Probleme unter dem „Deckel" gären.

Einladungen bei Verwanden und Dorfbewohnern gestalteten sich schwieriger, nachdem meine Frau und ich Vegetarier wurden. Es gehörte zur Höflichkeit und zu den Gepflogenheiten, Besucher zum Essen einzuladen und ihnen ein würdiges Mal zuzubereiten, wozu selbstverständlich Fleisch und ein kräftiger Schnaps gehörten. Dies bedeutete, dass jedes Mal, wenn wir jemanden besuchten, ein Huhn oder ein Schwein geschlachtet wurde, denn Eisschränke und Kühltruhen zur Aufbewahrung von Fleisch waren damals noch keine vorhanden. Fleisch gab es nur als Lebendvorrat. So besuchten wir einmal einen Onkel und vergaßen zu erwähnen, dass wir Vegetarier sind. Als wir von der Besichtigung seiner Obstgärten zurückkehrten, war schon ein Jungschwein geschlachtet worden, sein Blut war in eine große Schale gefüllt worden und die Innereien wurden gerade abgekocht. Diese wurden dem rohen Blut beigegeben, dazu Salz, Gewürze und Eis - und fertig war das Festmahl.

Es war zu spät und wäre unhöflich gewesen zu erklären, ich esse das nicht. Was ein Vegetarier ist, verstehen die Menschen auf dem Lande in Vietnam nicht.

„Du musst doch etwas Rechtes essen, um gesund zu bleiben, Kinder zu zeugen und zu arbeiten!", war ihre Meinung zur Vegetarierdebatte. Als Fremder musste ich mich ohnehin vorbildlich verhalten, um anerkannt und aufgenommen zu werden.

An jedem Saufgelage musste ich früher partizipieren, alles essen außer Blutegel, wie sie sagten, und jede Herausforderung auf ein Handwrestling oder ein Wettsaufen annehmen. Also habe ich mich auch hier beim Austrinken der rohen Blutsuppe mit den gekochten Innereien geopfert. Meine Frau behaupte derweil, rohes Schweineblut sei nichts für ihre Schwangerschaft. Ich dagegen konnte diesen Vorwand, auch wenn sie so wenig schwanger war wie ich, nicht vorschieben, leerte die Blutsuppe in Todesverachtung und ohne die Miene zu verzerren, in mich hinein und schluckte die Brocken von zerstückeltem Herz, Leber, Nieren und Lunge des Schweines. Zum Glück war die Galle nicht hineingegeben worden, sonst hatte ich nicht umhin können, mein Gesicht zur entsetzten Fratze zu verziehen.

Das Leben im Dorf war und ist teilweise immer noch archaisch. Alles drehte sich um den Reis, wenn die Bauern auch unmittelbar um ihre Höfe herum Zuckerrohr, Gemüse und Früchte wie Lychees und Bananen anpflanzten. Um fünf Uhr schüttelte das Kikeriki der Hähne die Schlafenden raus aus den Pritschen. Mit den Hühnern standen sie auf und mit diesen schlüpften sie in die Federn. Wenn es nicht regnete, arbeiteten sie. Wenn`s stark runterprasselte, war Sonn-, Feier- oder Ruhetag. Ferien gab es keine.

An Tet, dem vietnamesischen Neujahr, ruhte man vier Tage und feierte. Jede Familie, die es sich leisten konnte, kaufte ein Orangenbäumlein und gelbe oder orange Gerbera und dekorierte damit das Haus. Die Gräber der verstorbenen Familienangehörigen waren schon vorher geschmückt und die Häuser sauber rausgeputzt worden. Räucherstäbchen für die Toten wurden angezündet, nachdem der Hausaltar mit Blumen und Früchten geschmückt worden war. An Tet wurden auf dem Altar Essen und Getränke geopfert und bei wohlhabenderen Familien durfte auch der obligate Früchte- und Naschkorb nicht fehlen.

Es herrschte eine feierliche Stimmung, wie in vorwiegend christlichen Ländern an Weihnachten. An Tet durfte man nicht putzen oder arbeiten. Zuerst feierte man im engeren Familienkreis, man aß und trank viel, gedachte der Toten und beschenkte sich mit roten Kuverts, die Geld enthielten. Später feierte man mit der Verwandtschaft und danach mit Freunden. Man besuchte sie während der nächsten vier Tage und überall wurde gegessen, getrunken, den Kindern Süßigkeiten und den Erwachsenen rote Kuverts verteilt, den nahen Verwandten schenkte man mehr, den weiter entfernt Verwandten weniger, der Reiche spendete mehr, der Arme gab weniger und überall tönte es laut und fröhlich:

„Chuc mung nam moi",

„Chuck mung nam moi",

„Ich wünsche dir ein fröhliches neues Jahr!"

All dem ist heute noch so. Es gibt auch immer noch strenge Regeln, welche zu beachten sind. So darf eine Frau beim Besuch Verwandter an Tet deren Haus nicht als erste betreten und auch keine Räucherstäbchen auf den Altar anzünden.

Scherben bringen kein Glück:

Wenn an Tet Geschirr zerschlagen wird, ist das ein schlechtes Omen. An diesen Tagen wird Karte gespielt, leider auch um viel Geld, weil dies dann erlaubt ist. Motorräder müssen dafür verpfändet werden, ganze Vermögen schmelzen dabei dahin. Bringen die Karten kein Glück, werden sie auf die Straße geworfen. So sind nach Tet die Straßen zum Teil mit Spielkarten gepflastert. Es wird Reiswein getrunken und Süßigkeiten werden geschleckt. Der obligate Früchte- und Warenkorb, der auf dem Altar als Opfergabe aufgestellt worden war, wird am dritten Tag geplündert und die sich darin befindlichen Köstlichkeiten werden verteilt. Vier Tage herrscht fröhliche Stimmung, ein Highlight im Leben eines vietnamesischen Bauern, dann kehrt wieder der relativ eintönige Alltag ein und die Menschen warten wieder ein Jahr auf das nächste Tet-Fest.

Eine Abwechslung stellten unter anderem die Hochzeiten dar. Geheiratet wurde häufig. Wobei der Einzelne in der Regel sich nur einmal trauen ließ. Das ganze Dorf war dabei immer auf den Beinen, denn Hochzeiten stellten eine willkommene Auflockerung im Alltag der Bauern dar. Das durchschnittliche Heiratsalter betrug bei Frauen etwa 17, Männer heirateten mit ungefähr 20. Eine 25-jährige gehörte zum alten Eisen und war nicht mehr an den Mann zu bringen. Ein weiter entfernter Verwandter, den ich besucht hatte, zeigte sich zerknirscht, weil drei seiner Töchter, 23-, 25- und 26-jährig noch im Haus wohnten und offenbar die Einfahrt in den Hafen der Ehe verpasst hatten. Nicht verwunderlich, denn die eine schielte leicht, die andere hatte wie John Browns Baby einen „pimpel on her nose" und alle drei waren für vietnamesische Verhältnisse zu dick. Vietnamesen erklären schnell, eine Frau sehe wie ein Schwein aus, auch wenn ihre Proportionen in Europa durchaus als normal durchgingen. Dafür gleichen die Gesichter der mageren Vietnamesinnen, wenn sie älter werden, manchmal Schrumpfäpfeln. Boskops, die einen Winter lang im Keller gelegen haben. Der Alte trug mir einen Heiratsvermittlungsauftrag an, ich solle je einen Europäer für seine Töchter finden, damit sie dort verheiratet würden.

Ich nahm den Auftrag nicht an, war aber auch nicht so unhöflich, ihn ausdrücklich abzulehnen mit der Begründung, seine Töchter seien nicht vermittelbar. Die Brautschau findet meist im Hause der Familie der Braut statt. Entweder besuchen junge Männer diese auf Einladung von deren Eltern oder sie finden selbst den Mut zur Visite. Oftmals kennen sich die Elternpaare und stiften zum Eheschluss an oder tragen dazu bei, aber oft lehnen sie auch ab, wenn die Familie des oder der Erwählten nicht passt. Bei meiner Schwägerin gaben sich die Brautschauer die Türklinke in die Hand, denn sie war eine Augenweide, liebreizend, lustig, natürlich und zudem tüchtig und mit ihren 17 Jahren im besten Heiratsalter. Hin und wieder traf ich drei bis vier junge Männer in unserer alten Lehmhütte aufgereiht am Boden sitzend an und fragte meine Frau, welcher denn nun der Favorit ihrer Schwester sein.

Ich solle dies selber herausfinden, antwortete sie und ein heiteres Kandidatenraten begann. Besonders erfolgreich war ich dabei nicht. Alle sahen ähnlich uninteressant aus.

Einmal war ein Metzger der Favorit, der aber wollte nach Russland ziehen, was meine Schwiegermutter nicht gerne sah, dann der Sohn eines Dorfbewohners, der lange in der Armee gedient hatte und ein stattliches Haus besaß. Dessen Sohn gaben Mutter und Tochter schließlich nach einigen Differenzbereinigungen den Vorzug und bald wurde geheiratet.

Das Dorf hatte wiederum sein Fest und eine ersehnte Abwechslung und neuneinhalb Monate später war die

Bevölkerung um eine Person gewachsen. Aber vor der Ehe war wie immer alles mit „rechten Dingen" zu- und hergegangen. Kein prämatrimonaler Kuss, höchstens Händchenhalten, kein vorehelicher Geschlechtsverkehr.

Das war einmal. Die gute alte Zeit ist vorbei. Die Moral war aber lange noch strikt. Wenn zufällig im Fernsehen in einem amerikanischen Film Küsse gezeigt worden waren, dann zappte die Mutter das Programm unter Protest meiner Frau und ihrer Schwester weg. Später, als die Mutter uns in Europa besuchte und ich meine Frau geküsst hatte und sie fragte, ob sie dies störe, erklärte sie, nein, sie hätte lieber, wenn wir uns küssen, als wenn wir uns streiten.

Abwechslung boten auch gewisse überraschende Feste, welche immer willkommen waren. Einmal mussten wir auf der Polizeistation im nahen Neo geschäftlich etwas erledigen und kamen mit den Polizisten ins Gespräch. Ein Bierbrauer, welcher sein Handwerk in Ostdeutschland gelernt hatte und Deutsch sprach, gesellte sich dazu. Wie von einem gemeinsamen kreativen Geistesblitz getroffen, beschlossen wir alle, unserem Anwesen einen Besuch abzustatten. Und so fuhren wir im Motorradkonvoi übers Land.

Die Familie war schon vorher auf den hohen Besuch telefonisch vorbereitet worden und die Frauen standen in hektischer Aufregung am Kochherd, während die Männer Bier herbeischafften. Es wurde ein lustiges, spontanes, feuchtfröhliches Fest gefeiert. Jeder aus der Familie, der Bierbrauer und die Polizisten inklusive die Frau des Polizeichefs amüsierten sich bei uns bis spät in die Nacht. Auf meine bange Frage, wie denn die Heimfahrt angesichts der Heiterkeit ohne Gefahr vonstatten gehen solle, erklärten die Gäste:

„Khong sau, chung toi la Canh Sat!"

„Kein Problem, wir sind die Polizei!"

Zur Abwechslung im Dorfleben trug auch hin und wieder eine meiner pantomimischen Einlagen vor Kindern bei. Pantomime war für mich am Anfang meiner Besuche in Vietnam, als ich noch ungenügend Vietnamesisch sprach, die Ausdrucksform, um mit Menschen, namentlich Kindern, zu kommunizieren. So besuchten uns Dorfkinder und wollten Mister Bean, wie sie mich nannten, sehen. Offensichtlich hatten sie gemerkt, dass meine sprachliche Ausdrucksfähigkeit auf Vietnamesisch ähnlich dürftig war wie Mister Beans verbale Unterstützung seiner Slapsticks. Erwachsene verlangten, dass ich sie nachmache, dass ich zum Beispiel Frauen beim Gehen in ihrem schlarpenden Entengang mit nachgezogenen Flip-Flops, der auch jungen Frauen eigen ist, imitiere. Häufig ein Entengewatschel, das geeignet war, einen Blinden zu täuschen und ihn zur Annahme verleiten konnte, eine altes Schwergewicht mit holländischen Clogs trampe daher, dabei konnte es durchaus eine (zwar bleifüßige) junge vietnamesische Grazie sein.

Dann wünschten sie meine Darstellung von Europäerinnen beim Staksen auf High-Heels und Wedeln mit dem Hintern. So imitierte ich den Gang auf dem Catwalk. Weiter wollten sie meine Tonimitationen von Geschwätzigen am Telefon inkl. Klingelton ihres Handys, hören.

Für Kinder musste ich auch mit den Ohren und mit meiner ganzen Kopfhaut inklusive meiner spärlichen Haartracht wackeln und die Zuge wie eine Kuh bei der Gesichtspflege in die Nase stecken. Asiaten scheinen eine kürzere Zunge zu haben. Den meisten gelingt dies nicht. Jedes Mal kicherten sie begeistert. Einmal fluchte allerdings ein Nachbar, als ich, mit einem „cai Non", dem konischen Strohhut, bekleidet und der obligaten Bambusstange über den Schultern, an der links und rechts je ein Korb Reisstrohs hing, ein altes Frauchen imitierte, das an der Wirbelsäulenkrankheit Skoliose leidend nach vorn gebeugt über ein Holzbrücklein wackelte. Das Brücklein knickte unter meinem Gewicht ein.

Die Kinder lachten nicht nur wegen der Pantomime, sondern vor allem auch über mein Missgeschick, und der Nachbar ärgerte sich nicht nur meinetwegen, sondern vorwiegend über die Freude der Kinder.

Auch wir sorgten für Abwechslung für die Familie zum Beispiel mit einem Ausflug zur Chua Huong, der Parfümpagode. Wenn man in Vietnam einen Ausflug plant, dann mit einem möglichst großen Fahrzeug, denn je größer das Gefährt, umso mehr Leute finden darin Platz, umso lustiger wird die Reise und umso größer das Vergnügen für möglichst viele. Keine Angst, das Fahrzeug wird immer voll, unabhängig seiner Größe, denn niemand lässt sich einen willkommenen Tapetenwechsel entgehen.

So geschah dies auch diesmal. Wir bestellten einen kleineren Bus und schon am Vorabend pilgerten Teile der Familie aus der Stadt daher, um in Vorfreude zu feiern und bei uns zu übernachten. In aller Herrgottsfrühe ratterte der Bus heran und in der nächtlichen Dunkelheit schlichen in Tücher gehüllte Gestalten aus dem Haus, um möglichst gute Fahrplätze zu ergattern und schliefen dort schon bald den Schlaf der Gerechten weiter. Allmählich füllte sich der Bus, der Fahrer, der sich noch bei einem heißen Tee gestärkt hatte, kletterte auf seinen Sitz und nach ein paar vergeblichen kratzenden Startversuchen sprang der Motor keuchend an und das Gefährt setzte sich, nachdem es dem Fahrer endlich gelang, den Gang einzulegen, stotternd in Bewegung. Wir ratterten und holperten durch die Nacht und kalter Fahrtwind wirbelte uns durch die Fensterritzen den Straßenstaub ins Gesicht.

Was niemanden störte, da alle einen Mundschutz trugen und wie Beduinen eingepackt waren. Die Fahrt nach Hanoi, quer durch diese Riesenstadt und die Vorstädte nach Süden schüttelte uns während vier Stunden durch, langsam war auch der letzte Siebenschläfer erwacht und allmählich wurde es lebendiger im Bus. Die Pagode, die wir besuchen wollten, war nur auf dem Wasserweg durch Gondeln erreichbar, weshalb unser Bus an einem stillen Gewässer hielt, wo wir uns vorerst mit Eiern, Reisgebäck und Tee verpflegten. Dann wurden uns Gondeln zugeteilt. Viel zu kleine und wir wären schon vor dem Start gekentert, hätte sich meine Frau nicht vehement für flusstauglichere Untersätze eingesetzt. Die meisten Sippenmitglieder waren Nichtschwimmer und ein Kentern hätte zum Familiendrama ausarten können. So wurden wir während eineinhalb Stunden durch den ruhigen Fluss den Zuckerhüten entgegen gerudert, die vor uns langsam den Morgennebel wie einen seidenen Yukata abstreiften. Seerosen und rosafarbene und weiße Lotosblüten umsäumten uns auf unserem Weg, die Seerosen mit kleineren im Wasser schwimmenden fleischigen Blättern, die Lotosblüten mit ihren hoch aus dem Wasser ragenden riesigen, den Ohren afrikanischer Elefanten gleichenden, grünen Blattscheiben. Die Zuckerhüte kamen näher und näher, wurden grüner und grüner und, während der Morgendunst sich allmählich lüftete, türmten sich höher und höher auf und standen zuletzt bedrohlich über uns, als wollten ihre Berggeister, die dort oben zu hausen schienen, sich anschicken, uns aufzufressen. Wir legten am Fuße eines Riesen an, mächtig stand er über uns und der Aufstieg seinem massigen Körper entlang hinauf, begann. Wir drückten uns an den Händlern und Marktschreiern vorbei auf einen ersten Marktplatz, wo Gaststätten auf frühe Besucher warteten, an Essstätten vorbei, in deren Schaufenstern gut gegrillte Hunde, Spanferkeln gleich, hingen. Dann begann der Pilgertreck in Richtung Felspagode. Die Treppe türmte sich steil und beschwerlich vor uns auf. Abertausende Stufen. Die Frauen sprachen das buddhistische Mantra:

„Nam mo a si da phat. Nam mo a si da phat!"

und wiederholten es immer wieder, wohl um ihrer physischen Verfassung etwas nachzuhelfen und mit Buddhas Hilfe den Rachen des Riesen fast ganz oben sicherer zu erreichen. Das Treppensteigen wollte und wollte nicht enden. Höher und immer höher hinauf ging`s, dem himmlischen Tempel entgegen. Die Sonne stand mittlerweile schon hoch am Firmament und brannte unbarmherzig. Aber der Bergriese, an dessen Beinen, dann Bauch und letztendlich Brust wir hochkraxelten, und seine Baumbehaarung spendeten uns den willkommenen Schatten. Endlich, nach gefühlten weiß ich nicht wie vielen Stunden, erreichten wir den Rachen des Riesen mit dem Höhleneingang zum Tempel. Die kühlende Frische des Berginnern empfing uns und wir ließen uns gerne von seinem Schlund verschlingen. Die Familie nahm Kerzen und Räucherstäbchen und kniete zum Gebet vor dem Altar in der Mundhöhle nieder. Nicht alle Mitglieder beteten, nicht für alle war dies eine Pilgerreise, alle empfanden die Reise aber als großes Vergnügen. Wir verweilten eine Stunde in der Kühle und tanzten danach im Terrassengasthaus auf der Höckernase des Bergriesen herum, von wo wir eine wunderbare Aussicht auf die weite Tonkinebene zu unseren Füßen genossen. Ein Abstieg, welcher weniger beschwerlich für unsere Atemorgane aber umso strapaziöser für Wadenbeine und die Archillessehnen war, begann. Unterwegs blieb mir die schnelle Flucht in die Büsche nicht erspart, denn wieder einmal hatte ich Magenbeschwerden. Endlich erreichten wir den Fuß des Giganten und wandten uns den kulinarischen Bedürfnissen zu. Die gegrillten Spanhunde ließen wir aus und begnügten uns mit Suppe und Reis. Der Schiffer brachte uns danach sicher durch die Lotos- und Seerosenfelder den Fluss hinauf und zurück ging`s in holpriger Fahrt, welche die Gesellschaft alsbald in einen tiefen Schlaf wiegte.

Nicht alle Dorfbewohner arbeiteten auf den Reisfeldern. Ein weit entfernter Verwandter, den wir Bigmouth nannten, weil er ständig laut brüllte, je besoffener, umso lauter, hatte sich oder - besser gesagt - sein Schwein zum Besamer gemacht. Er hatte vor seinem Haus als Firmentafel ein plastifiziertes Foto seines riesigen Ebers aufgehängt, der gerade stolz mit den Vorderläufen die Lenden einer Sau eingeklemmt hatte und diese mit seinem langen roten Teleskopstil begattete. Die Sau war kräftig und Eber stand stolz und riesig groß. Beide suggerierten den vorbeigehenden Bauern fleischgesegneten Nachwuchs ihrer durch den Eber gedeckten Sauen. So fand Bigmouth fleißigen Zulauf und war mit seiner natürlichen Besamungsmaschine ständig unterwegs. Er hatte für diese einen Anhänger in Form eines Drahtkäfigs gebaut und fuhr mit ihr täglich auf dem Motorroller übers Land, von Sau zu Sau, von Besamung zu Besamung und kassierte Sprunggeld an Sprunggeld ein. So kamen die beiden täglich zu ihrer Befriedigung.

Später hatte ein enger Verwandter im Nachbardorf die Brieidee, sich mit einigen seiner Dorfbewohner mit der Modekette Fila einzulassen, eine Firma für Lohnarbeit zu gründen, eine Produktionsstätte zu bauen und für Fila zu produzieren. Diese Gründung erforderte hohe Initialinvestitionen, was jeglicher Vernunft widersprach. Für einen einzigen Vertragspartner ohne langjährigen unkündbaren Vertrag exklusiv zu produzieren, ist oft tödlich und kann jeder Unternehmung das Genick brechen. So ist dies auch hier geschehen, als Fila nach zwei Produktionsläufen und zwei Saisons den Lohnvertrag nicht verlängerte. Die Firma kam ins Trudeln. Um die Pleite abzuwenden, produzierte die Dorfgemeinschaft dann selbständig wattierte armlose Anoraks mit unmöglichen Schnitten. Quallen oder Kraken hätten da vielleicht hineingepasst, aber Quallen haben keine Arme und Oktopusse, nomen est omen, haben deren acht. Aber die zierlichen Vietnamesen verwandelten sie in Ungeheuer, denn Kleider machen nicht nur Leute, sondern verunstalten sie mithin auch. Auch wurden die Undinger nur in zwei Farben hergestellt, in Rot und in Weiß.

Manchmal habe ich sie, wenn ich nicht gerade an einer Vanity-Show präsentieren musste, getragen, und einmal habe ich sie im tropischen Phu Quoc in einer Pantomime verwendet, um zu demonstrieren, wie ich mich am nächsten Morgen, als ich ins kalte Hanoi fliegen musste, einzupacken und vor der Kälte zu schützen gedenke. Ich zog ein rotes Ungetüm über meinen Oberkörper und ein weißes, wie einen Riesenpamper über meinen Unterleib, wobei die Beine unten durch die Armlöcher herausschauten. Dann tanzte ich pantomimisch einen Tango, den Windeltango. Währendessen erklärte ich, morgen würde ich mich in dieser Aufmachung vor dem Check-in-Counter bei Vietnam-Airlines präsentieren. Die Pantomime brachte mir tosenden Applaus der Familie ein. Sie empfand entweder meinen Tanz lustig oder die Anoraks lächerlich oder beides. Vietnamesen können gut auch über sich selber lachen. Sie bemerkten allerdings, wahrscheinlich werde ich in dieser Aufmachung als nicht transportfähig eingestuft und von den Sicherheitsbeamten abgeführt werden.

Der kriegsversehrte 50-jährige Onkel bezog eine kleine Rente und hatte die Schwerarbeit der Reispflanzung seinem Schwiegersohn und seiner Frau überlassen. Normalerweise zieht sich der Vietnamese so ungefähr mit 55 Jahren aufs Altenteil zurück. Er konnte sich deshalb, so gut ihm die Verletzung dies erlaubte, seinem Hobby, dem Vogelfang, widmen. In früherer Zeit war dies eine Geduldsprobe. Er bestrich Äste in Bodennähe mit klebriger Flüssigkeit und musste warten, bis ihm ein Vogel auf den Leim ging (im wirklichen und nicht im übertragenen Sinn). Sorgsam erlöste er ihn dann von seiner Marter und brachte ihn vom Regen in die Traufe, nämlich in den bereitstehenden Käfig.

So hatte er bald eine Volière beisammen. Dann unterrichtete er die Singvögel unter ihnen, welche sprechen lernen konnten, in Vietnamesisch:

„Ai day goi?", „wer ruft an?", „an com!", „kommt zum Essen", und ein ganz Sprachbegabter rief weggehenden Gästen nach:

„Chuc thuong lo binh an" - „Ich wünsche dir eine gute Reise!"

Auch Klingeltöne der später aufkommenden Handys konnten sie so gut imitieren, dass der vom Anruf vermeintlich betroffene Hausbewohner jeweils nervös in der Tasche nach seinem Portabel kramte, ehe er bemerkte, dass er den Vögeln auf den Leim gegangen war. Später, als der Onkel sich ein Smartphone angeschafft hatte, wurden seine Fangmethoden raffinierter. Er nahm die Gesänge verschiedenster Singvögel auf und lockte, in einem Versteck liegend, die Bezirzten auf die klebrigen Zweige. Damit war seine Fangquote beträchtlich gestiegen. Er liebte sein Hobby und seine Vögel, und, als ihm einmal ein paar durch Diebstahl oder durch Flucht abhanden gekommen waren, machte er den Ort ausfindig, wo sie sich befanden und kaufte sie vom Besitzer, dem sie zugeflogen waren oder der sie vom Dieb gekauft hatte, wieder zurück.

Ansonsten war das Leben auf dem Dorfe eintönig und langweilig. Doch das änderte sich rasend, als die Moderne im Land einzog und Vietnam von Grund auf umwälzte. Dazu aber später.

6. Die Wege kreuzen sich in Nha Trang

Vieles im Leben geschieht scheinbar zufällig und doch kommt uns manches in der Retrospektive so vor, als wäre es vorherbestimmt gewesen. Dies meinen wir vor allem dann, wenn unser Leben eine besondere Wendung nimmt oder ein bedeutender Vorfall eintritt, den wir als noch wichtiger sehen wollen, als er ist, oder dem wir einen Sinn beizugeben gedenken, weil wir meinen, dass nicht alles Erlebte sinnlos sein kann und darf. Oftmals läuft das Leben ohne große Planung und scheinbar chaotisch ab und trotzdem scheint sich aus vielem ein tieferer Sinn herauszukristallisieren oder die Dinge sich an einer geordneten Kette aufzureihen.

Nicht anders als im Alltagsleben trifft dies auch beim Reisen zu. Da erscheint alles noch spontaner, das Leben noch intensiver, verrückter und absurder und Zufälle kommen einem noch hirnverbrannter vor. Und doch fügen sich die Dinge oft so, dass der Reisende den Eindruck nicht los wird, alles sei geplant oder komme zumindest so heraus, wie es kommen müsse. Dies scheint in hohem Maße auch für die folgende Geschichte zuzutreffen:

Eine junge Vietnamesin, die auf den Namen „thi Huong" oder auf Deutsch „die Genießerin" hörte, hatte 17 Jahre im Norden von Hanoi mit ihrer Mutter und ihrer Schwester auf dem Lande in einer bescheidenen Lehmhütte gelebt. Nach dem zweiten Schuljahr hatte das Geld für die Schule nicht mehr ausgereicht und sie musste Kinderarbeit verrichten und mitverdienen. Vorerst hatte sie den Bauern auf den Reisfeldern geholfen und später Wasser geschöpft und Holz getragen. Beim Schöpfen mussten die Bauern damals noch Wasser über Deiche vom einen Reisfeld zum anderen tragen, um damit auch schlechter bewässerte Felder zu versorgen. Meist standen dabei zwei Kinder oder Jugendliche auf dem Deich und hielten einen Kessel an zwei Schnurpaaren. Sie senkten den leeren Kessel ins Wasser des überfluteten Reisfeldes, zogen ihn dann gefüllt über den Deich und leerten ihn auf der anderen Seite ins trockene Feld. Eine Arbeit, die tagelang dauern konnte. Sie war vor allem nötig, wenn die Reissetzlinge gepflanzt worden waren, damit sie genug Nahrung hatten und gediehen. Bis zur Reisernte wurden die Felder meist trocken. Immer öfter, als sie größer wurde, sammelte sie Holz auf den Hügeln, bündelte es und trug es auf dem Rücken zum Verkauf in die Stadt. So verdiente sie ihr mageres Geld, um damit zur Ernährung der Mutter, der kleineren Schwester und sich selbst beizutragen.

Später verkaufte sie für ihre Tante als ambulante Händlerin in den Dörfern Haushaltgegenstände aller Art. Sie und ihre Cousine schleppten sich, wie Esel mit Plastikwaren bepackt, von Dorf zu Dorf und von Haus zu Haus. Sie klopften die Haushalte ab und versuchten ihre Produkte an die Hausfrau zu bringen. Meist übernahm jede etwa eine Hälfte der Dorfhaushalte. Oft war am Abend bei der Rückkehr in die Stadt die Last der Genießerin kleiner als jene ihrer Cousine, ihr Geldbeutel aber schwerer, weil sie erfolgreicher verkauft hatte. Sie hatte die Gabe, den Hausfrauen bei deren Klagen über ihr Leid zuzuhören, ihnen die Sorgen abzunehmen und öffnete sich damit die

Tür für den Verkauf ihrer Produkte. So tauschte sie Leid und Geld gegen Küchengeräte, ihre Last gegen die seelische Bürde der Hausfrauen. Kurz, sie war eine erfolgreiche Verkäuferin.

Rechnen konnte sie trotz ihrer ungenügenden Schulbildung so gut wie ihre Mutter, welche die Schule gar nie besucht und sich selbst Rechnen, Lesen und Schreiben beigebracht hatte. Die Tante war mit der Arbeit ihrer Nichte sehr zufrieden und erklärte ihr eines Tages, sie könnte ein Geschäft auf dem Basar betreiben.

„Ich werde die Vorfinanzierung übernehmen und mit der Zeit kannst du die Schulden zurückzahlen!", erklärte sie. Dieser Vorschlag begeisterte die Genießerin, sie sagte zu und die Geschäftsübernahme war schon geregelt, als sich die Mutter einschaltete und erklärte, das komme nicht in Frage, die Genießerin sei eine Bauerntochter und müsse einen Bauern heiraten.

Die Mutter hatte auch schon einen Kandidaten, den Sohn einer ihrer Freundinnen, ausgewählt. In der Familie brach ein Streit aus, der beinahe zu deren Spaltung geführt hätte. Die Genießerin wollte, unterstützt von der Tante, den Bauern nicht heiraten, sondern in der Stadt bleiben. Aber die Mutter drohte, sie werde sich ein Leid antun, wenn die Tochter ihre Weisung nicht befolge. So fügte diese sich dem strengen Willen ihrer Mutter und kehrte in deren Hütte ins Dorf zurück. Bald danach begannen die Vorbereitungen für die Hochzeit, bei welcher der Streit in der Familie wieder aufflammte. Die Genießerin kannte den zukünftigen Ehemann, dem sie versprochen worden war, kaum und mochte ihn nicht.

Als die Hochzeit unausweichlich wurde, rang sie der künftigen Schwiegermutter das Versprechen ab, dass sie nach dem Hochzeitsfest vorerst noch ein Jahr bei ihrer Mutter wohnen und dort schlafen dürfe und erst danach ins Haus des Sohnes einziehen müsse.

Das Hochzeitsfest fand statt, aber die zivile Trauung wurde aufgeschoben. Am Fest war nur die Hälfte ihrer Familie anwesend, diejenigen Mitglieder nämlich, welche mit der Hochzeit einverstanden waren. Nach dem Fest hatte die Schwiegermutter nun plötzlich ihr Versprechen vergessen und verlangte nun, dass die Genießerin zu ihrem Sohn ziehe.

Auch ihre eigene Mutter drängte auf die Umsiedlung und so zog die Genießerin im Hause des Angetrauten ein, schlief aber im Bett der Schwiegermutter. Der Ehemann drängte nun darauf, dass die Ehe bald auch zivilstandesamtlich geschlossen würde. Er wollte möglichst schnell den Papierkram bei der Gemeinde erledigt haben. Die Genießerin vertröstete ihn immer wieder, indem sie Unpässlichkeit vortäuschte.

Dann, eines Tages, fragte sie ihre Schwiegermutter, ob sie im Tempel ihren Ahnen Opfergaben darbringen dürfe, sie würde die Vorfahren der Familie des Mannes auch einbeziehen. Dagegen hatte Schwiegermutter nichts einzuwenden. Die Genießerin zog ihre normalen Tageskleider an, nahm Speisen für die Opfergaben und etwas Geld mit und pilgerte zum Tempel. Aber sie hielt sich dort nicht lange auf. Der Tempel hatte einen Hinterausgang. Durch diesen schlüpfte sie hinaus und floh. Sie rannte und rannte. Manchmal versteckte sie sich hinter einem Haus, um auszuruhen. Dann zog sie eilends weiter, bis sie die nächste Stadt erreichte. Dort stellte sie sich an die Ausfallstraße nach Hanoi und hob die Hand zum Autostopp. In Vietnam winkt man dabei nach unten und hebt nicht wie in Europa den Zeigefinger. Sie besaß nicht viel Geld und wollte die Buskosten nach Hanoi sparen. Ein Lastwagen hielt an und brachte sie in die Hauptstadt, ohne einen Fahrpreis zu verlangen. Noch bevor die Familie des Ehemannes der Flucht gewahr wurde, war sie verschwunden, unerreichbar über alle Berge hinweg. Sie ging zu Fuß mit ihrem Essbündel, das sie nicht als Opfergabe, sondern als Notvorrat mitgenommen hatte, zum Bahnhof. Sie beabsichtigte, nach Süden, nach Nha Trang, eine Stadt, die ca.1.300 Kilometer weiter südlich liegt, zu fahren und wollte eine Fahrkarte lösen und den Zug besteigen. Da erfuhr sie, dass dieser eben abgefahren war und dass dies der letzte an diesem Tag gewesen sei. Sie war völlig niedergeschmettert und innerlich aufgelöst, saß weinend in der Schalterhalle und wusste nicht mehr ein und aus. Sollte sie zurückkehren, zurück ins Gefängnis einer unseligen Ehe oder sollte sie das Wagnis einer ungewissen Zukunft wirklich eingehen? Sie war hin- und hergerissen. Aber, konnte sie überhaupt noch zurückkehren, hatte sie den Rubikon nicht schon überschritten? Aber sie besaß nicht genug Geld. Dieses reichte nicht einmal für die Fahrkarte aus, geschweige denn, konnte sie sich damit auch noch Essen kaufen. Mutlos brach sie auf ohne ein bestimmtes Ziel. Würde sie nun die Nacht hilflos in der Stadt umherirren? In einer Stadt, in der sie sich nicht auskannte? Sollte sie sich nach einer Fahrgelegenheit auf der Straße umsehen? Immerhin, so hatte sie gehört, dauerte die Fahrt in den Süden bei den damaligen Straßen- und

Wetterbedingungen acht Tage und Nächte. Entmutigt und ziellos trottete sie über den Bahnhofplatz, suchend ging sie umher und wusste nicht, was sie tun sollte. Da, plötzlich winkte ein Buschauffeur sie heran. Sie ging auf ihn zu. Er erzählte ihr, dass er in den Süden fahre und dass er Passagiere für die Fahrt dorthin suche. Er nannte 140.000 Dong als Fahrpreis. Sie erklärte ihm, dass sie nur 150.000 Dong, nach dem damaligen Umrechnungskurs ungefähr 18 Dollar, ihr Eigen nenne. Sie könne ihm den verlangten Fahrpreis nicht bezahlen, aber auch nicht deren 100.000, denn sie müsse ja auch noch essen auf der langen Fahrt. Ihr Notproviant reiche nur für einen Tag. Der Fahrer hatte Verständnis für die prekäre Lage der jungen Frau und willigte ein, die Fahrkosten auf 80.000 Dong zu reduzieren. Da fiel ein schwerer Felsbrocken von ihrem Herzen.

„Wirklich?", dachte sie. „Oh großer Gott, danke! Du hast mir geholfen!"

Der Fahrer führte sie zu seinem Bus, der schon gut gefüllt mit Fahrgästen war. Nach weiteren Suchrunden nach Passagieren ging`s los. Die Fahrt in den Süden konnte beginnen. Acht lange Tage und acht lange Nächte dauerte sie. Tage und Nächte mit Fahrunterbrüchen, Stopps, Essens- und Toilettenpausen, während derer sich die Reisenden näher kennenlernen sollten. Die Genießerin erzählte ihren Mitfahrgenossen am ersten Tag ihre Lebensgeschichte. Diese waren darüber so gerührt und fanden die Genießerin so herzbewegend mutig, dass sie sie zum Essen einluden und Geld im Bus sammelten, damit sie am Ziel ein bescheidenes Startkapital haben würde. Diese war ihrerseits sehr bewegt ob dieses Mitgefühls und nun zuversichtlicher, was ihr die nächsten Tage bringen sollten. So ratterte sie mit einem Notbatzen aus der Kollekte ihrer Fahrgenossen in strapaziöser, ermüdender Fahrt, aber hoffnungsvoller einer ungewissen Zukunft entgegen. Ihre Flucht schien fürs erste geglückt zu sein.

*

Ein Reiselustiger, der sich heute „Cong minh" nennt, was ein wenig prätentiös tönt und „intelligent und weise" bedeutet, plante in seiner Heimat in Zentraleuropa einmal mehr eine Reise. Er war sich im Unklaren, sollte sie ihn nach Vietnam führen oder nach Mali, ins Vàlée des Dogons und nach Abidjan, an die Elfenbeinküste. Er überlegte sich dies und jenes und wusste nicht so recht, wo es ihn hinziehen sollte. Nach intensivem Studium von Sekundärliteratur und langem Hin und Her entschied er sich, eine Reise nach Vietnam zu unternehmen und wählte dafür die düsterste Jahreszeit in Europa, den November und den Dezember, um in Südostasien Sonne zu tanken. So rückte er, wie immer, wenn er eine Reise unternahm, nur mit einer kleinen Reisetasche als Handgepäck in die weite Welt hinaus. In Saigon oder Ho Chi Minh angekommen, passierte er, nur mit seiner Tasche belastet, die Kontrollen am Flughafen als erster, noch vor der Crew des Flugzeuges und ließ er sich mit dem Taxi ins traditionelle Hotel Majestic führen, wo Graham Green sein Buch „The Quiet American" geschrieben hatte. Gerade zur Happy Hour hielt sein Taxi dort an, er bezog kurz sein Zimmer. Dann befeuchtete er in der Roofbar mit Blick auf den Saigon River seine trockene Kehle mit einem Bier 333 (oder vietnamesisch/phonetisch bababa) und amüsierte sich ob des wilden Verkehrstreibens unten auf dem Boulevard des Saigon-Flusses.

Damals waren es noch vorwiegend Fahrräder, Cyclos und Schubkarren, nebst stinkenden russischen und chinesischen Lastwagen und Jeeps der Armee und der Kommunistischen Partei.

Viel gemächlicher ging es auf dem Fluss dahinter zu. Riesige Lastkähne schleppten sich schwerfällig und gemütlich wie Elefanten den Fluss hinauf den Krananlagen entgegen, wo sie anlegten, um ihre schweren Bäuche entladen zu lassen. Er war in einer anderen Welt angekommen. Zu müde war er allerdings, um sich noch in den Trubel und das Gewimmel des Abendverkehrs zu stürzen. Der Jetlag machte sich jetzt bemerkbar und er legte sich ins luxuriöse Bett im Gemach mit prunkvoller Rosenholztäfelung und kunstvoll mit Intarsien belegten Möbeln aus Rosenholz. Die Decken waren mit Stuckaturen prunkvoll verziert. Daran hingen üppige Kristalllüster, die die royale Würde des Raumes unterstrichen und ihn mit königlichem Glanz illuminierten. Es herrschte eine ganz majestätische Stimmung, wie der Name des Hotels Majestic es ja auch versprach. Dazu trugen auch die goldenen Wasser- und Duscharmaturen und eine leise und beruhigend flüsternde Luxusklimaanlage bei, welche ihn langsam in einen langen tiefen Schlaf einlullte. Schlaf, Kindlein, schlaf. Kein Laut, kein Verkehrslärm, kein Duft aus Garküchen oder Weihrauchqualm aus naheliegenden Tempeln und keine vietnamesische Musik, nichts störte die klinische Atmosphäre. Ein Klima für sich, nichts Tropisches, eine Insel des Luxus, mit modernstem westlichen Wohnkonfort im tiefen Orient. Kein Indochina, wie es Marguerite Duras, Tiziano Terzani oder Malraux beschrieben hatten. Sterile königliche Stille. Nicht mal ein „einheimisches" Bier in der Minibar. Auch Heineken Worldwide und Coca Cola ließen nicht den Hauch einer Idee aufkommen, hier sei einer um die halbe Welt gereist. Das war keine Reise in dieses Entwicklungsland nur leicht nördlich des Äquators. Dem musste schleunigst Abhilfe geschaffen werden. Cong Minh floh am nächsten Morgen in ein angepassteres Hotel, bei dem schon der Namen Silk-Hotel verriet, dass er nun auf Marco Polos Spuren in der Nähe der Seidenstraße unterwegs war, wenn ihm auch klar wurde, dass er den Europäern weniger große Novitäten übermitteln würde als Marco Polo, der den Italienern immerhin die Spaghetti aus China mitgebracht hatte. Hier roch er den Duft der Garküchen, hörte er den Lärm der Straße und lief ihm der Schweiß, welcher ihm die feuchtwarme Tropenhitze aus den Poren trieb, herunter.

Nun war er in Vietnam angekommen. Er besuchte das Kriegsmuseum, sah die schrecklichen Photos, welche vornehmlich von australischen Kameraleuten geschossen worden waren, von Frauen, die mit Kindern im tiefen brackigen Mekongwasser steckten und ihre Kleinsten hilfesuchend aus dem Wasser ans Ufer zu reichen versuchten, von wo sie von Rettern in Empfang genommen werden sollten. Hoffentlich hat der Kameramann sein Blitzgerät weggelegt, um zu helfen und Hand anzulegen. Von Soldaten mit offenen Bäuchen, deren Eingeweide sich mit dem Schlamm der aufgeweichten Erde vermischten, Verwundete mit schmerzverzerrten Gesichtern, Kinder, die gerade Waisen geworden waren und vor Napalmbombeneinschlägen flüchteten. Da war auch die berühmte Presseaufnahme des nackten Mädchens, dessen Kleider vom Bombenblast weggerissen worden waren und das auf der Straße mit anderen Kindern vor einem neuen Bombenanschlag floh. Schaurige Szenen, die Cung Minh die Tränen in die Augen drückten. Er musste sich niederkauern, nicht nur in Andacht an diese Tragödien, sondern auch, weil es ihm angesichts ihres Anblickes weich in den Knien geworden war. Seine Kehle schnürte sich zusammen. Sein Gaumen brannte. Er rannte hinaus an die mehr oder weniger frische Luft, atmete tief durch und befeuchtete seine trockene Kehle an der Ecke beim Eingang des Museums mit einem gepressten Zuckerrohrsaft. Dann besuchte er das Hotel Caravelle, wo alle Kriegsberichterstatter gewohnt hatten und das Schauplatz eines bekannten Attentats im Vietnamkrieg wurde, dann vis à vis das Theater, das Hotel Rex an der Kreuzung Nguyen Hue/Le Loi, dann das alte Rathaus und nordöstlich davon die Kathedrale und daneben das alte Postgebäude. Die Besichtigung dieser Sehenswürdigkeiten spulte er zu Fuß ab. Dann setzte er sich in ein Taxi, ließ sich zum Saigon Fluss fahren und verzehrte auf einem der damals noch existierenden Floating Restaurant Frösche. Nicht nur die Schenkel, wie sie die Franzosen essen, sondern ganze Frösche. Dann legte er sich früh ins Bett, denn am nächsten Morgen war ein Flug zu frühester Stunde nach Nha Trang angesagt.

Die Vietnamesen sind absolute Frühaufsteher. Sie stehen auf mit dem ersten Krähen des Hahnes. Den konnte man damals auch noch in der Großstadt hören. Auch für Cong

Minh war um viertel vor fünf Tagwache und um fünf fuhr er im Taxi bereits an Badmintonspielern und Tai Chi-Übenden vorbei zum Flughafen. Es herrschte aktiver Freizeitbetrieb von Körperkulturanhängern und Straßenfußballern und auch schon einige früh aktive Straßenhändler tauchten aus dem Dunkeln auf. Um halb sechs stand er vor dem Check-in-Schalter, zeigte seinen Pass und sein Ticket mit dem OK für den Flug, worauf ihm die Groundhostess auf Pidgin erklärte:

„Sorry, no plane today!" (Dies war 1995, als es noch wenige Flüge und Touristen gab).

Nach einigen Augenblicken, während derer er sein Hirn, das noch im Halbschlaf dahindämmerte, zu starten versuchte und einigen Leerschlucken begriff er und fragte:

„And tomorrow?", worauf sie antwortete:

„Maybe tomorrow!"

In Asien lernt man schnell Geduld und bald stellt sich beim Reisenden ein gewisser Fatalismus ein, will er nicht zum Herzinfarktkandidaten werden. Normalerweise hätte jetzt ein Tourist gewartet, bis es wieder einen Flug gibt. Er entschied anders. Er ließ sein Ticket nicht umbuchen. Er ging durch die Eingangstür des Flughafens hinaus, winkte ein Taxi heran und gab ihm als Ziel der Fahrt das Silkhotel in der Stadt an, worauf das Gefährt, ein relativ komfortabler alter Mercedes, in diese Richtung anrollte. Nach ein paar hundert Metern war der Fahrgast vom Fahrkomfort und der Fahrsicherheit des Gefährts überzeugt und erklärte dem Fahrer:

„No, lets go to Nha Trang!"

Dieser war sich an solche Destinations- und Richtungs-
änderungen nicht gewohnt und hakte in seinem Pidgin-
Englisch nach:

„Go where?"- „Go Nha Trang", war die Antwort. „Ask
Boss!", kam es vom Führersitz. So begann eine hektische
Walkie-Talkie Konversation am damals noch üblichen
Funkgerät zwischen Taxi-Fahrer und -halter, der ebenso
überrascht schien wie sein Angestellter. Immerhin waren
das Silkhotel nur ca. fünf, Nha Trang deren 500 Kilometer
entfernt und Chauffeur und Halter wollten sich versichern,
dass der Passagier nicht verrückt war. Wenigstens enthielten sie sich einer Liquiditätskontrolle, nachdem sie mit
diesem nach längerem Hin und Her den Fahrpreis ausge-
handelt hatten. Also machte der Taxifahrer kehrt und die
Fahrt nach Nordwesten konnte beginnen.

*

Die Genießerin machte ihrem verheißungsvollen Namen
auf ihrer Holperfahrt in den Süden keine Ehre. An acht
unendlich langen Tagen und in acht unruhigen Nächten
rumpelte sie dem Äquator entgegen. Die Fahrer hatten
sich abgewechselt, 24 Stunden fuhr der eine, 24 Stunden
der andere. Der Freihabende schlief dann jeweils auf dem
Beifahrersitz. Die Fahrgäste stiegen aus und ein. Sie erzähl-
ten sich die Geschichte der Genießerin weiter und immer
wieder wurde sie zum Essen eingeladen oder Mitgebrach-
tes wurde mit ihr geteilt. Ihr Opferproviant war längst auf-
gebraucht. Waschen konnte sie sich während acht Tagen
und Nächten nicht. Das Schlafen ging mehr schlecht als

recht. Obwohl auch sie, wie die meisten Vietnamesen, eine gute Schläferin war, besaß sie die Routine für das Ruhen in dieser Rumpelkiste, die sich die Fahrer angeeignet hatten, noch nicht. Langsam wich ihre Freude über die erfolgreiche Flucht einem Bangen vor der nahen mehr als unsicheren Zukunft in einer ihr völlig unbekannten Welt. Sie wusste zwar, wo sie hinwollte. Sie hatte eine Tante, eine andere Schwester der Mutter, welche vor Jahrzehnten in den Süden gezogen war und dort geheiratet hatte. Aber sie besaß keine Adresse, sondern trug nur ein Foto von ihr, das diese als Verkäuferin mit einem Verkaufsstand an einem schönen Strand zeigte. Sie hatte gehört, dass dieser Strand in Nha Trang sei. Sie hatte zwar ihre Tante vor Jahren zwei Mal gesehen, aber sie würde diese, wenn sie sie fände, kaum wiedererkennen. Und würde die Tante sie als ihre Nichte betrachten, wenn sie ihr schmutzig, wie eine Bettlerin unter die Augen träte. Besonders in der siebten langen Nacht, als sie durch nichts in ihren Gedanken abgelenkt war, fuhr ihr die Angst beim Gedanken an ihr mögliches Schicksal, falls sie ihre Tante nicht finden sollte, durch Mark und Bein. Was für sie nicht in Frage kommen würde, wäre die Arbeit als Kellnerin. Dafür war sie zu konservativ. Schon gar nicht würde sie in einem anrüchigen Lokal arbeiten, wie dies manchmal junge Mädchen aus minderbemittelten Familien vom Lande tun. Nein, dies käme für sie auf keinen Fall in Frage. Lieber würde sie sterben. Am achten Tag ging es ihr wieder besser. Sie war abgelenkt und unterhielt sich mit den anderen Fahrgästen. Ihre Sitznachbarin tröstete sie, sie werde ihre Tante schon finden und bei ihr am Verkaufsstand arbeiten können. Die Zeit zerfloss am achten Tag schneller als in der Nacht zuvor. Nicht nur wegen dieser Gespräche, sondern auch, weil sie neugierig die Dörfer, die Städte und die Landschaften betrachtete, die an ihr vorbeizogen. Alles war neu. Sie war vorher noch nicht einmal in Hanoi gewesen. Das erste Mal sah sie mit 17 Jahren jetzt das Meer. Sie hatte es sich anders vorgestellt. Viel blauer. Aber vor dem Sonnenaufgang war es schwarz, dann färbte es sich rot und dann, als die Scheibe der tropischen Sonne über den Wasserspiegel blinzelte und mit den Wellen spielte, wie ein brennendes Reisfeld. Sie fragte die Mitreisenden:

„Hat es viel Meer in Nha Trang?"

Und sie antworteten:

„Ja viel!"

Und weiter:

„Hat das Meer ein Ende?"

Antwort:

„Wir wissen das nicht."

Die Dörfer waren größer und sahen reicher aus als ihr eigenes. In den Städten, durch die sie ratterten, standen große Steinhäuser und nicht nur Lehmhütten wie bei ihr zu Hause. Auf vielen Gebäuden wehte feierlich die rote Fahne mit dem goldenen Stern, das Symbol des befreiten Vietnam. War das ein Symbol auch für ihre Befreiung?

Der achte Tag neigte sich langsam dem Ende zu und erneut erwartete sie eine lange, bange Nacht. Sie hatte beim Fahrer nachgefragt:

„Wann werden wir in Nha Trang eintreffen?"

„Ungefähr um drei Uhr morgens.", war seine Antwort gewesen. Die Ankunftszeit hätte nicht unangenehmer sein können. Was würde sie in der Dunkelheit in einer fremden Stadt tun? Wie sollte sie die Zeit totschlagen, bis sie ihre Tante mit dem Verkaufswagen am Strand suchen konnte? Die Stunde der Ankunft rückte näher und näher, banger und banger wurde ihr. Die Angst schnürte ihre Kehle zu. Schon kündigte sich die Stadt mit ihren großen Vorstadthäusern an. Das Ende der Reise war gekommen und sie spürte es förmlich, plötzlich war die Ungewissheit unverrückbar nah. Der Bus stockte, fuhr wieder an, stoppte wieder und kam schlussendlich irgendwo in der Dunkelheit zum Stehen. Die Passagiere, welche alle gedöst oder geschlafen hatten, räkelten sich aus ihren Sitzen, kramten ihre Siebensachen zusammen, stolperten langsam dem Ausgang entgegen und verabschiedeten sich mit einem schlaftrunkenen:

„Tam Biet!"

Das Fahrzeug leerte sich. Auch sie quälte sich aus dem Sitz heraus, hinaus in die dunkle Nacht. Sie war allein. Allein in der Fremde. Mit einem leeren Proviantsäcklein. Mit von der achttägigen Reise verschmutzten Kleidern, ungewaschen, einer Frisur, die einer asiatischen Variante der Struwwelpetermähne glich und einem Foto ihrer Tante in der Hand. Um den Bus herum hatten sich bereits ein paar dunkle Gestalten angesammelt. Verkäufer, die ihre Produkte an hungrige, müde Gestalten loswerden wollten, Cyclofahrer, die nach früher Kundschaft suchten, und Motorradtaxifahrer, die ein rasches Erreichen des angegebenen Ziels versprachen. Nur die Genießerin hatte kein bestimmtes Ziel. Sie konnte nicht sagen: „Bringen sie mich zu meiner Tante!"

Ein Polizist auf einem Motorrad, der sofort erkannt hatte, dass sie unschlüssig herumstand, wollte sich ihrer annehmen und versprach ihr:

„Ich weiß ein Restaurant, wo du arbeiten kannst. Du kannst zu mir nach Hause kommen und am Morgen bringe ich dich dorthin."

Schon wollte er ihr Säcklein behändigen und ihr beim Aufsteigen auf sein Gefährt behilflich sein, doch sie lehnte energisch ab, drückte ihr weniges Hab und Gut fest an ihre Brust und ging der Straße entlang unbestimmten Ziels, aber entschlossen weiter. Später muss sie einem Cyclofahrer aufgefallen sein, denn er sprach sie an. Er war freundlich und sie fasste langsam Zutrauen zu ihm. Sie vertraute sich ihm an und erzählte ihm ihre Geschichte. Er erklärte:

„Ich werde dir helfen, deine Tante zu suchen. Essen wir zuerst etwas, ich lade dich ein."

So setzten sie sich sie zusammen in eine Garküche an einer Straßenecke, wo langsam Suppe für frühe Kunden vorbereitet wurde und warteten. Sie mussten sich noch eine halbe Stunde gedulden, bis die „Pho" richtig gekocht und gewürzt war. Sie unterhielten sich bis die Dämmerung sich anzeigte. Dann setzte sie sich auf sein Cyclo und er radelte gemächlich zum Meer hinunter, dem langen Boulevard entlang bis zum Ende des sich ca. 15 Kilometer ausdehnenden Strandes, von wo aus die Suche nach der Tante beginnen sollte. Langsam wurde es hell, die Sonne lugte anfangs scheu zwischen den Wolkenbänken hervor und begrüßte sie blinzelnd und augenzwinkernd. Sollte dies ein gutes Omen für den heutigen

Tag sein? Die Genießerin und der Cyclofahrer fragten, schon lange bevor die Verkäuferinnen ihre Stände aufschlugen, Menschen am Strand, ob sie die Person auf dem Foto kennen würden und wo diese ihren Strandwagen hätte, aber von überall vernahmen sie nur abschlägigen Bescheid.

„Keine Ahnung!", „khong biet!".

Einige wollten neugierig wissen, warum diese Person gesucht würde. Aber das ungleiche Team hatte keine Lust, jedes Mal die Lebensgeschichte der Genießerin erzählen. Und so zogen sie weiter, dem langen Strand von Nha Trang entlang, von Stand zu Stand, von Garküche zu Garküche. Die Suche wollte kein Ende nehmen und die Genießerin wurde immer trauriger. Die Hoffnung schwand und schwand. Sie hatte fast aufgegeben und war niedergeschmettert. Es war schon halb elf. Würde sie ihre Tante noch finden? Arbeitete sie überhaupt noch am Strand? Lebte sie überhaupt noch? Nein, nein, nein tönte es von allen Seiten immer wieder. Dann da, plötzlich starrte eine Händlerin auf das vorgezeigte Foto:

„Ja, ja, die kenne ich. Ja, das ist meine Freundin. Sie hatte ihren Stand vorher hier, aber nun ist sie zwei Kilometer weit entfernt, nicht weit vom Haus, wo Yerzin gewohnt hat, dort wo das große Hotel ist!"

Ein Felsbrocken fiel von ihrem Herzen, ihr Gesicht leuchtete hell auf, ihre Augen funkelten vor Freude und sie sprang jauchzend voller Zuversicht in die Luft. Die schlimmste Spannung hatte sich gelöst. Aber nach einer ersten Freude überwältigten sie wieder Zweifel: Würde die Tante sie auch erkennen? Wie würde sie reagieren? So fuhren sie mit ihrem Cyclo weiter, suchten am angegebenen Ort und fanden schlussendlich den Stand, vor dem die Frau stand, die ihrer Tante ähnelte:

„Ich bin deine Nichte aus Binh An, Huong, die Tochter von Luong und von Soan Nguyen und ich habe dich gesucht."

Die Frau sah sie verdutzt an. Ungläubigkeit stand ihr ins Gesicht geschrieben, denn die Person, die ihr gegenüberstand, war nicht das brave Kleinkind, das sie kannte, sondern eine struppige und schmutzige Adoleszente. War sie das wirklich? Und was wollte sie hier? War sie nicht seit kurzem verheiratet? Aber die Geschichte, die die junge Frau ihr erzählte, war die Story ihrer Familie. Ja, sie musste ihre Nichte sein. Sie erzählte von Onkel Thuy, ihrem Bruder, und Onkel Coc und Tante Soi. Das war ihre Familie. Sie gehörte dazu.

„Xin Chao! Rat vui chi hen gap lai chau!", rief sie. Sie umarmten sich und tanzten umschlungen und umarmten sich wieder. Das struppige und schmutzige Unwesen war mit einem Mal zur eigenen geliebten Verwandten geworden. Der Cyclofahrer war glücklich, geholfen zu haben und wollte den Fahrlohn, welchen ihm die Genießerin anbot, bevor er von dannen zog, nicht annehmen.

Unter keinen Umständen. Und so verabschiedeten sie sich, dankend, sich umarmend.

Der Genießerin kollerten die Freudentränen nur so herunter.

„Der Cyclofahrer ist ein herzensguter Mensch!", lobte sie ihn in höchsten Tönen und voller Erleichterung und Freude über das Glück, das ihr an diesem Morgen widerfahren war.

War er ein herzensguter Mensch? Später erfuhr sie von einer benachbarten Verkäuferin, dass sie sich hier mit einem Ungeheuer eingelassen hatte, dass der Cyclofahrer ein Schwerenöter und erst kürzlich aus dem Gefängnis entlassen worden sei. So schlimm konnte er aber doch nicht sein. Offensichtlich hatte er sich zumindest an diesem Morgen von seiner besseren Seite gezeigt oder im Bösewicht steckte ein guter Kern, oder aber das Gefängnis hatte seine resozialisierende Wirkung gezeigt und ihn geläutert. Dank ihm jedenfalls hatte sie ihre Tante gefunden und das war die Hauptsache.

*

Das Taxi kam auf seiner Fahrt zügig voran. Damals gab es noch fast keine Privatautos, sondern nur Personenwagen mit den blauen Kontrollschildern der Partei und russische Jeeps mit den roten Nummern der Armee, Lastwagen, Busse, wenige Taxis sowie Motorräder russischer Herkunft, Fahrräder und Schubkarren. Alle Motoren stanken, rauchten und knatterten, dass Gott sich erbarme. Der Bleigeruch der Abgase ließ in Cong Minh Erinnerungen an frühere Reisen nach Indien und Russland aufkommen. Dort waren ihm ähnlich duftende, um nicht zu sagen, stinkende Abgasschwaden in die Atemwege geraten. Hier gab es viele Waren-, aber auch Tiertransporte. Damals wurden die Schweine noch als lebende Fracht bis zum Endabnehmer gequält, denn eine Kühlkette gab es noch keine. Lebendige Schweine, die in korsettartige Bambuskörbe gezwängt sich überhaupt nicht bewegen konnten, wurden zehnfach gestapelt, Schwein an Schwein, von unten nach oben, von vorn bis hinten. In drei Reihen auf der ganzen Breite wurden sie auf Ladeflächen von Lastwagen transportiert. Schweine in korsettartigen Körben wurden ebenso quer auf Gepäckträgern von Fahr- und Motorrädern zum finalen Ziel gebracht. Sie schürften sich bei dichtem Gegenverkehr da und dort die Schnauze und die Hinterläufe, welche seitwärts herausstanden, auf. Enten und Hühner, deren Beine zu Dutzenden zusammengebunden waren, baumelten, mit ihren Köpfen nach unten an Fahrradlenkstangen hängend, gefährlich im Fahrtwind des Verkehrs. Von Tierschutz hatte noch nie jemand etwas gehört. Wichtig war nur, dass das Fleisch frisch ankam.

Heute sieht man solche Transporte nicht mehr. Die Tiere werden meist geschlachtet und gekühlt transportiert. - Früher luden die Vietnamesen die auf Lastwagen gestapelten Schweine ab, indem sie das erste Schwein im Bambuskorsett auf den Boden fallen ließen, worauf es flach auf der Straße liegend als Knautschzone zur Abfederung des Abwurfs der in den oberen Schichten gestapelten Schweine diente. So platschte Schwein um Schwein im Korsett auf das Schwein am Boden in seinem Stützkäfig und nicht ungefedert auf den Boden. Das Schwein, welches am Anfang als Knautschzone auf den Boden geworfen worden war, hatte die Landungen aller anderen Schweine zu ertragen und war vermutlich schon halb tot, bevor ihm die Kehle aufgeschlitzt wurde. Immerhin schonte das Bambuskorsett dessen Rippen und wahrscheinlich waren sie noch nicht alle gebrochen, als es exekutiert wurde.

Hauptsache war, dass das Fleisch frisch beim Konsumenten eintraf.

Dann waren da Busse mit Arbeitern in grünen und kakifarbenen Uniformen, hupende Militärjeeps, welche auf wichtigster und dringendster Mission alle anderen Vehikel überholen mussten, Schubkarren, meist überladen, mit undefinierbaren Stoff- und Plastikballen. Ein Tohuwabohu, opulente Orgien farbenprächtigster Bilder, unorchestrierter Lärmkulissen und unterschiedlichster Gerüche. Die Fahrt gestaltete sich anstrengend, fast anstrengender für den Beifahrer als für den Chauffeur, der sich gewohnt gelassen im Gewühl fortbewegte und die gefährlichsten Situationen mit Bravour meisterte. Aber auch ihm war ein spätes Frühstück willkommen, das sie gemeinsam am Straßenrand einnahmen.

Für einmal war es Spiegelei mit getrocknetem Fisch und süßem „cafe sua" und keine Pho-Suppe. Dann führte sie die Fahrt weiter und weiter in Richtung Meer und nach ca. neun ermüdenden Stunden erreichten sie Nha Trang, die Stadt von der geschwärmt wird, sie liege am schönsten und saubersten Strand von ganz Vietnam. Das Taxi hielt am breiten Boulevard, welches den Sandstrand mit seinem Kokospalmengürtel umsäumt, vor einem Hotel und Fahrer und Passagier verabschiedeten sich, durch die lange Fahrt schon fast Freunde geworden, mit Schulterklopfen und Handschütteln, fast so intensiv, wie dies die Politiker vor den Pressekameras tun. Das gute Trinkgeld hatte sicher auch zum freudigen Abschied beigetragen.

*

Die Tante der Genießerin war freudig überrascht, aber auch voller Sorge, was mit der neuen Mitesserin in ihrem

Haushalt geschehen würde. Dass sie im Haus unterkommen würde, war für sie in ihrer vietnamesischen Tradition eine Selbstverständlichkeit. Da waren aber schon zwei Töchter und ein Sohn und eine der Töchter war Mutter eines Kindes. Deren Ehemann war Cyclofahrer, wohnte auch unterm gleichen Dach und aß mit.

Ihr eigener Mann war ihr schon lange zuvor davongelaufen und hatte sich eine Jüngere genommen. Geschieden wurde damals in Vietnam meist nicht. Oft war auch kein Geld vorhanden für eine Heirat. Paare lebten dann einfach in faktischer Ehe. Zudem hatte sie kürzlich einen Hirnschlag erlitten und konnte den Strandwagen nicht mehr alleine bewegen. Sie war halbseitig gelähmt. Der Schwiegersohn brachte sie im Cyclo jeden zweiten Tag zum Arzt und an den Wagen, den sie in Strandnähe abgestellt hatte. Was sollte sie mit der neu dazugekommenen Nichte anfangen? Wie sollte das weitergehen? Würden sie genug zu essen haben? Schlafen konnte die neue Bewohnerin mit den beiden Töchtern im gleichen Bett. Es kam gut. Die Genießerin nahm ihr bald viele ihrer Sorgen ab. Sie kümmerte sich schon in den nächsten Tagen um ihren Haushalt und massierte sie jeden Tag, speziell ihr leicht gelähmtes Bein und ihren Arm, die unter dem Hirnschlag gelitten hatten.

Die verheiratete Tochter dagegen vergnügte sich lieber mit Kolleginnen und überließ der Tante ihr Kind und der Schwiegersohn lief den wenigen Fahrgästen hinterher, die eine Transportmöglichkeit brauchten. Die jüngere Tochter betrieb einen Coiffeursalon und lebte für sich, außer, dass sie sich zu Hause verköstigte und im Hotel Mamma schlief und, brauchte jemand Geld, erklärte sie, sie sei keine Bank. Der Sohn schreinerte Möbel, die kaum verkäuflich waren. Auch beim Verkauf am Strand half jetzt die Genießerin aus und begann Maniküre und Pediküre an Touristinnen anzubieten, die sich damals schon an den Strand von Nha Trang verirrt hatten. Auch half sie der Tante beim Auffüllen der Ware und beim Stoßen des Strandwagens an den Strand.

So wurde sie bald zum gern gesehenen Mitglied im vergrößerten Familienbund. Am Morgen in der Früh joggte sie dem Meer entlang, brachte sich das Schwimmen bei, lernte mit den Ausländerinnen und im Selbststudium Englisch und schon bald führte sie ein neues und interessantes Leben fernab ihres Dorfes im Norden, während ihre Mutter, ihre Schwiegermutter und ihr Fast-Ehemann noch lange über ihren Verbleib im Trüben fischten. Sie war jetzt unabhängig, empfand ihr Leben als erfüllt und dachte nicht daran, irgendeinmal wieder an den Ort ihrer Unterjochung zurückkehren. Jeden Tag verbrachte sie am wundervollen Strand. Wo gab es denn ein besseres Leben?

*

Cong Minh checkte in einem Hotel am Boulevard beim Strand ein und versuchte es nach dieser ermüdenden Fahrt durch den vietnamesischen Verkehrsdschungel mit einer ausgiebigen Siesta. Er spannte dabei das Moskitonetz über sich, um unbelästigt schlafen zu können. Aber trotzdem gelang es einem dieser vampirischen Blutsauger, zwischen der Matratze und dem Netz hindurchzukriechen, zapfte von seinem Lebenssaft ab und überließ ihn mit lästig beißenden Stichen an den Fussohlen, die unter dem Leintuch herausgeschaut hatten und an der Stirn, ihn wie mit roten Pickeln stigmatisierend, seinem Schicksal. Sein Schlaf war nicht so erholend, wie er ihn sich vorgestellt hatte.

Die vietnamesischen gehören zu den lästigsten Moskitos auf der Welt, vor allem deren kleinere Sorte. Sie sind fast unhörbar, im Gegensatz zu den großen japanischen Brummern, welche wie Stukas im Sturzflug über einen herfallen, die man aber von weitem hören und deshalb abwehren kann. Die vietnamesischen Artgenossen scheinen auch schlauer zu sein als Mücken in Skandinavien oder im Amazonas, denn unbemerkt vom Radar ihres Opfers, wie Stealth-Bomber, greifen sie das Fleisch an, wo immer es sich versteckt, saugen das Blut des Opfers wie kleine Blutegel aus und stehlen sich unbemerkt davon, bevor die Stichwunde zu beißen beginnt, womit es zur Abwehr zu spät ist. - Cong Minh erwachte deshalb gestört aus seinem Halbschlaf. Der Siestafrieden war dahin. Also zog er seine bunten Shorts, sein Hawaiihemd an und seine Sonnenbrille sowie seinen Strohhut auf, schlüpfte in die neu erstandenen Flip-Flops und kramte eine Cohiba-Zigarre aus seiner kleinen Reisetasche, spazierte grüßend an der Dame im langen blauen Ao Day Kleid an der Rezeption vorbei, zwängte sich im dichten Verkehr quer über den Strandboulevard und schlurfte unter den Kokospalmen durch schnurstraks zum Ufer, wo schäumende Wellen sich überrollend auf den Sandstrand ergossen. Tiefblaues Meer - gelber feinkörniger Sand. Ein Postkartenbild.

*

Im seichten Wasser am Strand spielten Kinder. Sie flohen kreischend, wenn die Wellen ans Ufer schwappten und am Sand leckten. Zog sich das Wasser dagegen scheinbar versöhnlich zurück, fassten sie Mut und und verfolgten das fliehende nasse Element. So ging dieses Spiel „fang mich und hasch mich" hin und her und hin und her. Cong Minh verweilte vom Treiben fasziniert daneben und ergötzte sich an der die kindlichen Freude, bis die Kleinen sich in ihrer Welt ertappt fühlten, die Konzentration auf ihr Spiel sich verflüchtigte, sie auf den Fremden zurannten und ihm entgegenriefen: „Melican?", was auf gut Englisch bedeuten sollte: „American?". Die Vietnamesen verschlucken wie die Japaner häufig die erste unbetonte Silbe in der englischen Sprache und können das „R" und das „L" nicht auseinanderhalten. Auch die Konsonanten am Ende eines Wortes lassen sie meist aus.

Cong Minh antwortete: „No, Swiss!", „Switzerland", „Europe". Die Kinder lachten und quietschten, verstanden nichts und riefen Unterstützung herbei. Ein paar Frauen, offensichtlich deren Mütter, näherten sich. Auch ein junges scheues Mädchen, das ein wenig abseits in einem langen gelben Ao-Day-Kleid im Wasser stand, wurde herbeigewunken.

Es sprach etwas Englisch und musste erklären, dass der Reisende nicht aus den USA, sondern einem anderen Land stammte, dessen Existenz und Lage auf dem Globus niemand der Anwesenden außer ihm selbst so genau kannte. Man einigte sich auf „no American".

Lustig war`s - und das war die Hauptsache. Bald lachten alle. Jeden Satz musste das Mädchen den Müttern und den Kindern, so gut es ging, erklären. Ebenso die Fragen der Kinder übersetzen, wobei ihre Pidgin-Übersetzungen teils recht komisch anmuteten. Eine fröhliche Unterhaltung mit viel Gelächter war das, die sich freilich mehr Zwerchfell erregend als informativ gestaltete. Dann gelüstete es den Wanderer dringend nach einem Kaffee zur Animation seiner Gehirnsäfte, welchen er zusammen mit seiner Cohiba zu genießen gedachte. Die junge Frau beschrieb ihm den Weg zum besten Kaffeehaus. Der Kaffee, ein typischer Vietnamesischer „cafe fin" schmeckte ausgezeichnet und auch die Cohiba weckte seine Geister neu. Aber immer wieder erschien ihm das Bild der jungen Frau im gelben langen Kleid. Das Mädchen ließ ihm keine Ruhe. Wie sie am Wasser stand und ihre Füße von der ausebbenden Gischt umspülen ließ und wie das Nass ihr wunderschönes Seidenkleid benetzte, ein Kleid, das ihre Unterschenkel bedeckte und fast bis zu ihren Knöcheln reichte. Diese unvergessliche junge Dame. Sie sprach ein wenig Englisch.

Ihre Grammatik war unzulänglich, aber sie redete klar und deutlich, was bei vielen Vietnamesen nicht der Fall ist. Sie faszinierte ihn und holte ihn gedanklich immer wieder ein. War sie noch dort, wo er die Frauen mit den Kindern getroffen hatte oder war die Gruppe weitergezogen? Sollte und konnte er sie wiederfinden? Sollte er nicht gleich jetzt wieder zum Ort des Treffens zurückkehren, statt hier herumzusitzen und genüsslich sinnlos an seiner Zigarre saugen, bis der kubanische Tabak sich gänzlich verflüchtigt und in graue Asche verwandelt haben würde?

Eine innere Nervosität begann in ihm zu nagen. War sie noch dort oder war sie gegangen, auf Nimmerwiedersehen verschwunden? Die Unruhe plagte ihn zunehmend.

Dann drückte er entschlossen die teure Glimmkeule in den Aschenbecher und rief dem Kellner „Tinh tien!", „zahlen, bitte!", zu und, da dessen Ruhe und Gemütlichkeit ihn fast zur Weißglut brachten und er den Zwang spürte, sogleich jetzt aufzubrechen, stand er auf, überreichte der Schlafmütze eine Note, überließ ihm großzügig das Wechselgeld mit der Bemerkung „giu tien lai!", „Sie können das Wechselgeld behalten!", und machte sich geschwind auf die Socken.

*

Schon von weitem konnte Cong Minh die spielenden Kinder erkennen. Sie tanzten noch am gleichen Ort unermüdlich ihren Tanz mit den Wellen. Die Frauen räkelten sich im Sand und schwatzten. Und, als er näher kam, konnte er auch das Mädchen in seinem gelben Seidenkleid deutlich in der Gruppe ausmachen. Er schlenderte näher und näher, barfuß im hellgelben Sand. Wenn er nahe am Wasser ging, sah er noch seine eigenen Fußabdrücke von vorher. Teils waren sie von den Wellen überspühlt und verwischt worden und die Spur war verschwunden, so, wie wenn er sich auf einigen Metern verflüchtigt hätte oder wie ein Känguru gesprungen wäre. Immer näher kam er. Er ging schneller. Schon erkannten ihn die Kinder und liefen ihm entgegen. Mit einem fröhlichen „Hello!" wurde er begrüßt.

Die Frauen hatten ihn nun auch bemerkt und winkten. Er brauchte keinen Mut zu fassen, sondern ging schnurstracks auf sie zu und setzte sich zu ihnen. Das Unterhaltungsspiel mit Handzeichen, Pidgin-Englisch, Pantomimen

und ein wenig Vietnamesisch setzte sich im zweiten Akt
zur Erbauung aller Beteiligten fort. Nach geraumer Zeit
erklärten die Frauen, sie müssten mit den Kindern nach
Hause zurückkehren. Cong Minh lud sie darauf spontan
zum Nachtessen in der Stadt in ein vietnamesisches Restaurant ihrer Wahl ein, denn er kannte diese ja noch nicht.
Sie besprachen sich lange, durchbrochen durch viel Gelächter und schließlich willigten drei Frauen ein, mit ihm
essen zu gehen. Sie vereinbarten, um sieben Uhr auf dem
Boulevard gegenüber dem Hotel auf ihn zu warten.

*

Zurück im Hotel wollte und wollte die Zeit bis zum vereinbarten Treffpunkt nicht verstreichen. Immer wieder und wieder
sah er auf die Uhr. Er duschte sich, legte sich ins Bett, wälzte
sich, stand wieder auf, sah über den Boulevard hinüber zum
Meer, machte sich bereit, prüfte seine Mückenstichpickel,
seine Rasur, seinen Haarscheitel, zog sein schönstes Hemd
und lange, leichte Hosen an, welche seine Flip-Flops, möglichst diskret verdecken sollten. Dann putzte er seine Zähne
gründlich, damit der angenehme Geruch der Zahnpasta den
herben kubanischen Cohibaduft überdecken würde. Er ging
hinaus auf den Flur und schloss sein Zimmer ab. Es war zehn
vor sieben. Er stieg hinunter zur Rezeption und verbrachte die Wartezeit damit, die Angestellte am Desk von ihrer
Arbeit abzuhalten, während er verstohlen immer wieder
auf seine Schweizeruhr schaute, die ihn in einem solchen
Moment nicht verlassen durfte. Dann trat er hinaus in den
Vorgarten, auf den Boulevard und was sah er? Er traute

seinen Augen fast nicht: Auf der gegenüberliegenden Seite flaksten zwei Frauen mit ihren Fahrrädern herum. Die Füße auf dem Boden und die Oberkörper nach vorne über die Lenkstange gelehnt. Vorne eine Frau mit zwei Kindern auf dem Gepäckträger und hinten das junge Mädchen, das jetzt kein gelbes „Ao Day" mehr trug, sondern eine weiße Bluse und Jeans. Sie grüßten sich fröhlich und lachend und Cong Minh nahm dort Platz, wo er noch solchen fand, nämlich auf dem Gepäckträger der ihm unvergessen Gebliebenen, die mit ihm als lebende Fracht (nicht in einem Bambuskorsett) in die Stadt rollte. Sie fanden ein typisch vietnamesisches Restaurant. Die Kinder bestellten natürlich Coca Cola, die Frauen Tee und Cong Minh ein Saigon Bier und er ließ die Frauen das Essen bestellen. Sie kannten sich ja besser aus: gebratenen Fisch mit Ingwersauce, Pouletbrüstchen welche in Nuoc Mam getaucht wurden, Morning Glory Gemüse, gepickelte Ca phao und gebratene Ca Tim, Auberginen. Zur Nachspeise gönnten sich die Kinder Eiscreme und die Erwachsenen bestellten grüne Mangos und Papayas, die sie in eine Schale mit Salz, Nuoc Mam und Pfefferschoten dippten, damit sie ein noch volleres Aroma entwickelten. Für Cong Minh war das eine völlig ungewohnte Art, diese tropischen Früchte zu genießen. So schmecken sie nicht süß, sondern sauer-scharf-salzig.

Die Kinder genossen den Luxus und die Erwachsenen tauschten auf Pidgin, mit Zeichen, Piktogrammen, die sie auf Papier zeichneten, und pantomimisch Belanglosigkeiten aus, die vor allem wegen der Kommunikationsform und der Missverständnisse lustig und erheiternd waren. Vor allem die Kinder lachten kichernd, wenn der Fremde Grimassen zeigte. Nach dem Essen beschloss die Gesellschaft, Karaoke singen zu gehen. Musik verbindet ja schließlich und singen war angesichts der erschwerten Kommunikationsbedingungen weniger anstrengend. Dabei offenbarte sich, dass an Cong Minh kein Caruso verlorengegangen und dass sein Gesang so schauerlich war, dass er selbst Milch hätte zum Gerinnen bringen können. Dies tat dem allgemeinen Vergnügen allerdings keinen Abbruch.

Im Gegenteil, die Frauen und Kinder amüsierten sich köstlich ob des Gekrächzes des Barden Troubadix, berauschten sich jedoch selbstverliebt an ihren eigenen wunderbaren Tönen. Aber das junge Mädchen sang mit sanfter tremolierender Stimme verschiedene traditionelle Lieder und wühlte die Gemüter auf. Cong Minh verliebte sich bald unsterblich in ihren Gesang. Liebe auf den ersten Ton. Reziprok mag die Liebe zur Stimme des Andern aber wohl kaum gewesen sein. Es gab da übrigens noch andere, welche nicht von der Muse geküsst waren. Die Kinder trällerten zum Teil schreckliche Misstöne elektronisch verstärkt in den Äther, sodass deren Geplärre eher als tonale Umweltverschmutzung, denn als Gesang von Musen empfunden werden konnte. Irgendwann erlahmten die Stimmbänder oder einige erlitten eine Bänderzerrung und die Gruppe entschied, den bunten Abend zu beschließen. Und, nach soviel Muse und Karaokekultur radelten sie alle wieder zurück an den Strand, die Mutter mit den Kindern voran und das musikalische Paar, „la belle et la bête", dahinter, wobei diesmal „la bhin" radelte und „la belle" die Fahrt auf dem Gepäckträger genoss.

Wie könnte es auch anders sein, diejenige, die auf der Heimfahrt genoss, war Huong, die Genießerin, die geflohene Bauerntochter, welche die Heirat mit einem Bauern verweigert hatte. Nur deshalb hatten sich die Wege von

Cong Minh und Huong am Strand von Nha Trang gekreuzt und nur deshalb navigierten sie jetzt gemeinsam auf dem Fahrrad durch das fließende Gewässer des Stadtverkehrs dieser Stadt zum großen Wasser, dem Meer entgegen.

*

Dort verbrachten die zwei Barden den Rest des Abends am Strand im stillen Duett und lauschten dem Rauschen des Meeres. Welle an Welle rollte heran und Woge an Woge brach sich zischend und die Brandung rauschte ihr ewig wogendes Lied. Der Wind spielte mit den langen Wedeln der stolzen, schlanken Kokospalmen und stimmte sie säuselnd in die gleichmäßige Melodie ein. Musik zum Träumen, sich Verinnerlichen, zum Einswerden mit der Natur. Gemeinsam meditierten sie, wuchsen zusammen, wurden eins. Zwei Körper, eine Seele. Sie hatten sich gefunden. Ein lieblich laues Lüftlein umschmeichelte sie sanft.

Er streichelte ihr langes schwarzes Haar und sie kuschelte sich an seine Schulter. Verloren in Raum und Zeit schwebten ihre Gedanken dahin, versunken in eine Traumwelt, in einem seltenen Moment reinen ungetrübten Glücks. Glückselig, vergessen alle Schmerzen, Leiden und Ängste ihres Lebens. In einer kurzen Phase, die eine Ewigkeit zu dauern schien. Dies sind Augenblicke im Leben, die so selten sind und die so schnell wieder vergehen können, wie sie aus dem Nichts erschienen sind. Glücksstunden, die einem unverhofft zufallen, Höhepunkte, die das Zeitgefühl vergessen lassen. Zeit des Vergessens, der Schwerelosigkeit und des Schwebens im unbeschwerten Dasein. Dann, nach zeitlos erscheinendem Glück der Zweisamkeit, gab sie ihm zu erkennen, dass es an der Zeit sei, zu ihrer Familie zurückzukehren. Ihre Tante erwarte sie. Sie räusperten sich, streckten sich, rafften sich langsam auf, schüttelten den Sand von ihren Kleidern und brachen auf.

Ihre Augen strahlten vor Glück. Die junge Verliebtheit hatte sich in ihre Herzen eingraviert und leuchtete aus ihrem Blick. Noch hatte die Welt sie nicht wieder. Sie setzten sich auf ihren Drahtesel und torkelten liebestrunken wie Schlafwandler durch den Verkehr zum Häuschen der Familie. Er war jetzt Steuermann im Gewässer und sie die Lotsin:

„left",

„light"=„right",

„stlait"=„straight".

So langsam kannte der Radler die Tücken des Vietnamesisch-Englischen und navigierte in die gewünschte richtige Richtung, bis das Paar an der Gartentür zur Hütte der Tante anlegte und sich schneller, als das Auge neugieriger Nachbarn dies hätte erfassen können, küssend verabschiedete.

Die Form muss in Vietnam gewahrt bleiben. Die Gesellschaft war damals noch sehr sittenstreng. Eine junge Frau sollte sich damals nicht mit einem Ausländer einlassen. Noch waren die Zeiten des Krieges nicht ganz vergessen, da Vietnamesinnen Liaisons mit Franzosen und Amerikanern eingegangen waren, die fast als Landesverrat angesehen worden waren. Zu Kriegszeiten wurden Mädchen, die sich mit ausländischen Soldaten eingelassen hatten, als Dirnen betrachtet. Und Kinder zwischen Vietnamesinnen und Ausländern wurden im und kurz nach dem Krieg als „con lai" oder auch als Kinder des Straßenstaubes bezeichnet.

Erst langsam in den Jahrzehnten nach dem Krieg, wurde die vietnamesische Gesellschaft toleranter und begann Mischehen und Beziehungen über rassische Grenzen hinaus zu akzeptieren, wenigstens, soweit es sich dabei um Beziehungen mit Kaukasiern handelte. Heute wünschen sich viele Vietnamesinnen blonde und blauäugige Kinder aus Beziehungen mit Kaukasiern, ein Wunsch, der aus biologischen Gründen praktisch nie in Erfüllung gehen kann. So gestaltete sich der Abschied entsprechend vorsichtig und nüchtern, wenn auch die Herzen glühten und das Paar gemeinsam geistig auf den Wolken schwebte. Morgen würden sie sich erneut begegnen und den Tag zusammen am Strand verbringen. Ein neuer Tag, voller Hoffnung, voller Zuversicht und voller Neuentdeckungen.

Die Genießerin erzählte ihrer Tante nichts von ihrer entflammten Liebe und auch ihre Cousinen ließ sie im Trüben fischen, als diese sie darüber auszuquetschen begannen, wo sie den Abend verbracht habe und weshalb ihre Augen leuchteten und sie soviel Glück ausstrahle. Sie müsse verliebt sein. Anders könnten sie sich dies nicht erklären. Sie solle es zugeben. Und hartnäckig, wie Frauen in solchen Dingen sein können, hakten und hakten sie nach, bis die Genießerin in der Nacht im gemeinsamen Schlafzimmer dem unablässlichen Drängen nachgab und ihre Erlebnisse des Tages und den Grund ihrer Glückseligkeit offenbarte.

Cong Minh wollte sich noch nicht in sein Zimmer zurückziehen. Er würde nicht einschlafen können. Er war in Hochstimmung und ließ sich von ihr in einer Strandbar mit einigen süßen Tequilla Sunrise durch die Nacht tragen. In Liebe, Zucker und Alkohol schwelgte er dem tequillaseligen tiefnächtlichen Ausklang noch vor dem Sunrise entgegen. Das war ein Tag! Ein Tag, der mit dem „No plane today!", als erstem Wort begonnen hatte und und mit dem „em yeu anh", das heißt „jüngere Schwester liebt älteren Bruder", als letztem Wort beschlossen worden war, ein Glückstag, „a lucky dip". So träumte er nach der Strandbar später in seinem Schlafgemach unter seinem Moskitonetz, diesmal ohne Begleitung intelligenter Moskitos, dem nächsten Morgen entgegen.

Um neun Uhr trafen sich die zwei Barden am Strand wieder, tändelten dort den ganzen Tag und Cong Minh fasste sich ein Herz und fragte die Genießerin, ob sie mit ihm eine Vietnamreise unternehmen würde. Diese erwiderte, ihre Familie ließe dies nie zu.

Für diese sei er ein Fremder. Sie würde nicht wagen zu fragen, ob sie mit ihm wegreisen dürfe. Cong Ming sah dies ein. So war nun mal die Kultur in Vietnam. So beschloss er, in Nha Trang zu bleiben und die Ferien zusammen mit der Genießerin dort zu verbringen.

So wurden aus Reiseferien Badeferien.

Das Paar verbrachte jeden Tag am Strand und unternahm Tagesausflüge auf die verschiedenen Nha Trang vorgelagerten Inseln, Hon Mun, Hon Mot, Hon Tam und Hon Mieu, mit dem Unterwasseraquarium, das damals noch sehr primitiv ausgestaltet war, und den Fischerdörfern. Damals mietete man noch ein Boot, um dorthin zu gelangen. Vom Boot aus mussten, bei den Inseln angekommen, jeweils zwei bis drei Passagiere in runde Rattankörbe umsteigen, welche von den Inseljungen gerudert wurden. Legte ein Boot vor einem Inseldorf Anker, ruderten die jungen Insulaner jeweils um die Wette zum Boot. Korb an Korb stritten sie sich dann um ihre Beute, Besucher, welche an Land gehen wollten.

Heute wird ein Teil der Insel von einer riesigen, langen Luftseilbahn bedient. Die Moderne ist eingezogen. Dann besuchten sie den großen Stadtmarkt, die Long Son Pagode sowie die eindrücklichen Cham Türme Po Nagar und natürlich das Alexandre Yersin Museum. Alexandre Yersin war ein Schweizer aus Aubonne, der in Frankreich Medizin studiert und, damit er dort Arzt werden konnte, die französische Staatsbürgerschaft angenommen hatte. Später hatte er am Institut Pasteur gearbeitet und eine Dissertation über Tuberkulose verfasst. Als Schiffsarzt kam er nach Indochina und begann, Forschungsreisen ins Hinterland zu unternehmen. Er lernte Vietnamesisch, führte neue Nutzpflanzen, insbesondere Kautschukbäume, in Vietnam ein und empfahl der französischen Regierung, in einer südlichen Hügellandschaft, welche ein günstiges und mildes Klima aufwies, eine Siedlung zu gründen. So entstand Da Lat. Als in Südchina die Pest ausgebrochen war und die Epidemie auf Hongkong übergriff, wurde Yerzin vom dortigen Gouverneur zu Hilfe gerufen.

Er entdeckte innerhalb dreier Wochen das nach ihm benannte Virus Yersinia pestis und fand heraus, dass dieses durch Ratten übertragen wurde. Er entwickelte ein Serum, das alsbald erfolgreich zur Bekämpfung der Pest eingesetzt werden konnte, eine Krankheit, welche Jahrhunderte lang als Geisel der Menschheit galt. Diese Entdeckung begründete seinen Ruhm. Damit wurde er bekannt und konnte sich teure Hobbies leisten wie ein Auto, das er aber praktisch nie fuhr. Er war sehr vielseitig, bekämpfte auch die Rinderpest erfolgreich, zeichnete sich als Meteorologe aus und sagte den Bauern in Vietnam das Wetter voraus, was auch zu seiner Beliebtheit beitrug. Man bezeichnete ihn oft als beliebtesten Franzosen in der Kolonie Vietnam. Bis zu seinem Tod lebte er in Nha Trang und Umgebung.

So lernte das Paar die Gegend um Nha Trang kennen und vertiefte seine Ortskenntnis. Jeden Tag badeten und tauchten die Zwei. Aber das Paar besuchte auch die Familie der Tante und, nach einigen Tagen, als der Cyclofahrer seinen kranken Vater besuchen musste, fuhr Cong Minh seine Freundin, die halbseitig gelähmte Tante und deren kleinen Enkel, das Cyclo steuernd zur ärztlichen Untersuchung ins Spital. Sie unternahmen in den nächsten Tagen und Wochen auch verschiedene andere Ausflüge im Familiencyclo. Eine bunt gemischte Familie auf diesem eigentümlichen Gefährt. Dabei wunderten sich Verkehrsteilnehmer, einen europäischen Rikshafahrer in der Stadt Nha Trang anzutreffen und andere Cyclonisten fragten ihn:

„You Cyclodriver for money?"

Offenbar verspürten sie Unbehagen vor der europäischen Konkurrenz. Genugtuung zeigten jedoch die Händlerinnen auf dem Gemüse- und Fleischmarkt in der Stadt, als Cong Minh die behinderte Tante auf dem Rücken durch das Gewühl des Markttreibens trug.

Einige erklärten:

„Das ist ein sehr netter Ehemann, der seine Ehefrau zum Markt trägt!"

Vietnamesinnen sind es nämlich nicht gewohnt, von ihren Ehemännern auf dem Rücken oder auch nur auf Händen getragen zu werden.

Eine gemeinsame Vietnamreise kam jedoch nicht in Frage. Eine solche würde sich das Paar für später aufsparen müssen. Die glückliche Zeit verflog im Nu. Sie war viel zu kurz und fühlte sich noch viel kürzer an. Nach ein paar Wochen, kurz vor Ablauf des Visums, musste Cong Minh wieder ausreisen. Es galt Abschied zu nehmen. Nicht für immer. Ein Abschied auf Zeit. Das Paar traf sich wieder und immer wieder, hat auf vielen Reisen fast ganz Vietnam besucht und lebt nun gemeinsam auf Phu Quoc.

7. Auf der Insel Phu Quoc

7.1 Entwicklung der Insel

Phu Quoc wird in Reiseführern als Bilderbuchinsel mit un-
berührten Stränden und urwüchsigen Fischerdörfern ge-
schildert. Dies war vor 23 Jahren, als wir die Insel das erste
Mal besuchten, sicher der Fall. Damals flogen, wenn überhaupt, zwei ATR72-Flugzeuge die Woche von Ho Chi Minh
auf diese Insel. Zur Zeit, da wir das erste Mal den alten Flughafen mitten in der Stadt anflogen, musste der Verkehr -
mehrheitlich noch Fahrräder und Karren -, der quer über die
Piste führte, für den Landeanflug des Flugzeuges gesperrt
werden. Uniformierte mit roten Fähnchen winkten und
stoppten jeden, der die Landebahn überqueren wollte. Die
Kulis mit ihren Karren und die Radler gönnten sich während
der Landung eine willkommene Pause und kraxelten nach
Freigabe, von ferne gesehen, wieder wie Ameisen quer über
die Piste. Wir mieteten nach Ankunft einen der wenigen vorhandenen Motorroller und tuckerten durch das noch ruhige
idyllische Dung Duong, die Inselhauptstadt, die damals noch
ca. 20.000 Einwohner zählte. Vor uns rollte der shrimpfar-
ben geröstete Neuseeländer Kevin aus Christchurch, den wir
im Flugzeug kennengelernt hatten, ein Koloss von einem
Mann, der gut und gerne 120 Kilo auf die Waage brachte,
auf seinem Sozius eine schmale junge Vietnamesin, seine
Frau, die wie ein Rucksäcklein an seinen massigen Körper
hing. Er fuhr zu seiner Perlfarm, die er mit Australiern aus
Broome führte, und wir dem einzigen „Strandresort" am
15 Kilometer langen Long Beach entgegen. Der Stadt-
strand war kilometerweit gesäumt von Soldatengräbern,

die an Zahl die lebenden Bewohner um einiges übertroffen haben mögen. Die Insel war früher nämlich Kriegesgebiet gewesen. Die toten Gefangenen der nationalen Armee aus dem Coconutprison waren freilich nicht in Würde begraben, sondern anonym im Südosten der Insel verscharrt worden. Heute sind die Soldatengräber längst entfernt und verschiedenen Hotelkomplexen geopfert worden. Die Tran Hung Dao Straße ist nun keine Friedhofallee mehr, sondern ein Touristenboulevard, die goldene Meile von Phu Quoc. Das einzige „Resort" damals bestand aus drei am Strand gelegenen Hütten, einem gemeinsamen Schlafraum für ein paar Rucksacktouristen, einer Feldküche und ein paar Tischen und Stühlen unter einer Zeltplane, einem Koch und einer Serviertochter, die über den Sand hinkte. In den paar Tagen, die wir dort verbrachten, hatte ich höchstens zehn Touristen ausmachen können, verteilt auf zehn Strände, von denen jeder mindestens ein paar Kilometer lang war. Dafür waren da viele Kühe einer kleinen rotbraunen Rasse, die dem Strand entlang Unkraut grasten, wenn solches überhaupt vorhanden war. Sie pfläderten hin und wieder in den weißen, damals noch nicht mit Unrat vermüllten Sand. Da flickten Fischer durch einen „Non", den konischen Strohhut, gegen die sengende Sonne geschützt, ihre Netze, und Hunde, damals noch meist Phu Quoc Ridgebacks, mit dem klassischen „Bürstenschnitt" auf dem Rücken nach vorne gegen den Strich und gegen den Wind gerichtet, streunten umher. Hunde, die nach Fischüberresten in den Netzen oder nach Krebsen suchten und sich Wettrennen auf dem weißen Sand dem Wasser entlang lieferten. Früher waren fast alle Hunde auf der Westseite der Insel Phu Quoc Ridgebacks, die ähnlich aussehen wie die Rhodesian Ridgebacks. Heute verschwinden diese leider immer mehr.

Es gibt auf der Insel zwar einige Hundezüchter, aber die meisten Hunde werden, wenn sie nicht ohnehin wild oder halbwild sind, nicht an der Leine gehalten, sondern streunen frei umher und kopulieren ungezwungen mit jedwelchen Hunden des anderen Geschlechts.

Es herrscht freie Hundeliebe, was dazu führt, dass eine einheitliche Mischrasse meist mittelgroß, rotbraun mit nahezu einheitlichen Merkmalen entstanden ist. Nur der Ridgeback fehlt immer öfter. Die Bewegungsfreiheit der Hunde ermöglicht aber auch, dass nachts die Hundefängerzunft ihr Unwesen treiben kann und Hunde mit Stahlgarotten oder mit Giftködern einfängt und sie dann den Hundesuppenrestaurants zuführt. Streunende Hunde leben in Phu Quoc gefährlich.

Einmal fuhren wir dem 20 Kilometer langen schnurgeraden Strand entlang in Richtung Süden der Insel und ich zog mir wegen der kurzen Ärmel meines Hemdes schon nach 30 Minuten einen Sonnenbrand an den Unterarmen zu, weshalb ich danach die Lenkstange umgekehrt von unten her hielt, damit auch die Armunterseiten geröstet würden. Als wir den damals noch nicht ausgeschilderten Bai Sao Strand suchten und ihn nicht fanden, fuhren wir auf der anderen Inselseite, damals noch meist durch Niemandsland auf ungesicherter Straße nach Norden, hielten an einer menschenleeren Straßenverzweigung an und warteten unschlüssig während zehn Minuten, bis zufällig sechs junge Mädchen auf drei Motorrollern vorbeifuhren und wir sie nach dem Weg zum diesem Beach fragten. Sie konnten uns nicht helfen, schlugen uns aber vor, mit ihnen zum Baden an den Wasserfall, zum „suoi da", zu fahren. Dieses Angebot nahmen wir gerne an, da wir ja ohnehin nichts zu tun hatten und so gesellten wir uns für den Rest des Tages zu ihnen. Zuerst holperten wir über motocrosswürdige Buckelpisten Kilometer über Kilometer eine gefühlte Ewigkeit, bis wir einen Minizoo mit Kleintieren in engsten Gehegen erreichten. Dann kletterten wir über Felsplatten hinauf zu ein paar riesigen Steinwannen unter einem kleinen Wasserfall und legten uns, verschwitzt wie wir waren, ins lauwarme Nass. Gemütlich plantschten wir darin wie in einer überdimensionalen Badewanne. Die jungen Frauen schnatterten und lachten fröhlich. Alle trugen helle T-Shirts und darunter, wie damals auf dem Lande wegen der Hitze üblich, keine Unterkleider. Die T-Shirts waren im Wasser transparent geworden und deren Spannkraft ließ nun sieben hautfarbige Hügelpaare mit vierzehn Spitzchen unter den Leibchen durchscheinen. So erotisch hatte ich mir den Ausflug nicht vorgestellt. Die Frauen boten ein Bild, das jeden Mann zum Träumen gebracht hätte. Ich genoss diesen Augenschmaus möglichst unauffällig, einerseits, um die Mädchen nicht in Verlegenheit zu bringen, andererseits um meinen sinnlichen Genuss nicht unnötig abrupt zu verkürzen. Später besuchten wir die Großmutter eines der Mädchen, welche als Fischerin an einem weiten weißen Sandstrand mit ihrem Mann in einer Hütte hauste.

Wir schwammen im Meer, saßen vor der Hütte und wurden von ihr zu Reis und Fisch eingeladen. Außer ein paar verstreuten Soldaten, welche sich zu uns gesellten, war der Strand menschenleer. Keine Seele hatte sich dort verloren. Zusammen mit den Soldaten suchten wir Brenn-holz und entfachten ein Lagerfeuer. Die jungen Männer holten Schnaps aus ihren Rucksäcken und die Runde wurde noch fröhlicher und lustiger. Nur, als ich ein Foto von den Soldaten schießen wollte, haben sie abgelehnt. Die Armee ist ein Objekt, das man in Vietnam nicht fotografieren darf. Vielleicht wollten sie aber auch verhindern, dass ihre nicht gerade ordonanzmäßige Aufmachung: Soldaten mit Schnapsflaschen in der Hand umgeben von Mädchen um ein Lagerfeuer sitzend, dokumentarisch festgehalten würde. Sie hatten ihre Waffenröcke abgelegt, trugen nur Turnschuhe, Hosen des Kampfanzuges und T-Shirts. Eines trug die Aufschrift Michigan University. Wir ließen den Abend in aller Fröhlichkeit und in Anstand ausklingen.

Einmal waren wir zu Viert mit zwei Motorrädern an einem abgelegenen weißen langen Sandstrand nördlich von Bai Thom unterwegs, die Fahrt entwickelte sich zum wahren Eiertanz auf dem weichen sandigen Untergrund. Um nicht zu stürzen, streckten wir unsere Beine wie Stützräd-chen beim Kleinkinderfahrrad aus und bewegten sie zur besseren Balance mit, setzten mithin unsere Beine ein, wie dies der Freiherr von Drais bei seinem Laufrad tat, der allerdings auf Motorunterstützung verzichten musste. Weit und breit nur Sand, flaches Wasser, grüne Vegeta-tion landeinwärts. Da, endlich eine Hütte, ein Vater mit zwei Kindern. Wir begrüßten ihn und er fragte uns, ob wir etwas trinken möchten. Er kam unserer Unschlüssig-keit zuvor, indem er sich ein Seil um die Hüfte band, eine Machete daran knüpfte und behende wie ein Makake ohne Sicherheit und Hilfe am kahlen Stamm einer hohen

Kokospalme hinauf kletterte und im Nu, zehn Sekunden mögen es gewesen sein, die Krone erreichte. Dort kratzte er sich von den Termiten frei, welche ihn auf der Kletterpartie attackiert hatten, hackte mit der Machete einen Bund von drei vier Nüssen ab, befestigte sie am Seil und ließ sie sachte hinuntergleiten, damit sie nicht beschädigt würden. Die Kinder lösten die Kokosnüsse vom Seil, er warf das andere Seilende hinunter und glitt elegant wie ein Primat dem Stamm nach herunter. Dann öffnete er mit präzisem Machetenschlag die Nüsse und gab sie uns zum Trinken. So einfach geht die Bewirtung im Busch. Als wir nach gemütlicher pantomimischer Zeichensprachrunde unsere Rechnung begleichen wollten, lehnte er entschieden ab, erlaubte aber, dass wir dem größeren Söhnchen einen Schein in die Hosentaschen schoben, wahrend das kleinere Mädchen, das so nackt war wie bei seiner Geburt, mangels Tasche leer ausging. Das war das alte idyllische Phu Quoc.

So verbrachten wir unsere Zeit auf der Insel ohne große Pläne. Nicht nur wir. Alle. Die Bewohner, die unter Palmen in ihren Matten ruhten, der Koch und die Hinkende, die in der Hängematte baumelnd auf den nächsten Hungrigen warteten, die wenigen Touristen, die durch sie inspiriert den gemächlichsten aller Lebensgänge einschalteten, die Kühe, die sich auf ihrer Futtersuche durch nichts aus der Ruhe bringen ließen und wiederkäuend im Sand lagen und die Hunde, die noch nie eine Leine gesehen hatten und für die Tierzucht und -züchtigung ein Buch mit sieben Siegeln darstellte. Auch die Wettergötter zürnten selten, sie ließen die Sonne ihre angenehme Wärme ausstrahlen und selbst Neptun war nie feindselig gestimmt und stachelte das Meer nie mit seinem Dreizack auf, sondern ließ sein warmes Nass uns in friedlicher Ruhe umschmeicheln. Das Leben spielte sich in dieser Zeit vor dem Erwachen des Tourismus und dem Aufbruch in die Neuzeit ruhig, friedlich und gemächlich ab. Nirgends war Hektik zu verspüren. Das Herannahen von Baukränen, Betonmischern und Dampfwalzen hatte noch niemand vorausgeahnt. Es schien selbstverständlich: die friedliche Lethargie würde dort ewig währen und Dornröschen Phu Quoc würde in seinem seligen Schlummer ungestört bleiben.

Nur auf einem Nachbargrundstück unserer Herberge pflasterte ein Vietnamese mit Baskenmütze einen Gartenweg zu seinen paar in der Entstehung begriffenen Bungalows und verlegte Terracottaplatten. Sein geplantes Resort würde Tropicana heißen und in den nächsten Jahren einen großen Aufschwung erleben. Jahrelang bin ich später dort mit meiner Frau und unterschiedlichen Gruppen abgestiegen und habe seinen Auf- und Niedergang erlebt.

Heute existiert das Tropicana nicht mehr als Bungalowanlage, sondern als hoher Hotelklotz. Der Baskenmützige hat sein Anwesen in der Zwischenzeit einer Investorengruppe verkauft. Verglichen mit anderen Hotelpalästen gestaltet sich selbst der neue Klotz jedoch noch bescheiden. Jedenfalls: Dornröschen ist nicht wachgeküsst, sondern unsanft wachgerüttelt worden.

Die verrückteste Überbauung ist im Nordwesten der Insel, am Dai Beach entstanden.

Vor zehn Jahren räkelte man sich hier noch an einem einsamen weißen Strand von sieben Kilometern Länge am blauen Wasser, wo ein paar Fischer ihre Sardinen in der sengenden Tropensonne trocknen ließen, an dem man auf einer roten Lehmpiste mit dem Roller entlang flanieren konnte. Heute ist der ganze Strand abgesperrt zum Schutze einer Luxusanlage mit 4.500 Betten. Da steht ein Hotel in chinesischem Stil, gleich möbliert wie Luxushotels in Shanghai und Peking. Dunkle chinesisch-vietnamesische Möbel und schwere Vorhänge, alles klimatisiert, was alles beim Touristen überhaupt kein Gefühl aufkommen lässt, an einem wunderbaren tropischen Strand gelandet zu sein. Er könnte gerade so gut in einer chinesischen Millionenstadt abgestiegen sein. Außer er zöge die schweren Nacht- und Tagesvorhänge zurück, stellte sich wie eine Ballerina auf die Zehenspitzen und könnte so in der Ferne hinter einer riesigen Poolanlage den Strand erkennen. Alles wirkt sehr luxuriös, aber steril und lässt den leisesten Hauch von Inselromantik vermissen, geschweige denn vermuten, dass der Architekt irgendwie den Willen hatte, sein Werk in die Umwelt einzufügen. Innerhalb der Hotelanlage wurden kürzlich auch Villen und Penthäuser gebaut. Dann wurde da außerhalb ein Villenquartier mit 400 riesigen, sich eng aneinander schmiegenden Protzbauten um einen grauen Binnensee geklotzt, ohne Grün, grau in grau, ohne natürliche Umgebung, Villen, von denen jede 800.000 (ohne Meerblick) bis 1,2 Millionen (mit Meerblick) Dollar kostet oder die für teures Geld gemietet werden sollen. Jede Einheit gleicht der anderen aufs Haar und, wenn ihnen nicht noch schwarze Nummern auf die grauen Fassaden verpasst werden, findet man selbst im nüchtern Zustand sein Zuhause ohne GPS kaum, geschweige denn nachts nach einem feuchtfröhlichen Fest. Man verirrt sich dann wohl im falschen Schlafzimmer, wenn einen nicht der Hausalarm auf den Irrtum aufmerksam macht oder der falsch eingegebene Türcode das Sesam-öffne-dich verhindert. Offenbar gefällt Vietnamesen dieser Baustil und diese Form des Zusammenlebens. Die Villen sind riesig genug für die Großfamilie. Die Reichen sind unter sich. Man hat Platz im Haus für ein Karaokestudio, kann aus voller Kehle jubilieren und hört den auch karaokevirtuosen Nachbarn dank der Schallschutzfenster nicht. Man lebt im klimatisierten Raum, ist nicht durch Gartenarbeit geplagt, hat keine offenen Flächen, wo man ohnehin nur durch die Sonne geröstet würde, was man unter allen Umständen vermeiden muss. Denn braun oder schwarz, wie Vietnamesen sagen, ist hässlich. Wenn einem die graue Farbe zuviel wird, geht man „out to the green", auf den nahen Golfplatz.

Für Einkäufe fährt man mit dem klimatisierten SUV zu den nahegelegenen Supermärkten, wo gefühltes künstliches Polarklima herrscht. Wie in der amerikanischen Großstadt, oder im Kino und Fernsehen. Ein Leben, wie es geträumt und auch in Vietnam bald realisiert sein wird. Selbstverständlich nicht für jedermann.

Dann entstand in der Nähe eine Art Disneyworld, Vinperland genannt, mit einem Majestic Castle und einem Aquapark usw., welche gegenüber den meisten westlichen Parks für sich den Vorteil in Anspruch nehmen können, dass sie immer noch mehr Personal als Besucher zählen und damit das lästige Schlangenstehen vor den Anlagen entfällt. Oft werden diese gerade eingeschaltet, wenn ein Besucher daherkommt, es sei denn am Tet Fest oder in der Hauptsaison, wenn vietnamesische Familie wie hunnische Horden dort einfallen und die Bahnen mangels genügender Logistik erlahmen, die Kentucky-fried-chicken und die Frittenportionen zu homöopatischen Häppchen schrumpfen und die Toiletten zu permanent verstopften Tropfsteinanlagen degenerieren. Dann wurde ein Safaripark mit nicht endemischen Tieren angelegt, während die einheimischen in der Natur von den Bewohnern weitgehend aufgefressen worden waren. In diesem Tierpark sind in der ersten Regenzeit dutzende Tiere wegen unzulänglicher Betreuung eingegangen und ein großer Teil der Affen sowie der Direktor sind geflohen, die Affen in den Dschungel und der Direktor nach Saigon. Diese ausgebrochenen Affen beleben nun den Dschungel und drängen, weil sie größer und stärker sind, die endemischen Grauhaar- und Weißnasenlemuren und Makaken ins Naturreservat in Richtung der noch wilden Ostseite der Insel. Die Pinguine konnten sich nicht vom im Park gepflanzten Savannengras ernähren und sind alle eingegangen. Und doch wird der Park auch von westlichen Besuchern wegen seiner schönen Anlage gelobt.

Weiter wurde ein Golfplatz mit derzeit noch 27 Löchern eingerichtet. Neu entsteht dort ein riesiges Spielkasino, wo der Spieltrieb der Vietnamesen endlich auf legale Weise befriedigt werden kann. Und schließlich rundet ein Luxusspital das Bild der scheinbaren Vollkommenheit ab, welches hervorragend aussieht, aber nur mäßig ausgerüstet ist, wie ich selbst nach einem Herzinfarkt erleben musste. Vielleicht hätte ich mir dort besser die Haartransplantation, die ich mit meinen wachsenden Ratsherrenecken so dringend nötig hätte, verpassen lassen, denn das Spital ist eher auf Beauty und Wellness spezialisiert, hat sich aber in den letzten Jahren wesentlich verbessert und bietet jetzt gute internistische Behandlungen an.

Während der Hotelkomplex am Bai Dai Beach eher an einen anonymen Stadthotelbau in Nordvietnam oder China erinnert, ist das weiter südlich gelegene Shells-Hotel ein prätentiöser Architektenbau. Er soll, wie schon der Name sagt, eine Muschel darstellen. Raffinierte Architektur - mediokre Realisation. Aus jedem Zimmer kann man in der Badewanne liegend den Pool und das Meer sehen. Ebenso vom Bett aus, wenn man den Flachbildfernseher zu Füßen auf Knopfdruck in den gestylten Bambuskorb wegzaubert.

Dies wurde nur durch einen baulichen Kniff möglich, indem die Zimmer durch Stufen unterschiedlich nivelliert worden sind. Kleine Treppen, über die der (Halb-) Schläfer im Hotelzimmer aber leicht stolpern und sich verletzen kann. Ich jedenfalls habe mir dort beim Fall über einen Absatz fast eine Rippe gebrochen. Auch fällt die handwerkliche Fertigung der Bauten gegenüber der anspruchsvollen Architektur zurück, und überall in den Steinen und Fliesen am Gemäuer entdeckte man schon nach einem guten Jahr große Risse. Der Bau fügt sich leider auch nicht so harmonisch in die Landschaft ein, wie beispielsweise das Mangobay Resort, eine weitläufige Ökoanlage am Rande des Ong Lang Beaches.

An beiden Orten wird aber heftig ausgebaut und beide Resorts werden stark vergrößert.

Generell geht die Tendenz bei den neueren Hotels weg von Anlagen mit Einzelbungalows hin zu massiven Bauten. So wurde in Dung Duong der alte Nachtmarkt verdrängt und es wurde dort ein neues Ocean-Liner-förmiges super-elegantes Hotel am Wasser gebaut. Die obersten zwei Stockwerke wurden allerdings ohne Baubewilligung erstellt und mussten wieder abgerissen werden. Der Ocean Liner sieht jetzt eher wie ein Flussschiff auf dem Rhein oder der Donau aus. Die Eigentümer der älteren Bungalowhotels meinen gezwungen zu sein, aufrüsten zu müssen. So entstehen überall Pools am Meer, Wasser am Wasser, Schwimmsport light ist gefragt, obwohl das Wasser im Meer von der Temperatur her oft schon einem Schwimmbad oder besser noch einer Badewanne gleicht, zumal das Meer auch meist fast wellenlos ist. Neue Kleinblöcke, die drei oder vier Zimmer umfassen, werden anstelle von Palmwedelbungalows hingeklotzt. Die romantische Tropenhütte wird durch einen modernen klimatisierten Betonbau ersetzt. Denn Vietnamesen, die sich Ferien leisten können, lieben idyllische, ursprünglich aussehende Bungalowanlagen nicht besonders. Sie legen sich nicht oder wenn schon nur nach Sonnenuntergang an den Strand und gehen meist nur mit den Kleidern und vor allem mit Hüten ins Wasser. Die Frauen tragen lieber elegant, lieber High-Heels als Flip Flops und fragen schnell: „Wo ist die Karaokeanlage? Wo ist da ein Spielkasino?"

Nicht nur im Norden entstehen große Hotelkomplexe, sondern auch am südlichen Long Beach, südlich des Landeanfluges zum Flughafen. Wo wir früher noch dem Strand entlang auf der roten Sandpiste nach Süden gefahren waren, ist jetzt die romantische Naturstraße durch den Bau einiger größerer Hotelkomplexe versperrt. Hochhäuser, in denen der Ferienreisende den Fuss kaum einmal in den weissen Sand setzt, sind im entstehen.

Nicht barfuß am Strand ist mehr gefragt, sondern in Armani Schuhen oder Highheels an der Bar.

In Vietnam ist das Ufer öffentlich, das heißt jeder, ob fremd oder einheimisch, kann den Strand entlang „seinen Verrichtungen nachgehen", ob er sich nun in der Sonne rösten lassen will, Sonnenbrillen verkauft, Massagen anbietet oder Fußball spielt. Niemand wird im Prinzip auch vor den guten Hotels vom Strand weggejagt oder in seiner Tätigkeit gehindert. In Duong Dong am Long Beach sind auch einige Stichstraßen zum Strand hinunter gebaut worden, die den Strandzugang möglich machen sollen. Die guten Hotels verbunkern sich nun aber immer mehr dahinter, indem auf ihren Grundstücken Mauern mit Treppen hinunter zum Meer errichtet werden, damit Unbefugte sich nicht dorthin verirren. Es sind immer weniger Kleinhändler anzutreffen. Die Massageplätze einheimischer Frauen werden langsam in den Hotelwellnessbereich integriert und die selbständigen Masseurinnen am Strand durch durch geschulte Hotelwellnessfacharbeiterinnen ersetzt. Der Kontakt zur Bevölkerung ist immer weniger gefragt. Die Einheimischen werden von den Massentouristen auch zunehmend nicht mehr als interessant, sondern als lästig angesehen. Der kulturinteressierte ist vom konsumierenden Reisenden verdrängt worden. Die Destinationen sind austauschbar und unwichtig geworden. Wichtig sind Sonne, weißer Strand, blaues Meer und Kokospalmen, unter denen man ungestört Smoothies mit den weltweit gleichen Namen sippen kann. Die Globalisierung des Tourismus hat Einzug gehalten.

Im Norden am Bai Dai Beach, beim Vinpearlhotel, ist dagegen der Zugang zum sieben Kilometer langen Strand faktisch gesperrt. Mit dem Motorroller kommt praktisch kein Tourist hinein und ambulante Händler und Strandmasseusen schon gar nicht. Sie werden von den Securities abgehalten, wenn sie überhaupt wagen, Einlass zu begehren. Dafür gibt es einen Wellnessbereich für teures Geld und einen Supermarkt. Ich bin mit dem Taxi, zusammen mit meiner Frau und meiner Schwiegermutter dort freilich hineingekommen und wir sind dort wieder wie früher am Strand spaziert. Er ist ist allerdings kaum wiedererkennbar, obwohl das Wasser und der weiße Sand gleichgeblieben sind.

Wo früher Fischer ihren Fang trockneten, stehen heute elegante Hotelliegestühle aus Kunstrattan, Strandkorblandschaften und Sonnenschirme, und Kellner im weißen Frack rennen herum und servieren Cocktails, Mocktails, Smoothies und Häppchen für den kleinen Hunger am Strand. Immerhin ist die Toleranz der Angestellten, ist man einmal an der Security vorbeigekommen, groß: So hat meine Schwiegermutter in ihrer traditionellen Bauerntracht, nachdem wir mit Gratispunsch und Bisquits verköstigt worden waren, auf zwei Stühlen vor der Rezeption selig geschlafen, ihre Plastiksandalen auf dem Boden liegend, ihre Füße auf einem Velourpolsterstuhl und ihren „Non"-Strohhut zur Verdunkelung übers Gesicht gezogen, ohne dass jemand dieses für ein Fünfsternhotel nicht ganz adäquate Verhalten überhaupt wahrgenommen zu haben schien. Auch störte sich niemand an ihren Schnarchgeräuschen. Nein, im Gegenteil, die eleganten Hostessen im goldenen Ao Day schenkten ihr immer wieder nach, obwohl ich es war, der ausgedorrt, wie ich war, auch den Punsch der Schwiegermutter immer wieder ausgetrunken hatte. Vietnamesen sind gegenüber dem Verhalten anderer Menschen grundsätzlich sehr tolerant, auch wenn Empfangshallen von guten Hotels grundsätzlich nicht gerade den Hort besonderer Großzügigkeit darstellen.

Die Bedürfnisse der Besucher von Phu Quoc sind unterschiedlich: Offensichtlich wünschen Vietnamesen und Chinesen eher, in Hotelprunkbauten zu wohnen, in Spielkasinos zu gehen, von denen noch einige mehr geplant sind. Sie baden nicht nur lieber, wenn überhaupt, in Schwimmbädern, vorzugsweise voll bekleidet, damit ihre Haut keinem Sonnenkontakt ausgesetzt ist.

Gewisse Vietnamesen duschen vor dem Bad nicht nur nicht, sondern sie waschen sich auch im Schwimmbad. Zum Glück allerdings meist ohne Seife. Vietnamesen und Chinesen sehen den Strand meist eher als angenehme Staffage. Sie sind auch oft des Schwimmens nicht mächtig. Den Kaukasier dagegen gelüstet es eher nach Strandleben und Robinsonade während seiner kurzen Erholungsferien vom Beruf.

Langzeittravellers scheinen von den Hauptstränden langsam zu verschwinden und ziehen sich in Backpackers Lodges oder in den wilden Osten der Insel zurück. Viele treffen sich auch bei uns in unserem kleinen Kikicoconut-beachresort, wo sie noch einen wilden oder zumindest na-türlichen Strand antreffen, wenn wir ihn auch durch eine Mauer vor den Stürmen und Wellen schützen mussten, nachdem ein Teil unserer Kokospalmen weggeschwemmt wurde. Einige Touristen glauben, dass viel zu viel gebaut wird und behaupten, dass die Hotels außerhalb der Spit-zensaison um Weihnachten und Neujahr schlecht aus-gelastet seien und zum Teil fast leer stehen würden. Sie sprechen von Geisterhotels. Dies mag teilweise zutreffen. Gewisse Hotels bieten außerhalb der Hochsaison Zimmer zu Dumpingpreisen an, um Kunden anzulocken. Oftmals wird man den Eindruck nicht los, in Phu Quoc werde auf „Teufel komm heraus" gebaut, ohne dass der Investor sich überlegt, wie er sein Hotel füllen kann. Konkurse sind häufig. Ich kenne einen Koch, der arbeitete nacheinander in sieben verschiedenen Restaurants, die alle in Konkurs, auf Vietnamesisch „Pha San", gingen. Jedesmal verlor er einen Teil seines Lohnes. Offenbar ist „Pha San" gehen nicht so schlimm, wie von Pleitegeier gefressen zu werden wie bei uns.

Der „Pha San" ist ja auch ein friedlicherer und schönerer Vogel als der Geier. Ich kenne Hotels, welche selbst um die Weihnachts- und Neujahrszeit nur zur Hälfte ausgelastet sind und noch in diesen Monaten, nicht kumuliert aufs ganze Jahr, Verluste schreiben. Dabei hört man solche Un-gereimtheiten wie, dass ein Barkeeper oder ein Koch das

Sechsfache eines Zimmermädchens oder des Hotelelektrikers verdient. Die Personalfluktuation ist in vielen Hotels ähnlich hoch wie die Häufigkeit der Wechsel der Gäste, weshalb die mangelnde Qualifikation der Angestellten ein großes Problem darstellt. Ich selbst kann davon ein Lied singen, ich unterrichte nämlich Englisch an Angestellte verschiedener Hotels und an Schüler eines Colleges für Tourismus. Das Englisch der Vietnamesen ist teils ärmlich und unverständlich. Wenn ich sie, das Problem eines Gastes simulierend, frage:

„Wie komme ich auf die Insel Phu Quoc, oder, kann man Bergtouren unternehmen, was kostet ein Taxi zum Flughafen?", können sie mir häufig keinerlei Auskunft geben.

Eine der verrücktesten Investitionen ist die Luftseilbahn, welche durch ein österreichisch/schweizerisches Joint Venture Unternehmen von An Thoi, im Süden der Insel, zu den An Thoi Inseln gebaut wurde. Es entstand hier die vermutlich längste Umlaufluftseilbahn mit 30 Kabinen für je 30 Passagiere, mit sechs bis 166 Meter hohen Stützen, etwa fast acht Kilometer lang, mit riesigen Spannweiten zwischen den Inseln. Auf einem der kleinsten Inselchen thront eine Riesenstütze, die aussieht wie der Greifarm eines Riesenadlers, der die Insel gepackt hat und sie als Beute in den Himmel zu tragen oder beim Absitzen ins Wasser hinunter zu drücken gedenkt.

Ungefähr 2.000 Fischer auf der größten Insel wurden evakuiert und verloren ihre Erwerbsgrundlage zugunsten von Hotelbauten, die teils noch im Entstehen sind. Die betroffenen Familien erhielten durchschnittlich ein paar hundert

Dollar Entschädigung und mussten sich anderswo eine neue Existenz aufbauen. Nun kann man mit der Luftseilbahn zum Tauchen fahren. Ein Teil des Gefühls des Wintersportes, vor dem man geflohen ist, bleibt einem dann erhalten. Nur klappern hier nicht die Schnallen der Skischuhe, sondern die Taucherflossen und die -flaschen beim Anziehen. Die gigantische Seilbahnstation scheint dem Forum Romanum in Rom nachempfunden zu sein. Nur ergänzt durch eine Art Hadriansäule, welche in Rom sich allerdings an einem anderen Ort erhebt. Beim Start aus der Station in einer der Riesenkabinen fühlte ich mich wie beim abrupten Start mit dem Helikopter auf dem Flug über den East-River in Richtung Manhattan. Hier flogen wir, kaum aus der Station geschossen, hoch über Hunderte von Fischerbooten, welche in der smaragdgrünen Bucht von An Thoi ankerten. Die früher zu Touristenschiffchen konvertierten Fischerboote könnten jetzt wieder zu Fischerkuttern mutieren und weiter zur Überfischung beitragen, bis auch die Schnorchler und Taucher nur noch kahl gefischte Korallen sehen, ein Biotop, das, mangels Ausgleichs zwischen den Kreaturen, Gefahr läuft zu kippen auch wegen der vielen Touristen, die jetzt auf den Korallen herumtrampen. Das Projekt wurde teilweise durch den Verkauf von weißem Sand nach Singapur finanziert. Wöchentlich wurden fünf Riesenschiffe mit hunderten von Tonnen Sand gefüllt und dorthin verschickt. Hunderte von Barken fuhren Tag und Nacht hinaus zu diesen ankernden Sandfrachtern. Bald kann man die weißen Strände von Phu Quoc in Singapur bewundern. Das Desaster, das auch durch die Sandausfuhr auf einem Teil der Kapverdischen Inseln ausgelöst wurde, wiederholte sich hier ad infinitum, die Menschheit begeht unbeirrt immer wieder die gleichen Dummheiten.

Extrem ist auch die Infrastruktur, welche um Hotelbauten herum angelegt wird. Vor allem im Bereich des Bai Dai Beaches, aber auch vor Ham Ninh werden Kies- und Zementwerke gebaut. Bau- und Transportfirmen haben sich dort niedergelassen, Hütten für die tausende Wanderarbeiter, die meist aus dem Norden kommen und ohne Familien dort hausen, sind entstanden. Was geschieht damit, wenn der Bauboom vorüber ist, und diese wieder abziehen? Werden die ganzen Werke und Hüttenstädte wieder abgerissen wie dies teilweise schon geschieht? Oder werden sie stehen gelassen und verfallen langsam? Oder ziehen die immer zahlreicher benötigten Hotel- und Infrastrukturbediensteten in die Hütten ein? Wohl kaum. Diese erfreuen sich eines wirtschaftlich bereits höheren Status. Sie müssen sich waschen und duschen und mit sauberer Kleidung zur Arbeit erscheinen. Sie kommen oft mit ihren Familien. Dann müssen Schulen und eine definitive Infrastruktur gebaut werden.

In 2017 haben Koreaner eine Art Hotelfachschule in Bai Vong zwischen Fährhafen und Flughafen erstellt. Bis jetzt konnte man Touristik nur an einer Universität oder einem College studieren. Aber es geschieht noch viel zu wenig. Jedenfalls offenbart die Anfahrt zur riesigen Luxusanlage am Bai Dai Beach die Problematik der rasanten Entwicklung von Phu Quoc genau. Phu Quoc bedeutet auf Deutsch „reiches Land" und man wäre geneigt zu sagen, schnell reiches oder neureiches Land. Es hat sich so rasant entwickelt, dass ein gleichmäßiges Mitwachsen der gesamten Infrastruktur als Ding der Unmöglichkeit erscheint.

In 2012 wurde der schmucke neue internationale Flughafen im Süden von Duong Dong fertiggestellt, der von Jets aller

Größen angeflogen werden kann. Zwar wurden Internationale Linienflüge von und nach Singapur und Siem Reap mangels Passagierfrequenz wieder eingestellt, aber Phu Quoc wird jetzt täglich durchschnittlich ca. 25 bis 35 mal durch Groß- teils Großraumflugzeuge angeflogen, unter anderem auch durch Charterflüge von Kunming, Guanzon, Novosibirsk, Seoul, London, Helsinki und Stockholm Arlanda und ein paar Mal die Woche von Linienflügen aus Bangkok. Aber der Flughafen ist bereits wieder zu klein und wird erweitert. Neu entstanden kürzlich Fingerdocks.

Die Straßen sind in kürzester Zeit sehr gut und sehr schön ausgebaut worden. Wo vor kurzer Zeit noch riesige Erd- und Kiesbewegungen sichtbar waren und Unkenrufe von ewigen Baustellen zu vernehmen waren, präsentieren sich diese Durchgangsstraßen heute fast perfekt mit gepflegten und künstlerisch bepflanzten Mittelstreifen, was die Hoffnung aufkommen lässt, auch die gesamte Infrastruktur werde mit der Zeit den gewaltigen Rückstand aufholen und Gras werde über die Bauwunden wachsen. Ich erinnere mich noch gut daran, dass die Touristen jammerten, es sei ja verrückt, was da an Straßenanlagen entstehe. Heute beklagt sich niemand mehr und alle finden die Straßen toll, mit Ausnahme von Nostalgikern im wilden Osten der Insel, der z.T. noch an Phu Quoc vor 23 Jahren erinnert und wo noch ein Teil der Idylle bewahrt blieb, die Grundstein des Reichtums des „reichen Landes" war. Aber wie lange noch wird diese Romantik bewahrt werden? - Auf den richtungsgetrennten Straßen des entwickelten Teils der Insel tummeln sich mittlerweile auch weniger Kuhherden und jagen sich weniger Hunde als noch vor ein paar Jahren und die metergroßen Bau- und

Schlaglöcher und anderen Verkehrsfallen, bei denen sich zum Teil tödliche Unfälle abgespielt haben, sind verschwunden. Auch hat sich bei den Verkehrsteilnehmern langsam das Wissen durchgesetzt, dass die großen Straßen richtungsgetrennt sind, und immer weniger Lastwagen- und Motorrollerfahrer sind als Geisterfahrer in falscher Richtung unterwegs, worüber die verkehrstoleranten Vietnamesen freilich nie größeres Aufheben gemacht hatten.

Zwischen Duong Dong und Vinperland wurde der gesammelte Abfall vorerst auf einer Riesenfläche in ein flaches Feld geworfen. Später türmte er sich dort zu Bergen auf, zu deren Füßen Kühe weiden. Vielleicht war deren Milch dann schon so sauer, dass sie nicht mehr zu Joghurt verarbeitet werden musste. Nun wurde im wilden Osten der Insel aber eine Kehrichtverbrennungsanlage gebaut und der Abfall kann zentral entsorgt werden.

Böse Zungen behaupten allerdings, sie sei bereits zu klein dimensioniert gewesen, um die gesamte Anlieferung zu verarbeiten, als sie in Betrieb genommen wurde. Immerhin wird nun hoffentlich nicht mehr an jeder Ecke oder auf der Naturstraße im nordwestlichen Nationalpark Abfall entsorgt und die wunderschönen Strände werden vielleicht nicht mehr so unbeachtet zugemüllt, wie dies bis vor kurzem leider noch zum Teil der Fall war.

Dies setzte allerdings voraus, dass auch die Schiffe ihren Müll nicht mehr in den Golf von Siam entleerten. Wieso dieser Müll und das mangelnde Umweltsbewusstsein?

Vor 30 Jahren waren die Produkte der Vietnamesen mehrheitlich noch nicht künstlich verpackt. Sie kauften den

Reis in Säcken. Viele Lebensmittel waren in Bananenblätter eingepackt. Man kannte noch weniger Tiefkühlprodukte, keine Bierbüchsen und Petflaschen. Früher konnte man diese Verpackungen ohne Schaden für die Umwelt wegwerfen. Dies hat sich mit der abrupten Einkehr der Moderne geändert. Langsam, aber nicht so schnell, wie die zivilisatorische Entwicklung ändert sich auch das Bewusstsein der Bevölkerung.

Heute werden zwar die neuen Verpackungsmaterialien zum Glück immer mehr gesammelt und wiederverwertet. Wir trennen bei uns in unserem Resort den Abfall und kompostieren, verkaufen den Karton und verbrennen Papier und Plastik. Eisen wird eingesammelt und verkauft. Petflaschen und Alu-Büchsen ebenso. Aber wir stellen noch eher die Ausnahme dar. Unsere Nachbarin hatte immer alles ins Meer geworfen.

Ein anderer Nachbar hat seinen Abfall einfach in den Urwald transportiert, wo dieser die nächsten 20.000 Jahre seinen Dekompositionsprozess vollzieht. Als ein englischer Fotograf eine Nachbarin anlässlich seiner Studien des Sonnenaufgangs bei der Entsorgung ihrer Abfälle ins Meer ertappt hatte, machte sie ihm ein Handzeichen, das bedeuten sollte, das Meer schwemme ja alles weg. Worauf er durch eine Geste erwiderte, dass das Meer alles zurückbringen würde. Dann zog sie sich verlegen zurück. Diese Verlegenheit haben wir als Anfang ihres Umweltsbewusstseins interpretiert und, als ihre Hütte in der nächsten Trockenzeit abgebrannt war und sie uns um ein Darlehen bat, haben wir dessen Gewährung unter die Auflage gestellt, dass sie künftig keinerlei Abfälle mehr ins Meer werfen dürfe, sondern diese in unserem Incinerator verbrennen müsse, wohlwissend, dass sie uns das Darlehen nie mehr zurückzahlen würde. Sie hielt sich mehr oder weniger an ihre Zusage und verbrannte fortan ihren Unrat bei uns. Weiterhin ging sie jedoch ihrem Beachcombing-Hobby nach. Sie litt am Imelda-Marcos-Syndrom und sammelte leidenschaftlich Schuhe.

Sie kaufte diese nicht in teuren Läden, sondern sammelte angeschwemmte Flip-Flops am Strand und versuchte sie zu farblich und größenmäßig passenden Paaren zusammenzufügen, um sie zu verkaufen. Unter den Bodenbrettern ihrer Hütte hatte sie ein wahrhaftes Schuhgeschäft angelegt, wobei eine 100%ige Übereinstimmung der einzelnen Paarteile allerdings eher selten war.

Heute werden zum Beispiel in der Fähre, im Superdong, nach Phu Quoc Filme gezeigt, welche die Zuschauer erziehen sollen, den Abfall sachgemäß zu entsorgen. Meist sind die Akteure Kinder, damit sich Erwachsene weniger betroffen und nur indirekt angesprochen fühlen und weil vor allem die Jugend erzogen werden soll.

Auch werden Strandsäuberungen organisiert. Aber es bleibt noch viel zu unternehmen, bis die wunderschönen Strände von Phu Quoc vom Müll befreit sind. Je nach Windrichtung wird der Unrat an der West- oder der Ostküste angeschwemmt, in der Hauptsaison vom Oktober bis Februar mehrheitlich an der Ostküste, vom März bis September mehrheitlich an der Westküste, was die Touristen zur Annahme verleitet, die Westküste sei generell sauberer als die Ostküste.

7.2 Leben auf der Insel

Phu Quoc ist etwa 50 Kilometer lang und an der breitesten Stelle 25 Kilometer breit. In der Mitte ist die Insel von Norden nach Süden durch eine mit Urwald bedeckte Hügelkette von zwischen 300 und 600 Metern Höhe bis zum südlicheren schmaleren Teil durchzogen.

Die Hügel fallen auf der Ostseite steil ins Meer ab und riesige Findlinge am schmalen teils nur 100 Meter breiten Ufersaum und im Meer und zeugen von Felsstürzen und vom wilden Ursprung dieser Gegend. Die Ostseite liegt im Gegensatz zur Westseite, wo die Berge viel sanfter abfallen und ins Flachland übergehen, größtenteils im Naturschutzgebiet und ist daher noch unberührt. Der Hügelrücken stellt nicht nur eine Klimascheide dar, er trennt auch den sich in rasanter Entwicklung befindenden Westen vom noch rückständigen Ostteil der Insel, wo eine einzige, bis vor kurzem noch nicht gepflasterte Durchgangsstraße dem Meer entlang führte. Eine Straße, die jeweils in der Regenzeit zu einem schlammigen Morastgraben verkam und, wenn überhaupt, nur mit dem Motorrad oder mit Allradfahrzeugen passierbar war. Vor ein paar Jahren wurde ich auf dem Motorrad sitzend von einem Tier, das auf der von Tümpeln durchsetzten Straße rannte, überholt und rief meiner Frau auf dem Sozius zu:

„Schau, ein rasender Hund!"

Ich hörte nur, wie sie schrie:

„Kein Hund!"

Da bemerkte ich, dass sich der Rücken des Tiers aufgrund der unterschiedlichen Stockhöhe von Rist und Becken beim Rennen auf und ab bewegte, und es wurde mir klar, dass der Verkehrsteilnehmer ein Affe war. Affen im Straßenverkehr sieht man im Westen der Insel nie, wenn auch viele Teilnehmer sich wie solche benehmen. Oft kam es vor, dass Lastwagen, Autos und Motorräder in der Regenzeit im Osten im Dreck steckenblieben. Taxis wollten in dieser Zeit nicht der Ostküste entlang fahren. Oft erreichten uns Ausflügler mit dem Motorrad mit roten Schlammfüßen und -händen, rot bekleckert bis hinauf an die Knie und Ellbogen.

Wenn ich fragte:

„Was habt ihr denn gemacht? Seid ihr auf allen Vieren gekrochen, oder habt ihr nach Gold gegraben?"

Antworteten sie:

„Wir sind im Schlamm steckengeblieben, haben unsere Flip-Flops verloren und versuchten sie wieder zu finden."

So fischten sie also mit den Händen im Trüben, in der roten Brühe des bauxithaltigen Bodens. Mit unterschiedlichem Erfolg. Davon zeugten noch, nachdem die Trockenzeit bereits vier Monate angedauert hatte, die Parade der im mittlerweile harten Boden steckenden Sandalen, an der man bei der Fahrt ins Dorf vorbeidefilierte. Nun, jetzt wurde die Straße durchgehend betoniert.

Die Helmpflicht wird im Osten im Gegensatz zum Westen nicht nur bei Affen, sondern auch bei anderen Verkehrsteilnehmern nicht eingehalten. 12-jährige bringen ihre kleineren Geschwister ohne Helm auf einem Motorrad zur Schule, oftmals sitzen sie zu dritt und zu viert auf dem

Gefährt. Die Trennung zwischen dem Osten und dem Westen der Insel ist auch deshalb so markant, weil keine Straße über die nach Osten steil abfallenden Berge führt.

Das Naturschutzgebiet ist mehr oder weniger gesperrt. Es besteht aus endemischem Urwald auf schwarzem Sandgestein und lehmigem resp. sandigem Boden. Oben, von Osten her gesehen hinter einer Krete, auf einem flachen Hochplateau, liegen weiße Sandfelder, worauf Sim-Pflanzen mit den beliebten wilden lila-violetten Beeren wachsen, die den mediterranen „Nespole" gleichen. Aus diesen wird der berühmte Phu Quoc Schnaps hergestellt. Der ganze Nationalpark ist unberührt, sieht man einmal von den paar Tierfallen ab, die Wilderer zum Fange von Affen und Eichhörnchen dort aufgestellt haben. Wer sich zu Fuß in den Urwald begibt, wird allerdings von niemandem abgehalten. Die grün uniformierten Troopers, die „Kiem Lam" begnügen sich damit zu kontrollieren, dass keiner eine illegale Hütte im Naturreservat baut. Wege und Pfade findet man dort keine. Man kann aber die Berge besteigen und hat von einigen Felsplateaus aus eine wunderbare Aussicht auf das Festland von Kambodscha mit Cheb und Kampot und die vorliegenden Inseln von Phu Quoc sowie nach Süden und zu den An Thoi Inseln.

Der Westen der Insel ist der Ort, wo die schönsten Sonnenuntergänge Vietnams genossen werden können. So viele solcher Orte gibt es in diesem Land gar nicht, weil der größte Teil an einer Ostküste am Golf von Tonkin oder am Ostmeer liegt. Auf der Ostseite des Eilands können, das wissen die Touristen meist nicht, die schönsten Sonnenaufgänge über dem Meer bewundert werden. Sie nehmen davon kaum Kenntnis, weil sie, falls sie sich überhaupt in den Osten verirrt haben, zum Zeitpunkt des Sonnenaufgangs meist noch in den Federn dösen. Das Sich-zur-Ruhe-Legen der Sonne scheint allgemein beliebter zu sein als ihr Aufstehen, wohl nicht, weil die mit damit verbundene Stimmung melancholischer erscheint und an das Abschiednehmen oder Sterben erinnert, sondern, weil die Happy Hour vor dem Sonnenuntergang die Farben der Natur besonders zum Erleuchten bringt, bevor diese verblassen und die Temperatur wohlig kühler wird. Und, weil diese Stunde mit Feiern und Glücklichsein oft unterstützt durch den stimmungsfördernden Alkohol verbunden wird.

Das Aufstehen der Sonne am Morgen dagegen gemahnt an Tagwache und daran, dass bald in die Hände gespuckt werden muss, obwohl die Sonne ja grundsätzlich gerne willkommen geheißen würde, weil sie an das Erwachen des Lebens erinnert. Es ist müßig darüber zu sinnen, was freudvoller ist. Beides entspricht dem Lauf der Dinge. Den Hotelgästen erklären wir jeweils, das Aufstehen der Sonne über dem Meer erlebe man nur um sechs Uhr.

Aber, man könne sich danach ja wieder zwischen die Laken legen oder müsse gar nur die Tür der Bungalows öffnen, um das Naturspektakel aus dem Bett über dem Meereshorizont genießen zu können. So sei dieses Naturerlebnis am schönsten.

Der Osten ist nicht nur wilder, er ist auch dörflicher, ärmer, meist noch durch Hüttenbewohner besiedelt, welche aber auf der Meerseite der Küstenstraße auch immer mehr durch sogenannt gute Residenzen und Hotels verdrängt werden. Unsere Familie war die erste, welche vor elf Jahren hier am Strand ein Grundstück gekauft und zwei Häuser darauf gebaut hat. Weit und breit waren nur Hütten zu sehen. Die meisten Hüttenbesitzer waren Wohnnomaden ohne Eigentum am Land, auf dem sie hausten.

Sie besaßen keine Generatoren, Strom gab es nicht. Am Abend versammelte sich unsere ganze Nachbarschaft im Haus meines Schwagers, um fernzusehen und gleichzeitig die Handys aufzuladen.

Freundlich wurde ich von Gästen in mein eigenes Haus eingeladen, um mit ihnen den Abend zu verbringen. So erfuhr ich einiges über ihr Leben. Wenn ich sie nach ihren Berufen fragte, erklärten fast alle, sie gehen aufs Meer, „di bien", seien also Fischer. Manchmal besaßen sie noch das Stück Land, worauf ihre Hütte stand, wenn sie es nicht schon für billiges Geld einem Reichen aus der Stadt oder einem clevereren Nachbarn verkauft hatten. Gefischt wurde aus kleinen Booten mit kleineren Schleppnetzen. Booten, die mit ihren Eintaktmotoren vor uns auf dem Meer tuckern, und Ruderboten, von denen kleine Reusen für Krebse ausgesetzt wurden. Es wurde mit Angeln, deren Haken an Garnelenattrappen für den Fang von Tintenfischen hingen, geködert und im seichten Uferwasser mit Netzen gefangen, die zwei Fischer in 100 Metern Abstand an den Netzenden mit zwei senkrechten Stangen hinter sich herzogen, wodurch das Netz ein langes U oder Halbrund bildete. Beim Gehen im Wasser versuchten die beiden jeweils, durch Schläge ins Wasser seitwärts des Netzeingangs die Fische ins Netz zu treiben. Langsam schloss sich

vorne, indem sie sich immer näherkamen, der Netzein-
gang, bis er ganz geschlossen war. Diese Fangmethode
im ufernahen Bereich wendeten wir selbst lange an
und auch unsere Gäste beteiligten sich enthusiastisch
daran.

Wir haben das Fangen aber aufgegeben, weil die See
hier überfischt ist und sich immer mehr nur Schulen
von Jungfischen tummeln, welche die Chance haben
sollten, zu wachsen und sich zu entwickeln. Auch wenn
da immer weniger Fischer sind, weil sie durch Hotels
am Strand langsam verdrängt werden, hat sich der
Fischbestand am Ufer noch nicht wieder erholt. Diese
Dezimierung betrifft auch die Krebse, eine Delikatesse
in Phu Quoc.

Sie werden in den Löchern am Ufer von Hand gefangen
oder im seichten Ufergewässer mit Reusen.

Ein Nachbar hatte mir vor Jahren einen Trick gezeigt, den
ich einige Zeit mit Erfolg anwendete: Ich nahm ein Stück
Tintenfisch in die Hand und schüttelte dieses im Uferbe-
reich im seichten Wasser. Schon krabbelten die Krebse
im Seitwärtsgang heran und versuchten sich am Leckerbissen zu delektieren. Als sie des Angreifers in der Nähe
gewahr wurden, duckten sie sich in den Sand, worauf ich
sie mit einer Hand voll Sand zudeckte, sodass sie sich
in ihrem vermeintlichen Versteck sicher fühlten, meine
andere Hand unter ihnen in den Sand grub, damit ich
sie in Sand verpackt aufheben konnte. Dann legte ich sie
in einen Plastikkorb ins Wasser, der Sand wurde wegge-
spült und schon waren sie nackt und gefangen.

In Vollmondnächten fingen wir bei Ebbe auf den Sand-
bänken vor unserem Resort Garnelen, indem wir sie mit
der Stirnlampe oder einer Taschenlampe anlockten und
von hinten mit einer Art Schmetterlingfangnetzen ein-
fingen. Manchmal stapften wir bis morgens um zwei Uhr
mit unseren Touristen im seichten Wasser und über die
langen Sandbänke.

Spritzten wir mit den Füßen Meerwasser auf diese, so
leuchtete es, als ob ein Schwarm Glühwürmchen aufflie-
gen würde. Das Phänomen entsteht durch Plankton, das
dabei aus dem Wasser an die Luft gelangt und damit flu-
oresziert. Bei Ebbe gruben wir tagsüber auf den Seegras-
bänken nach Muscheln aller Art, Miesmuscheln, Jakobs-
muscheln, usw., legten sie einen Tag zur Wässerung ins
Salzwasser, damit sie ihren Sand ausspuckten und kochten
sie mit Zitronengras, bereiteten eine Muschelsuppe zu
oder grillten sie auf dem offenen Lagerfeuer.

Bevor wir die Häuser gebaut hatten, wohnten wir im
Dschungel in einer Hütte, wo täglich morgens um sechs
Uhr der Nachbar vor seinem Fischerboot den Fang der
letzten Nacht auslegte und sich die Familien aus der Nachbarschaft zum Erwerb von frischen Meeres früchten aller
Art einfanden. Meist waren wir die ersten und konnten
wählen. Solen, Drückerfische, Makrelen, Groopers, See-
barsche, Tintenfische und so weiter, waren da ausgelegt.
„Frutta mista del mare alla vietnamita“.

Was nicht verkauft wurde, kochte die Familie des Nachbarn
für sich und oft aßen wir zusammen den üppigen nicht ver-
käuflichen Ueberfang auf. Denn Eisschränke gab es mangels

Strom noch keine. Seeigel wurden als Aphrodisiaka genossen, selbstverständlich nicht die Stacheln, sondern die roten Streifen im Inneren der Schale, Seepferdchen ins nächste Dorf geliefert, wo sie in Aquarien und Bassins auf ihre Endbestimmung als Potenzmittel warteten, bis sie für müde männliche Passanten als Muntermacher in Schnapsflaschen mit klarem Schnaps abgefüllt wurden, worin sie zappelnd ihr Leben aushauchten. Seepferdchen fanden sich meist als Beifang in den Netzen. Sie taten uns am meisten Leid.

Ungewollter, seltener, aber durchaus gerne angenommener Beifang waren einzelne Dugongs, die vom Aussterben bedrohten sehr seltenen Seekühe. Einmal war ich bei einer Hochzeit anwesend, als gewisse Teilnehmer der Gesellschaft Seekuhfleisch verzehrten und einmal wurde ein Seekuhkalb neben uns angeschwemmt und auf dem Nachbargrundstück begraben.

Einzig die Seesterne fristeten ein relativ unbekümmertes Dasein. Sie sind nicht essbar und höchstens gemalt als Souvenirs verkäuflich.

In der Nähe hauste ein Meerschneckenzüchter mit seinen zwei Frauen unter einer an den Bäumen festgebundenen Zeltblache in drei Hängematten. Auf dem Wasser, in etwa 100 Metern Abstand zum Ufer, hatte er seine Schneckenzuchtnetze und eine Hütte auf Stelzen aufgestellt, auf die er sich mit seinem jeweils für die Nacht gewählten Herzblatt zurückzog, worauf die andere Frau oft bei uns Zuflucht suchte und wir, wie das Spiegelein an der Wand, Auskunft geben mussten. Die Frage war:

„Wer ist die Schönere von uns beiden?"

Die eine war dick, die andere dünn. Vielleicht brauchte er einfach diese Abwechslung. Jedenfalls haben wir nach dem Motto, „les absents ont toujours tort", meist der Anwesenden den Preis der Attraktiveren zugesprochen. Seine Schnecken hat er, wenn sie ausgewachsen waren, jeweils am Morgen zusammen mit viel Eis in Styroportruhen eingeschweißt und am Mittag auf seinem Motorroller zum Flughafen für den Flug nach Ho Chi Minh gebracht, wo sie am Abend in einem Gourmettempel in homöopatischen Dosen für teures Geld den Gästen zum Verzehr vorgesetzt wurden. Manchmal, bei einem Sturm, stand Petrus den Fischern auf besondere Weise bei. Die Schneckennetze rissen, die Fischer sammelten die weggeschwemmten Schnecken wieder ein und verkauften sie dem Polygamiesünder wieder, nicht zum Preis, den er in Saigon in den Luxusrestaurants löste, aber doch zu einem anständigen Batzen, der ihr spärliches Haushaltungsgeld ein wenig aufpeppte. Aber auch wir profitierten. Wir verkauften ihm die von uns eingesammelten Edelschnecken nicht, sondern kochten sie in unseren Töpfen, frohlockend, dass der Apostel der Fischerzunft uns einen Leckerbissen hatte zuschwemmen lassen, für den wir in der Stadt teures Geld hätten zahlen müssen. Was wir nie taten, war, in der Nähe der drei Korallenriffe vor unserem Strand zu fischen, denn wir wollten die intakten Biotope möglichst erhalten. Dies hielt die Fischer freilich nicht davon ab, auch dort für ihr Überleben und gegen jenes der Fische zu kämpfen, was dazu führte, dass die Nemos, wenn sich Schnorchler näherten, sich ängstlich in Anemonen, den Korallen und unter den Felsen verstecken. Die Fische sind hier viel ängstlicher als auf den Malediven oder im roten Meer bei Eilat, wo an Orten, die den Touristen vorbehalten sind, praktisch nicht gefischt wird.

Während die Familie heute in großen, schönen, wenn auch einfachen Steinhäusern am Strand lebt, haben wir früher während des Baus unserer Häuser im Busch unter Kokospalmen in einer Hütte gewohnt. Sieben Menschen in einer Behausung.

Drei Generationen, ohne Licht und ohne fließend Wasser. Im einzigen Raum spannten sich Wäscheleinen, an denen Pareos als Raumteiler hingen. Dazwischen lagen Matratzen am Boden. Ein japanischer Gasherd stand in einem separaten Vorraum zum Kochen und eine Wassertonne hinter der Hütte zum Waschen und Abwaschen. Als Toilette diente ein Loch im Sandboden 50 Meter von der Hütte entfernt, schwer zu finden in der Nacht.

So musste ich, wenn mich nach einigen Dosen Bier die Blase plagte, den Raumteilern entlang über schnarchende Leiber zum Hüttenausgang schleichen, wo sich im Lichtkegel meiner Taschenlampe bereits das Empfangskomitee in Form von acht Welpen aufgereiht hatte, welches mich auf meiner nächtlichen Expedition begleiten wollte. Ich durfte nicht auf dem Platz vor der Hütte pinkeln, denn dort stand der Altar, welcher sich in Südvietnam nicht im Haus, sondern in der Regel davor befindet. Also bewegte ich mich vorsichtig in Richtung Buschtoilette, darauf achtend, ja nicht auf einen der Welpen zu treten, die sich vor meinen Füßen aufpflanzten. Sie hechelten bei meinem Akt fröhlich und ließen mich mein Geschäft nie in Ruhe verrichten. Immer wieder stand einer im Urinstrahl und auch virtuoses Hin- und Herschwenken oder das Ablenken des Lichtkegels auf die Seite half nichts. Die Welpen wollten offenbar mit meinem Strahl spielen. Auch der Befehl:

„Geht weg, sonst seiche ich euch ins Gesicht!", half nichts. Offenbar verstanden sie mein Deutsch nicht. Wieder zurück in der Hütte hatte ich dann, bis ich den seligen Schlaf wieder fand, das Gefühl, in einem Sägewerk und nicht zwischen meinen Lieben zu liegen und verschiedensten Sägearten beim Betrieb zuzulauschen, vom Fuchsschwanz über die Metall- zur Stich-, zur Band- bis zur Kettensäge.

Das Essen war abwechslungsreich und wir ernährten uns keineswegs nur von Meeresfrüchten. Der Nachbar besaß zwei Schweine, welche er vor Tet schlachtete. Den Stier, welcher von einem Ausflug aus dem Dschungel zurückgekehrt war, band er flugs an eine Kokospalme und zwei Tage danach wurde er mitten in der Nacht gerade vor Ort geschlachtet. Eichhörnchen wurden gejagt und Schlangen. Deren Fleisch schmeckte nicht besonders gut. Einmal schnitt der Schwager eine Python in Scheiben, schlug diese auf dem Schneidholz flach wie „Bistecche Fiorentine", womit die Wirbelsäule der Schlange zersplitterte und das Fleisch letztendlich derart mit Knochenstücklein durchsät war, dass wir es kaum genießen konnten. Oder ein anderes Mal gab`s „Schlangenzürichgeschnetzelts". Das Fleisch sah aus wie Pouletgeschnetzeltes, wollte aber auf der Zunge ganz und gar nicht zergehen. Im Gegenteil, es war zäh wie Büffelleder und erinnerte uns daran, dass wir an den starken Muskeln einer Würgeschlange kauten, die im Nahkampf einen Hund erdrosseln konnte.

Hundefleisch aß unsere Familie offiziell nicht mehr. Der Hundehandel war zum Teil illegal. Hunde wurden gestohlen, entweder mit einer Stahldrahtschlinge erwürgt oder vergiftet und fanden dann den Weg in den Kochtopf. So war es der Familie zu gefährlich, Hundefleisch, dessen Herkunft ungeklärt war, zu essen. Eigene Hunde hatte sie schon lange nicht mehr getötet. Diese wurden als Wachhunde benötigt.

Schlangen endeten aber nicht nur in den Kochtöpfen, sondern auch im Reisschnaps. So rannte die Großmutter mit der Machete den Schlangen nach, bis sie das 80ste Altersjahr erreicht hatte, schlug ihnen die Köpfe ab und legte sie in Reisschnaps ein. Dieser war als Aphrodisiakum für mich und andere Männer im zeugungsfähigen Alter bestimmt.

Jeden Abend wurde mir dieses Getränk verabreicht, denn die Familie konnte unseren Kindersegen kaum erwarten. Zudem gab es jeden Abend Wespenschnaps. Wespengift, so glaubten sie, fördere die Fruchtbarkeit.

An einem unserer „Cashewnut"-Bäume hatten Wespen ein Nest von drei Metern Höhe und einem Meter Durchmesser gebaut. Solange die Insekten uns in Ruhe ließen, genossen beide Seiten, das heißt das Wespenvolk, bestehend aus ein paar Tausend Riesenwespen, und die Familie den Frieden. Aber, als sie uns den Kampf angesagt hatten, indem sie Hunde und Kinder zu stechen begannen, nahmen wir die Kriegserklärung an, räucherten sie aus, angelten den kunstvollen Bau mit langen Stangen und Leitern aus der Baumkrone und die Familie begann, die in der Nacht orientierungslos am Boden herumkriechenden Wespen mit Chopsticks zu enthaupten, während ich deren Hinrichtung mit Flip-Flop-Schlägen vollzog.

Die Familie verhinderte aber alsbald meine Exekutionsmethode. Auf meine verständnislose Frage, warum denn Köpfen mit Chopsticks anstatt Zerquetschen mit Flip-Flops angepasster sei, erklärten sie, die Wespen würden eingesammelt in Schnaps eingelegt und als Fruchtbarkeitstrunk getrunken. Deshalb töte man sie mit Esstäbchen und nicht mit schmutzigen Schuhen. Eine einleuchtende Erklärung. So fanden etwa 1.000 Wespen ihre Konservierung im klaren Schnaps und färbten ihn, bis er trinkbereit war, langsam rostbraun. Die Wespenlarven grillten wir noch in der Nacht am offenen Feuer und verzehrten sie gemeinsam. Der kulinarische Genussfaktor hielt sich dabei für mich in Grenzen und trotz Verzehrs der Larven, täglichem Wespenleichen- und Schlangentrunk blieb unser Kindersegen aus.

Die Welpen waren zwar hübsch und drollig, aber teuer. Wir hatten sie dem Nachbarn abgekauft und nun jagten sie dessen kleine Entlein. Jedesmal wenn sie wieder ein herziges kleines Schnückerchen im Busch gerupft hatten, kam er klagend zu uns und verlangte Schadenersatz, und bald bereuten wir den Welpenkauf. Hätten wir sie ihm doch nur gelassen, dann hätten sie ihm Eigenschaden zugefügt. Aber trotz allem liebten wir unsere putzigen Junghunde und, als in der Silvesternacht ein unerwarteter Platzregen einsetzte - solche gab es in der Trockenzeit zwischen Dezember und Mai fast nie -, waren wir sehr betrübt, als von acht Welpen deren sechs im Erdloch ertranken, das ihre Hundemutter zu ihrem Schutz vor der Nacht gegraben hatte.

Die Nachbarsfamilie bestand aus dem Großvater, einem 155 Zentimeter kleinen insektendünnen Mann, Patriarchen und Latifundienbesitzer, seiner etwa gleichgroßen dicken Frau und acht Nachkommen, von denen aber nur noch zwei Töchter mit ihren Männern und je zwei bis drei Enkelkindern am Strand wohnten. Der Großvater war zeitlebens Fischer gewesen und durch geschickte Bodenkäufe und Spekulationen zu Geld gekommen, was aber auf seinen Lebensstandard keinen Einfluss genommen hatte. Er wohnte immer noch in einem bescheidenen Steinhaus. Er hatte unserer Familie das Grundstück, das wir heute bewohnen, verkauft. Er war - man glaubt es kaum - als Frauenheld bekannt und sein Hobby nebst übermäßigem Alkoholgenuss war das Karaokesingen mit jungen Mädchen in der Bar, bei dem nicht er, sondern das jeweils in seinem Schoß sitzende Mädchen das Mikrofon hielt. Dabei drückte er an ihren Körpern herum. Für hohe Töne der Begleiterin am Busen, für tiefere im Bereich des Gesäßes. Seine Beteiligung an der Musik war ähnlich intensiv wie die des Luftgitarrenspielers, nur, dass er statt in die Luft ins Fleisch griff. Auf dem Nachhauseweg fuhr er jeweils besoffen den letzten Kilometer durch den Kokospalmenhain und glich auf seinem knatternden Motorrad einem spastischen Slalomläufer beim Skirennen zwischen den Slalomstangen, nur, dass sich hier die Kokospalmen nicht so geschmeidig aus der Fahrtrichtung biegen ließen wie die Plastikstangen beim alpinen Slalom. Dies wurde ihm einmal zum Verhängnis, er schlug mit einer Schulter auf einem Palmenstamm auf und landete mit einem Schlüsselbeinbruch im Spital. Meist aber geschah das Unglück nicht schon auf dem Heimweg sondern erst zu Hause, wenn ihn seine wütende Frau Gemahlin mit einer

Schimpftirade und Fluchsalve empfing, die man hunderte Meter weit durch den Busch schallen hörte, sodass den Affen das Blut in den Adern gerinnen musste:

„Do an hai! Du me me!", was soviel bedeutete wie ungefähr:

„Du Hurenbock, du Schweinehund, versauff und verfick dein Geld, ich brauche es nicht, ich will es nicht, ich gehe in mein Dorf zurück!"

Worauf sie durch den Kokospalmenhain irrte und überall trockene Palmwedel anzündete, die wie Zunder abbrannten und wir ein paar Männer als Feuerwehr hinterherschicken mussten, um eine Vernichtung seiner Kulturen abzuwenden.

Als der Nachbar wieder einmal ein großes Stück Land verkauft hatte, erklärte ihm sein Freund, er solle doch mit ihm nach Thailand fliegen. Dort gebe es viele junge Frauen, mit denen sie sich vergnügen könnten.

Er überlegte nicht lange und antwortete, er gehe lieber auf die entlegenste der An Toi Inseln im Süden von Phu Quoc. Dort arbeiteten nämlich junge Mädchen in Blechhütten und priesen ihre Körper für billiges Geld den Matrosen an, die nach monatelanger Seefahrt sich ihre gröbsten aufgestauten Energien abzapfen ließen. Sie standen dort Schlange, Mann hinter Mann, bis sie zum heißen Kurzabenteuer in den Hütten mit Saunaklima und stinkiger schweißgeschwängerter Luft zugelassen wurden.

So sparte sich der Kleine einen Flug nach Bangkok und ein klimatisiertes Hotel und nahm die samenduftgeladene Bidonvilleatmosphäre in Kauf.

Seine Tochter, welche mit ihrem Mann in der Nachbarhütte wohnte, war nicht viel glücklicher verheiratet als ihre Mutter. Sie hatte mit ihrem Mann bereits zwei Töchter geschenkt und das Paar werkelte an seinem Hauptprojekt, einem Sohn und Stammhalter, herum. Ihr Mann fuhr damals noch jede Nacht hinaus zum Fischen, wenn er denn dazu nicht gerade zu betrunken war. Bei schlechtem Wetter trank er schon frühmorgens mit seinen Kollegen und spielte Karten, wie viele Männer und Frauen auf Phu Quoc. Einmal zerstörte er bei einem Streit den gesamten ärmlichen Hausrat. Mit Handkantenschlag der linken ausgestreckten Hand spaltete er seinen Motorradhelm und jenen seiner Frau. Mit Links, nicht, weil er Linkshänder war, sondern weil er sich in der Jugend bei einem Streit mit seinem Vater in der Wut den Kleinfinger und den Daumen abgeschnitten hatte und diese Hand für Gewalttaten nicht mehr zu gebrauchen war. Dann ohrfeigte er seine Frau derart, dass ihre goldenen Ohrringe im Dunkeln im hohen Bogen in den weißen Sand flogen.

Am nächsten Morgen versuchten wir, diese durch minutiöses Rechen wieder zu finden, ohne Erfolg. Nur einen Gegenstand verschonte er: die Solarlampe, die ich ihm geschenkt hatte.

Er erklärte, dies sei ein Geschenk des Onkel Nachbarn - Vietnamesen verwenden gerne Verwandtschaftsbezeichnungen im Umgang mit Freunden - und dieses Geschenk halte er in Ehren. Seine Ehefrau floh bei Streitigkeiten jeweils zu uns, um sich trösten zu lassen. Zum Fischen konnte sie nicht mit uns gehen, denn sie war Nichtschwimmerin, obwohl sie damals 27 Jahre am Strand gewohnt hatte. Einmal erklärte ihr Mann, er gehe aufs Festland, um Hühner zu kaufen, fand dann aber keine solchen, welche ihm Eier legten, sondern eines, welches ihm ein Kind gebar. Darauf lud er seine Frau ein, ihm mit den mittlerweile drei Kindern aufs Festland zu folgen, um einen Ménage à trois oder, inklusive Kinder, eine Ménage à sept zu führen, was der reiche Schwiegervater unter Androhung der Enterbung seiner Tochter verhinderte. Dann ereilte ihn ein Schicksal. Eines seiner Beine schwoll so hässlich an, dass er der neuen Angebeteten nicht mehr gefiel. Er litt an Elefantitis. Damit verlor er sein Selbstwertgefühl. Er kehrte auf die Insel zurück und wurde von Frau und Kindern wieder mit offenen Armen empfangen. Die Krankheit hatte ihn geläutert und die Ehe gerettet und mittlerweile schwillt auch sein Bein wieder ab, und das Gewicht verlagert sich allmählich nach oben in seinen Bauch, sodass er sich bald wieder wie ein ganzer Mann fühlen und auf seinem lädierten Roller, der wie ein Formel 1 Rennwagen schallt, umherfurzen kann. Mittlerweile beschäftigt er sich mit seiner Hühnerzucht und noch intensiver mit seinen Kampfhähnen, von denen jeder Macho, der etwas auf sich hält, ein paar besitzt, sie umhegt, hätschelt und streichelt, ihnen den Kamm stärkt, sie in kleinen kurzen Kämpflein mit anderen Hähnen stärkt, bis sie zum letzten finalen Kampf mit einem anderen Streithahn antreten müssen.

7.3 Hobbys der Einheimischen

Nebst dem Kartenspiel, das Männer und Frauen fasziniert, ist der Hahnenkampf als typisches Männerhobby verbreitet. Offiziell ist der Streit ums Geld verboten. Früher warfen die Wettenden ihre Gelder in Häufchen auf die Tische beim Kampfplatz und der Wettgewinner konnte es einstreichen. Die Hähne wurden von ihren Besitzern buchstäblich gecoached, zwischen den Kampfrunden gestreichelt, getränkt, geküsst und durch Blasen in den Schnabel und die Luftröhre energiemäßig aufgepumpt. Ihre Füße waren leicht näher gebunden und an einem Fuß klemmte eine Art Messer, damit sich die Hähne nicht nur mit den Schnäbeln, sondern auch mit den Füßen blutig schlagen konnten. Der Kampf dauerte so viele Runden, bis der Unterliegende tot war oder sich nicht mehr bewegte. Die Menge trieb die Gladiatoren frenetisch an, jubelte und litt mit. - Heute wird (offiziell) nicht mehr um Geld gekämpft, mindestens bleibt es während des Kampfes in der Tasche, vor allem, wenn Polizisten, Militärs oder Naturparkranger zuschauen. Es geht heute, wie mir ein Beteiligter erklärte, um „thit" Fleisch, d.h. der unterlegene Hahn wird geschlachtet und die Parteien sind zu dessen Verspeisung eingeladen, angereichert wird die Opfergabe durch viel Alkohol vom Besitzer des Verliererhahnes. Meist endet der Kampf deshalb als Saufgelage. Ob dabei nebst Alkohol auch Geld fließt, darüber schweigt des Sängers Höflichkeit, sicher ist dies nicht der Fall, wenn potentielle Zeugen vorhanden sind.

Auch Grillenkämpfe gibt es noch, auch wenn sie weniger verbreitet sind als Hahnenkämpfe. Auch dort wird gewettet und die Siegergrille kann ihrem Besitzer hohe Gewinne abwerfen. Deshalb ist eine erprobte und gut trainierte Kampfgrille einiges wert. Grillen werden andernorts auch als Sängerinnen gehalten und zum Singen trainiert.

Grillenkampfsport und -muse waren übrigens auch in China vor der Kulturrevolution und sind heute wieder sehr beliebt, wurden aber unter Mao, wie übrigens auch die Hundehaltung als kapitalistische Zeit- und Geldverschwendung, verboten. So strikt war Vietnam nie.

Im Dorf spielen die jungen Männer allerdings zum Teil auch sinnvollere Spiele. Populär sind Fußball und vor allem Volleyball, das auch auf kleinen Flächen gespielt werden kann. Aber das Kartenspiel ist ist am meisten verbreitet. Dabei wird, obwohl außer an den drei Tagen des Tet-Festes verboten, um Geld gespielt. Eine unserer Angestellten wollte ihren Mann am dritten Tag nach Tet um Mitternacht beim Nachbarn vom Spiel abholen und nach Hause begleiten. Doch er ließ sich nicht dazu bewegen aufzuhören, obwohl oder weil er schon viel verloren hatte. Immer wieder flehte sie:

„Hör jetzt auf und komm nach Hause. Es ist verboten, jetzt noch zu spielen!"

Vergebens. Dann, morgens um sechs, stand sie auf, zerrte ihm die Karten aus der Hand und zerriss sie vor allen Männern und Frauen, die mitgespielt hatten. Nun hatte er sein Gesicht verloren. Wutentbrannt stand er auf, verprügelte sie gottesjämmerlich und verdrehte ihr den Arm, wodurch dieser fast ausgerenkt wäre und fürchterlich anschwoll. Am nächsten Morgen, bei Arbeitsantritt, stand sie mit ihrem einseitig aufgedunsenen geröteten Gesicht und dem geschwollenen rot und blaugefleckten Arm so bemitleidenswert vor uns, dass wir sie nicht auf unsre Gäste loslassen konnten, ohne ihnen jedes Mal ihre Leidensgeschichte erklären zu müssen. So schickten wir sie nach Hause. Sie sollte erst nach ihrer Genesung wieder zur Arbeit antreten. In der nächsten Nacht spielte ihr Ehemann das verbotene Spiel in einer Hütte weiter. Die Polizei kontrollierte nun, ob das Verbot auch eingehalten würde. Die Hüter der Ordnung fuhren in Zivil heran, versteckten ihre Motorräder im Busch und schlichen zu den Hütten. Die Spielrunde des Ehemannes wurde in flagranti ertappt, er konnte fliehen und rannte zum Meer hinunter, wo ihn die Polizisten aber einholten und mit Knüppeln verprügelten. Auch in dieser Nacht kehrte er nicht nach Hause zurück.

Die gedemütigte Frau ging gegen Morgen sorgenvoll auf die Suche nach ihm und fand ihn schlussendlich wimmernd am Strand. Zusammen, wie zwei verletzte Eidgenossen nach der Schlacht von Marignano, schleppten sie sich am frühen Morgen, glücklicherweise noch bevor unsere Gäste am Meer brunchten, durch unser Grundstück vom Meer nach Hause zurück.

Das sind übliche Kollateralschäden des Tet-Festes. Überall sieht man an und nach Tet auf den Straßen Karten von Kartenspielen liegen, die weggeworfen wurden, weil sie kein Glück brachten. Menschen verspielen ihre Motorroller und, wenn man sie nach Tet fragt, warum sie plötzlich zu Fuß gehen, erklären sie verschämt, sie hätten das Motorrad verpfänden müssen. Sie verspielen ganze Grundstücke und Hütten. Bei uns streunt täglich eine steinalte Beachcomberin vorbei, brandmager, die Haut wie Leder von der Sonne dunkelbraun gegerbt, abgekämpft in Hudeln und Fetzen, auf dem Rücken einen Stecken, woran ein großer Beutel hängt. Ähnlich wie Hans im Glück, nur weniger unbeschwert sieht sie aus. Auch hängt am Stecken kein Goldklumpen. Darin sammelt sie Petflaschen und verkauft sie im sieben Kilometer entfernten Dorf. Dieser Verkauf stellt ihr einziges mageres Einkommen dar. Sie war einmal verhältnismäßig wohlhabend gewesen, konnte ihr Land gut verkaufen, verzockte dann aber innerhalb von zwei, drei Jahren ihr ganzes Vermögen.

In der Vergangenheit haben die Fischer ihre Grundstücke allerdings meist billig verkauft und hatten, anders als diese Alte, nichts zum Verspielen. Sie sind dann von ihrem Meergrundstück verdrängt worden oder leben als rechtlose Squatters noch dort, bis Residenzen oder Hotels gebaut werden, denen sie allmählich weichen müssen. Diese Fischer werden nicht mehr am Wasser wohnen sondern ein typisches Landrattenleben führen, wenn ihnen nicht ein wenig Geld bleibt, um illegal eine Pfahlhütte auf dem Wasser zu erstellen.

Häusliche Gewalt ist hier verbreitet, aber durchaus nicht in jeder Familie üblich. Sie ist häufig auch reziprok, d. h., sie wird von Männern wie Frauen ausgeübt. Das beginnt schon bei der verbalen Auseinandersetzung, wenn man einen Mann durch den Dschungel brüllen hört:

„Schon deine Ur-, Ur-, Urgroßmutter war eine Hure wie du!", (damit soll die ganze Sippe der Frau verunglimpft werden) und sie kreischt, indem sie sich auf den Rücken wirft und den Rock hebt, zurück:

„Da, leck meine blutige Fotze!".

Dann wird auf Teufel komm raus dreingehauen. Eine Nachbarin, welche sich schlichtend zwischen ein streitbares Ehepaar stellen wollte, bekam einen derartigen Schlag ab, dass sie erklärte, sich nie wieder als Friedensstifterin betätigen zu wollen. Das streitbare Paar beklagte sich bei uns. Nicht beide zusammen, sondern der Mann und die Frau, wenn sie uns jeweils alleine einen Besuch abstatteten. Der Partner sei gewalttätig, jammerte sie.

Er behauptete dies ebenfalls. Als meine Frau von ihrem Knaben wissen wollte, vor wem er mehr Angst habe, vor dem Vater oder der Mutter, antwortete er:

„Vor beiden, der Vater schlägt mich mit der Faust und die Mutter mit dem Stock."

Die Einheimischen haben ein eher ungezwungenes Verhältnis zur Erwerbstätigkeit und zum Geld. Sie sorgen sich weniger um die langfristige Zukunft als ums kurzfristige Überleben. Reicht das Geld für morgen, wird alles andere schon gutgehen. Sie sind äußerst schnell in ihren Entscheidungen und brillante Improvisateure, aber strategisches Denken interessiert sie oft weniger. Wenn ein Kaukasier mit einer Arbeit beginnt, sei es Kochen oder Basteln, kauft er die nötigen Werkzeuge und Geräte sowie Materialien und Zutaten ein und beginnt mit der „mise en place". Der Vietnamese dagegen beginnt sogleich aus einer plötzlichen Eingebung heraus mit einer Arbeit. Er wird nicht zuerst einen Hobbymarkt aufsuchen, um sich mit den gebrauchten Rohstoffen einzudecken, sondern er begnügt sich mit dem, was vor Ort vorhanden ist. Zum

Beispiel: Wenn ich früher in Europa eine Lampe an der Decke montieren musste, kaufte ich, wenn nötig, eine Leiter, Drei-, oder zumindest Zweipoldraht, Klemmbriden, einen Phasenprüfer und einen Schraubenzieher oder mindestens das, was ich davon noch nicht besaß. Der Vietnamese bastelt sich eine Leiter mit Holzästen aus dem Busch oder ein nicht Suva- oder Tüv-taugliches Holzgerüst. Er braucht keine Klemmbriden, sondern verbindet die Kabel, indem er die vier Kupferdrähte der Drahtenden zwirnt, sie umbiegt, an je zwei Enden einhängt und zusammendreht. Dann angelt er, während er bastelt, irgendwo in Reichweite seiner Arme und Beine mit Finger- oder Fußspitzen, eine der überall herumliegenden Plastiktüten herbei. Sodann kramt er aus der Tasche ein Feuerzeug, schnippt Feuer an und vulkanisiert die Tüte, indem er sie erhitzt, auf die zwei nackten zusammengebundenen Kupferdrahtpaare auf. Und fertig ist die elektrische Installation. Während all dieser Verrichtungen turnt er akrobatisch auf seiner Notbehelfsleiter. Oder auch beim Kochen geht das einfach: Meine Frau gibt völlig entspannt und ohne „mise en place" Kochstunden an Touristen und holt die Ingredienzen während ihrer Rede und des Unterrichts aus der Küche, dem Kühlschrank und der Vorratskammer und niemand fühlt sich durch eine mangelnde Organisation gestört. Alles scheint wie am Schnürchen abzulaufen.

Da unser Grundstück ca. 100 Meter lang ist und in der Trockenheit bewässert werden muss, aber die Schlauchstücke zu kurz sind, werden Versatzstücke zusammengesteckt und, damit sie aufgrund unterschiedlicher Dicken nicht lecken, mittels zugeschnittener

Fahrradschlauchstreifen notdürftig befestigt. Muss nun der Garten auf halber Distanz zur Quelle gespritzt werden, so muss nicht das Schlauchende dorthin gezogen werden, sondern der Versatz bei der Stelle, wo das Wasser gebraucht wird, wird auseinandergezogen und schon wird am richtigen Ort gespritzt.

Ein Nachbar, der auf der Dschungelseite der Straße wohnt und früher so arm war, dass die Gemeinde ihm beim Bau seiner Hütte unterstützt hatte, führte für unsere Gäste Dschungeltouren auf den nahen Berg durch, von wo aus man auf einer Felsplattform das ganze Inselreich bis zum Festland nach Kambodscha überschauen kann. Er ging wie viele auf der Insel keiner festen Erwerbstätigkeit nach, außer, dass er da ein wenig fischte und dort der Gemeinde beim Straßenunterhalt etwas aushalf. Diese Bergtouren bedeuteten ein schönes Zubrot für ihn. Dann wurden im Rahmen der beginnenden Spekulation und Bautätigkeit in unserer Gegend zwei Resorts auf der Meerseite gebaut.

Es wurde nach Trinkwasser gebohrt und keines gefunden. Schon zeichnete sich ein Desaster ab. Dann kamen die Hotelerbauer mit ihm überein, auf seinem Grundstück zu bohren und man wurde fündig. Nun vermietet er sein Land rund um die Bohrstellen und erhält von jedem Hotel 5.000.000 Dong, zusammen 450.- US-Dollar im Monat, was dem dreifachen Einkommen eines Arbeiters entspricht. Nun geht er weder Fischen oder für die Gemeinde arbeiten noch auf Bergtouren. Dafür ist er jetzt zu schwach, die Beine tun ihm weh. Er hat, was er braucht und hat den lieben langen Tag nichts mehr anderes zu tun, als in den Teehütten zu schwatzen, was er schon immer am liebsten tat. Ich habe ihn „ong nha bao" genannt, den Journalisten, weil er jeden Gossip auf der Insel kannte und Unfälle und Verbrechen, selbst wenn sich diese in Saigon oder Ha Noi zugetragen hatten, als Vorfälle in den nächsten Dörfern auf Phu Quoc darstellte, so dass seine Zuhörer ob seiner haarsträubenden Geschichten glaubten, Phu Quoc, das Tropenparadies, sei ein Hort der Kriminalität und der Verkehrsschlachten. Richtige Schauergeschichten erzählte er, wobei ich ihn wegen seiner undeutlichen Sprache nicht immer verstand. Er hatte sich mit der Lenkstange seines Motorrades die obere Schneidezahnreihe ausgeschlagen, als er nach übermäßigem Reisweingenuss auf dem Nachhauseweg vornüberstürzte.

Unsere Angestellten kommen zur Arbeit oder sie kommen halt nicht. So genau kann man dies nicht voraussagen. Die Zuverlässigkeit der Prognose ist ähnlich exakt wie das Liebesorakel beim Abreißen der Blütenblätter einer Margerite, sie liebt mich, sie liebt mich nicht. Können sie ihren Roller am Morgen nicht starten, so rufen sie, wenn wir Glück haben, an und erklären, sie können nicht zur Arbeit erscheinen. Ist ihre Schwiegermutter krank, so kriegen wir vielleicht eine ebensolche Meldung. Regnet es stark, so werden sie selbst krank oder die Straßenverhältnisse verhindern ein Vordringen bis zum Resort unserer Familie. Plötzlich fällt ihnen ein, dass heute der Todestag eines nahen Verwandten ist, weshalb die ganze Familie zu Hause bleiben und seiner gedenken muss.

Manchmal kriegen wir einen Anruf. Manchmal bleiben sie drei Tage ohne Anruf weg. Wir versuchten, sie mit einer Treueprovision zu locken, indem wir ihnen versprachen, dass, wenn sie die halbe Saison von Oktober bis Tet ohne Absenz durchhielten, wir ihnen eine Gratifikation von einem Monatslohn ausrichten würden. Aber das half nichts.

Sie interessieren sich nicht dafür, was bis Tet passiert. Sie haben eine Taglöhnermentalität, sie brauchen täglich Kohle und wenn mal eine Reserve vorhanden ist, müssen sie nicht unbedingt heute in die Hände spuken. Ich möchte nicht behaupten, dass dies überall in Vietnam so ist. So, wie zwischen der Lombardei und Lampedusa in Italien, besteht auch hier ein Nord- Südgefälle zwischen der Tonkinebene und Phu Quoc, mit dem Unterschied nur, dass diejenigen, welche Phu Quoc überschwemmen, Geld bringen, diejenigen, die in Lampedusa einfallen, Hilfe brauchen. Die Arbeitgeber erklären aufgrund dieses Zustandes, in Phu Quoc seien eben die Arbeitnehmer die Chefs. Das mag insofern stimmen, als es zutrifft, dass einer, der kein Geld braucht, nicht mit Geld zu ködern ist. Auch Maßregelungen nützen nichts. Die beleidigten Angestellten laufen einem nach einem Verweis einfach davon. Ein ausländischer Chef tut auch besser daran, seine Rüge nicht direkt zu unterbreiten, sondern über Dritte zu vermitteln. Das kommt besser an. Vor allem draußen arbeiten zu müssen, ist bei Frauen verpönt, weil sie nicht braun werden wollen. So arbeiten sie lieber in klimatisierten Hotels und nicht in Bungalowanlagen, wo sie beim Wechseln von Bungalow zu Bungalow braun werden, namentlich, wenn sie zwischen diesen noch wischen müssen.

Wenn Vietnamesen etwas flicken, ist meist nicht die Nachhaltigkeit des Flickwerks das Wesentlichste, sondern, dass das schadbare Objekt möglichst rasch wieder gebrauchsfähig ist. So wurden zum Beispiel die Bänke an unserem großen Esstisch, wo wir mit den Gästen am Abend zusammen essen, laufend geflickt und brachen unter der Last der zum Teil schwergewichtigen Esser häufig wieder zusammen. Diese fielen jeweils in den weißen weichen Sand, was weder Körper- noch Materialschäden bewirkte. Aber richtige Verstrebungen brachte kein Angestellter an, auch wenn die Familie das hin und wieder verlangte. Das gehe nicht, sagten sie, das sei zu kompliziert. Dem schafften wir Abhilfe, indem wir neue kauften.

Ein Kapitän der Vietnam Airlines hatte die nämlichen Feststellungen wie ich bezüglich der Tatsache gemacht, dass die Vietnamesen uns deutlich überlegen sind, wenn es ums Improvisieren geht, aber nur ungern strategische Ueberlegungen anstellen. Immer wieder fasziniere ihn die Flexibilität der Teilnehmer im Straßen- aber auch im Luftverkehr. Auch, dass sie schnell denken würden, beeindrucke ihn, aber, was nach dem Problem komme, darüber grübelten auch junge Piloten nicht so gerne nach. Er erklärte, er lerne mit jungen Piloten viel dazu und sie wahrscheinlich mit ihm auch. Er meine, ein kombiniertes Team sei deshalb kompletter ist als sein solches, welches ausschließlich aus Westlern oder Vietnamesen bestehe.

Natürlich sei es nicht immer einfach, Piloten aus dem Ausland in ein Billiglohnland zu bringen. Der Arbeitsweg dieses Kapitäns war unmöglich. Er wohnte in Sistéron, am Südhang der französischen Alpen und war vorher Pilot bei Air France. Nun reiste er von Sistéron vorerst acht Stunden mit dem Nachtexpress zur Gare de Lyon, dann mit dem REM nach Charles De Gaulle, und letztendlich mit Vietnam Airlines in 13 Stunden direkt nach Saigon, von wo aus er vor allem den ATR72 Turboprop, ein Kurzstreckenflugzeug, flog.

7.4 Flora und Fauna

Die Familie lebt 50 Meter vom Sandstrand entfernt, mit Blick auf die Kokospalmen, den weißen Sand und das meist smaragdgrüne oder azurblaue Meer. Hinter uns beginnt in 50 Metern Abstand der Dschungel mit dem Naturreservat. Wir wohnen inmitten der Natur.

Als wir vor gut zehn Jahren ankamen, waren da ausschließlich Fischer. Entsprechend naturverbunden lebte es sich hier. Wir bohrten lange nach Wasser, fanden welches und pumpen es nun aus drei eigenen Wasserquellen. Wir produzierten mit dem Generator Strom, weil es kein Stromnetz gab, versorgten uns mit eigenen Früchten und Gemüse, gingen Fischen und hatten Kokosnüsse im Überfluss. Reis gab es auf der Insel keinen, aber Gewürze aus dem Garten und Pfeffer von den Plantagen. Noch war der Tauschhandel zwischen den Fischern und den Pflanzern häufig und oft tauschten wir Gemüse gegen Fische und Meeresfrüchte, wenn unsere Fänge nicht ausreichten.

Wilde Tiere fühlten sich früher hier noch heimisch, wenn sie auch, schon als wir ankamen, durch die extensive Jagd zum Teil bereits verdrängt waren. Es gibt hier immer noch fünf verschiedene Affenarten im Dschungel, nämlich Silberlanguren, Kurzschwanzmakaken, Krabbenfressende Makaken und zwei Arten von Loris. Die Affen sind sehr scheu und selten am Straßenrand oder in dessen Nähe anzutreffen. Süßwasserkrokodile waren seit dem Vietnamkrieg aus den Flüssen Phu Quocs bereits verschwunden. Die Bevölkerung hatte, vom Hunger getrieben, alles außer

Blutegel, wie die Vietnamesen sagen, gejagt und gefressen. Eichhörnchen und kleinste Vögel wurden verzehrt, ebenso Affen, auch als sie schon länger streng geschützt waren. Vor einigen Jahren hatten zwei Wilderer aus Ham Ninh, dem nahegelegenen Fischerdorf, mit Fallen zwei Silberlanguren gefangen. Diese waren noch nicht gehäutet und warteten auf ihre Bearbeitung in der Küche, als die Polizei eintraf und die Übeltäter verhaftete. Jetzt verbüßen sie lange Gefängnisstrafen auf dem Festland. Das Wildern ist heute streng verboten. Aber die Dunkelziffer ist nach wie vor hoch. Nicht geahndet wird z.B., wenn ein Dugong, eine seltene Meereskuh, halb oder ganz tot im Fischernetz landet. Solche Seekühe enden dann als Delikatesse im Kochtopf und finden als Leckerbissen und Gaumenschmaus ihre Liebhaber.

Ein Hund des Nachbarn hatte einen Affen zu Tode gebissen. Ich fragte den Mann: „Hast du ihn gegessen?", worauf er nichts antwortete.

Erst auf das Nachhaken: „Hat deine Frau ihn gekocht?", nickte er.

Ein anderer Nachbar, der im Busch wohnt und Schweine, Hunde, Katzen und Vögel besitzt, hatte eine Katze verloren. Eine Python hatte sie stranguliert und hinuntergewürgt.

Er entdeckte den Räuber, als dieser träge im Hinterhof lag. Von Wut ergriffen köpfte er ihn mit der Machete (quasi in Notwehr, Notstand oder Notstandexzess) und verkaufte ihn auf dem Markt in Duong Dong. Sechzehn Kilo wog die Python mit der Katze im Bauch.

Der Nachbar wurde weder wegen Wilderns noch wegen Falschdeklaration von Waren (Verkauf von Katzen- als

Schlangenfleisch) angeklagt, obwohl Pythons im Dschungel geschützt sind.

Tiere, die man eher selten zu Gesicht bekommt, sind leguanartige Echsen, welche bis 2,5 Meter lang werden können. Von diesen gibt es in unseren Wäldern noch viele. Sie leben aber versteckt. Kürzlich fing unser Nachbar eine solche und beabsichtigte, sie später verzehren. Wir versuchten ihr Leben zu retten, indem wir dem Nachbarn anerboten, diese ihm abzukaufen. Er sagte unter der Bedingung zu, dass wir sie essen oder in Gefangenschaft halten würden. Falls wir sie aber freilassen wollten, verkaufe er sie nicht. Dies wäre schade. Dann werde er sie lieber in der Küche garen lassen. Nun, der Versuch der Fütterung misslang. Die Echse fraß nichts. Sie wollte seine Fische und sein Aas nicht, sie fraß offenbar nur Termiten. Und wir konnten nicht den ganzen Tag solche jagen. Und so landete sie in der Pfanne. Als wir kürzlich am Rande des Urwaldes durch eine einsame Gegend fuhren, überquerte ein großer Leguan gemütlich die Straße. Wir bremsten ab und ließen ihn quer vor uns durchspazieren.

Wenn das Weißkopfmilanpaar wieder einmal aus dem Horst am oberen Felsband ausfliegt, kann man es über dem Meer vor uns kreisen sehen. Auch Adler trifft man hin und wieder an. Meist sind sie aber alleine unterwegs. Zur Zeit der Haupternte von Bananen und Mangos im März oder April kommen die Makaken unsere Früchte auf der meerabgewandten Straßenseite stehlen. Affenmütter mit Kindern im Arm pflücken die noch grünen

Bananen. Sie essen diese wohl eher als Gemüse, denn als süße Früchte, ein Brauch, der auch bei Vietnamesen üblich ist: Mangos grün, mit Salz und Paprika, Bananen an scharfer Sauce gekocht wie Platanos in der Karibik oder in Südamerika. Kürzlich haben Makaken aus unserer Küche eine Pfanne gestohlen und in den Urwald verschleppt, wo wir sie später wiedergefunden haben. Es soll auch Fischotter geben auf Phu Quoc. Einen solchen habe ich allerdings noch nie gesehen. Und auch Meeresschildkröten bekommt man eher selten zu Gesicht.

Häufiger sieht man bei uns wilde Tauben, die meist als Pärchen oder in kleineren Gruppen am Rande der Zivilisation sich etwas Futter suchen. Seltener sieht man den Eisvogel oder einen kleinen schwarzen Vogel mit einem roten Schwanz. Auch Fischreiher sind häufig anzutreffen. Sie sitzen gerne auf den Styroporträgern von Schutznetzen der Hotels, um sich einen verfangenen Fisch daraus herauszupicken. Eulen hört man, aber man sieht sie weniger. Kürzlich allerdings besuchte uns eine auf dem Abendtisch. Wir saßen in einer gemütlichen Runde, als eine schneeweiße ausgewachsene Schleiereule mitten auf dem Tisch landete, ein Tohuwabohu mit den Rotweingläsern anrichtete und nach unfreiwilligem Bad im chilenischen Rotwein Santa Helena mit rötlichen Flecken auf dem Gefieder weiterflatterte und einen Scherbenhaufen hinterließ.

Ansonsten beschallen uns ungefähr zehn Grillen- und Heuschreckenarten. Sie konzertieren für uns am Abend und in der Nacht in den unterschiedlichsten Tönen, allerdings, wie ein Sinfoniekonzert hört sich dies leider nicht an. Gewisse zischen minutenlang wie Überdruckventile, andere scheppern wie Kinderrasseln und meist ist von einer Musikalität nichts zu spüren. So wundere ich mich manchmal, wie La Fontaine in seiner Tierfabel dichten konnte: „La cigale ayant chanté, tout l`été,…".

Oder weshalb ein Hotel in St. Rémis de Provence, in dem ich einmal übernachtet hatte „Hotel de chanto cigalo" hieß. So wenig virtuos, wie sie musizieren, so profan sind ihre Kunstflüge. Sie streben dem Licht zu und stürzen ab, liegen dann kläglich auf dem Rücken und brummen wie in Europa die Maikäfer. Sehr unbeliebt sind sie bei den Frauen an unserem Abendtisch, wenn sie in ihre Haare abstürzen und ihre Frisuren zerzausen, oder, noch viel schlimmer, in ihre weiten Ausschnitte fallen und sich mit ihren Hakenfüßen an deren Busen festklammern, wie die Maikäfer bei Max und Moritz an den Füßen von Onkel Fritze mit der Zipfelmütze. Dabei sind sie ungefährlich, viel ungefährlicher als andere Kleintiere, wie Skorpione, Tausendfüßler und Spinnen. Diese verstecken sich gerne unter Kleidern, wenn sie am Boden liegen, weshalb wir unseren Kunden raten, sie in die Schränke zu verstauen. Einmal hatte ein Polizist aus Belgien mich gebeten, seine Boxershorts aufzuheben, ein Tier mache sich an seinem Unterhosenstall zu schaffen. Ich hob sein intimstes Kleidungsstück auf und entdeckte einen Skorpion dort, wo dies der Mann beim Tragen am wenigsten liebt, tötete das Tier und gab das Wäschestück seinem Besitzer zurück. Hoffentlich gibt es auf seinem Polizeiposten keine Skorpione.

Aber wahrscheinlich wirft er dort seine Unterhosen auch nicht einfach auf den Boden.

Einer meiner Freunde, der mich längere Zeit in meinem Haus besucht hatte, griff nach einem monatelangen Aufenthalt wieder einmal in seinen ungebrauchten Rucksack und erlitt gleich zwei Skorpionstiche. Offenbar hatten die Tiere sich dort eingenistet. Ich war, als dieses Malheur geschah, gerade abwesend. Die Familie, die ihn deshalb beriet, gab ihm auf Vietnamesisch und vor allem pantomimisch den Rat, sich Ohrenschmalz aus den Ohren zu klauben und diesen auf der Wunde einzustreichen, was er mit Erfolg tat, weshalb die Schwellung schon nach zwei Tagen und nicht erst nach 48 Stunden abschwoll...

Auch trifft man bei uns riesige Tausendfüßler an, von denen die warnrot leuchtenden giftig sind.

Als ich einmal wieder interessante Treibhölzer am Meer sammelte, konnte mich meine Schwägerin gerade noch durch einen Schrei vor einem Griff in eine solche Bestie am Holz warnen. Harmlos sind die vielen verschiedenen Kleinechsen, die sich in unserem Garten herumtreiben.

Am interessantesten sind die Geckos, die etwa 40 cm lang werden können, an den Hauswänden und -decken nach Mücken, Nachtfaltern und Grillen jagen und wie Urdrachen aussehen. Sie können fast wie Chamäleons, wenn auch nicht so schnell, ihre Körperfarbe wechseln. Unsere Geckos an den Hauswänden sind smaragdgrün wie die Wände und haben rostrote Tupfen wie die Ziegel des Daches. Ein paarmal in der Nacht stoßen sie ein lautes „Ga Kää, Ga Kää" aus. Nach dem Glauben der Einheimischen wird das Wetter am nächsten Tag schön, wenn die Zahl ihrer Krächze ungerade ist und regnerisch bei einer geraden Zahl. Unsere Geckos sind Gewohnheitstiere, sie okkupieren einen festen Platz an den Haus- oder Zimmerwänden und kacken immer am gleichen Ort. So hatte ein Gecko jede Nacht seine Notdurft in unser Zahnglas gezielt. Abhilfe konnten wir aber leicht schaffen, indem wir das Zahnglas um zehn Zentimeter verschoben. Jetzt landet sein Geschoss, das braun mit einem weißen Häubchen an einen italienischen Cappuccino erinnert, unmittelbar daneben.

Auch die Flughunde und Fledermäuse, die tagsüber in unseren Palmenkronen hängen und nachts auf Insektenjagd selbst im Haus ihre Flugkünste zeigen, sind ungefährlich aber lästig, wenn sie die smaragdgrünen Wände mit schwarzbraunen Kotflecken bekleckern. Tagsüber sieht man sie nie, es sei denn, ein Kokosnusspflücker steige auf eine Palme. Dann nimmt eine ganze Kolonie Reißaus und fliegt in die Wedel eines anderen Baumes.

Die Flughörnchen und Eichhörnchen sind bei den Hunden eine beliebte Beute. Tagelang warten diese unter den Palmen und passen darauf, ob nicht eines beim Sprung oder Flug von Palme zu Palme abstürzt, was zum Glück selten geschieht. Übrigens springen auch die Echsen, welche auf den Palmen leben, von Baumstamm zu Baumstamm. Einige haben Flughäute, die sie ausbreiten können. Damit segeln sie wie Skydivers zwischen den Palmen.

Ein Phänomen, welches man auch in Thailand beobachten kann, ist das leuchtende Plankton, wenn man nachts dem Meer entlanggeht und mit den Füßen oder Händen Wasser auf den Sand spritzt. Dann fluoreziert das Wasser in einem glühwürmchenähnlichen Gelb.

7.5 Tiergeister, Geister, Quacksalber und Aberglaube

Neben den Tieren gibt es auf Phu Quoc Fabelwesen, die weder in Brehms Tierleben vorkommen noch in einem modernen zoologischen Lexikon zu finden sind. Geister, Gespenster, Hexen und Zauberer. Es sind vor allem gewisse Tiere und Tierlaute, welche der Geisterwelt zugeordnet werden und die Phantasie beflügeln.

Wenn zum Beispiel ein Nachtfalter unser Haus besucht, dann ruft die Schwiegermutter:

„Gehe fort, wenn du ein fremder Geist bist. Verschwinde aus dem Haus, wenn du nicht zur Familie gehörst. Bist du aber ein verstorbener Verwandter, darfst du bleiben und bist willkommen bei uns."

Als die Familie uns in den Süden nach Phu Quoc nachgezogen war und nun im Busch in einer für sie ungewöhnlichen Umgebung wohnte, fürchteten sich die meisten Mitglieder vor bösen Waldgeistern und wollten gleich wieder in den Norden zurückkehren.

In der Nacht hört man nämlich aus dem Urwald häufig fürchterliche Schreie:

„Meo, meeo, meeo", dazu gegen Morgen ein: „Uuh, uuh, uuh".

Die Familie glaubte, dies seien Kobolde. Dabei stammte das schaudernde meo, meeo von den „cu meo", den Uhus. Cu meo bedeutet Katze der Nacht und ihre Laute tönen wie anklagendes Katzenmiauen. Der buddhistische

Mönch aus der nahen Pagode klärte meine Verwandtschaft darüber auf, dass der Klagende kein Waldgeist, sondern ein Waldkauz sei. Das Wissen um die Urheber der Hühnerhaut provozierenden, schrecklichen Schreie aus dem Urwald beruhigte freilich niemanden, denn der „cu meo" ist für Animisten ein unheimliches Wesen und Verursacher von Unglücksfällen und Krankheiten.

Aber langsam gewöhnte sich die Familie an diese Schreie und überhörte sie aus Gewohnheit. Ein weiterer gehasster Laut war Gebrüll der vielen Affen im Dschungel, welche sich den Dorfbewohnern mehr akustisch als optisch offenbarten, was diese veranlasste zu glauben, Geister umzingelten sie im Dunkeln. Damit meine Verwandten nicht von Angst getrieben gleich wieder in den Norden flohen, habe ich beschlossen, ab sofort mit ihnen in der Hütte auf engstem Raum zu wohnen und sie täglich davon zu überzeugen, dass es hier keine Waldgeister gibt und, falls doch, dass diese ungefährlich sind, wie die Trolle in Schweden, die höchstens Schabernack mit den Menschen treiben.

Die Krähe ist ein Unglücksvogel. Alle weichen ihr aus und wünschen, dass sie fortfliegt, wenn sie in der Nähe ist. Treffen die Bewohner eine solche vor ihrem Haus an, so glauben sie, dass ein Mensch sterben werde. Dieser Aberglaube sitzt tief in den Seelen der einfachen Leute und es nützt nichts, sie aufklären zu wollen. Sie glauben auch an Wahrsager und besuchen solche regelmäßig, oft, ohne es zuzugeben. Solche werden vor wichtigen Entscheidungen, wie zum Beispiel Heirat, Kinderplanung, großen Reisen ins Ausland usw. konsultiert und ihr Rat wird, wenn er genug konkret ist, auch befolgt. Die Menschen glauben an Hexen und Zauberer, die andere verhexen können. So hört man immer wieder Geschichten von Leuten, die sich vermeintlich übernatürlicher Kräften von Quacksalbern bedienen, um anderen zu schaden und oft wird erzählt, dass jemand, zum Beispiel von seinem Ehepartner, verhext wurde. Stirbt ein Kind, so verbrennen die Trauernden Papierspielzeug und Kinderkleidchen aus Papier, damit der Verbrennungsrauch in den Himmel steige, sich die Gaben dort wieder materialisierten und das Kind nicht frieren müsse und auch im Himmel spielen könne.

Für verstorbene Erwachsene verbrennen sie Geld, damit jene im ewigen Leben sich etwas Luxus leisten können. Man kann solche Produkte überall kaufen und sieht solche Qualmopferzeremonien selbst in den Straßen von Saigon. In der Altstadt von Hanoi findet man in der Straße, wo auch die Devotionalien- und Tempelzubehörzunft ansässig ist, ganze Läden mit solchem Papieropfergegenständen.

Bei der Auswahl eines Ehepartners wird auf das richtige asiatische Tierkreiszeichen geschaut. So passt ein Wasserbüffel nicht zu einem Tiger oder auch nicht zu einem Drachen, wenn der Drache in der Trockenzeit November bis Mai geboren ist, weil dieser dann Feuer speit, was den Wasserbüffel in Rage bringt. Ist der Drache aber in der Regenzeit, d.h. zwischen Juni und Oktober geboren, dann speit er Wasser, was den Wasserbüffel beruhigt, womit er sich in seinem vertrauten Element fühlt. Also heiratet ein Wasserbüffel besser nur einen Drachen, welcher in der Regenzeit geboren ist. So bin ich zwar im Jahr des Wasserbüffels geboren und meine Frau im Jahr des Drachens, aber zum Glück hat sie im September, noch in der Regenzeit das Licht der Welt erblickt, deshalb glaubte die Familie, dass wir gut harmonieren würden.

Um 12 Uhr beginnt man keine Reise, weil dies Unglück bringt, auch an gewissen Daten im Monat nicht. Um bei wichtigen Entscheidungen richtig zu liegen, fragen die Menschen vom Lande gerne einen "Thay boi", einen Wahrsager, dessen Vorhersage meist so unpräzise und inexakt ist, wie die der Wahrsager, welche Tiziano Terzani in seinem Buch „Fliegen ohne Flügel" beschrieben hat, wobei er offen ließ, ob er an Wahrsagerei glaubt oder nicht. Er ließ die Widersprüche all der Wahrsager unkommentiert im Raum stehen, die er während des Jahres 1993 besucht hatte, als er, ein Korrespondent des „Der Spiegel", nicht fliegen durfte, weil ihn ein Wahrsager vor einem Flugzeugabsturz gewarnt hatte. Sein Stellvertreter, der an seiner statt die Flugstrecken für das Deutsche Magazin auf sich nahm, stürzte auf einem Flug im Hubschrauber der Vereinten Nationen in Kambodscha ab. Also muss es mit der Wahrsagerei vielleicht doch etwas auf sich haben. Oder aber, bei sehr vielen unterschiedlichen Voraussagen trifft dann vielleicht doch die eine oder die andere zu.

An Neujahr darf das Haus während ein paar Tagen nicht geputzt werden, Frauen dürfen dann nicht vor den Männern den Wohnbereich von Freunden betreten.

Menstruierende dürfen generell keine Räucherstäbchen vor dem Altar anzünden.

Gewisse Menschen scheinen eine Vorahnung vom Tod zu haben. So hat unsere Nachbarin kurz nach ihrem 106. Geburtstag - effektiv war sie nur 105 Jahre alt gewesen - (Vietnamesen sind nach einer in Asien allgemein verbreiteten Auffassung bereits einjährig, wenn sie das Licht der Welt erblicken) - sich den Grabort ausgesucht, ist zum Schreiner gegangen, hat sich den Sarg aus gutem Holz zimmern lassen und - ist gestorben.

7.6 Häuserbau auf der Insel

Vor dem Häuserbau wird eine animistische Zeremonie abgehalten mit Speise- und Trankopfern, wobei meist ein Huhn geschlachtet und Reiswein kredenzt wird. Dann findet der erste Spatenstich statt, indem eine honorable Person an den vier Ecken des Hauses mit dem Aushub beginnt. Sie muss das ihr offerierte Honorar unbedingt annehmen, auch wenn sie den Spatenstich als Ehrenaufgabe betrachtet. Wehe, sie tut dies nicht, das bringt Unglück.

Als die Familie ihre Häuser baute, dauerte die Zeremonie einen vollen Morgen.

Das ganze Prozedere lief in höchster Konzentration der Beteiligten ab. Ernst und schweigend wurde diese Sternstunde zelebriert. Erst dann ging`s los mit dem Bau. Die Bauarbeiter fuhren auf ihren Mofas heran und begannen, erst einmal eine Fläche abzuholzen, wo sie ihre Hütte für die Dauer des Baus aufstellen wollten. Eine Hütte für die alleinstehenden Männer, daneben der Rollerunterstand, dann die Hütte für einen, der Frau und Kind mitgebracht hatte und in etwas Abstand eine Hütte für ein älteres Paar. Dann richteten sie eine Kochstelle ein. Sie würden nun alle für ein paar Monate hier leben, 200 Meter von uns, die wir in unserer Hütte im Busch schliefen, bis sie als Baunomaden weiterziehen würden.

Die Rohmaterialien für ihre Hütten wurden alle aus dem Wald herbeigeschafft, Stangen, Palmwedel, Steine. Während des Aushubs kamen Schlangen und Fische aus den Teichen zum Vorschein, eine willkommene erste

Verpflegung für diese Leute. Der Bauunternehmer würde den Einkauf des Essens besorgen und die zwei Frauen würden auf der Feuerstelle für alle kochen. In der Schweiz nennt man die erste Installation Baustelleneinrichtung. Freilich hatte diese hier mit einer ersten Baustelleneinrichtung in Europa nicht viel zu tun. Dann wurde in den nächsten Tagen im Sumpf gepfählt. Große Stein-Betonfüße wurden versenkt. 20 Meter lange Armierungseisen wurden angeliefert und in der Nacht wurden Hunde daran angebunden, damit die Eisen nicht durch Diebe wegtransportiert würden. Vielleicht fragt sich der Leser, wie so ein Diebstahl möglich ist. Ganz einfach, man biegt die Eisen in der Mitte um die Lenkstange von Motorrädern und fährt davon, auf beiden Seiten in je 10 Metern Abstand einen Feuerschweif sprühender Eisenfunken hinter sich nachziehend. So unverfroren können Diebe hier sein. Die Bauarbeiter verdienten ca. 2.200.000 Dong, ca. 10 US Dollar am Tag. Das Kleinkind des einen Paares arbeitete selbstverständlich nicht mit, aber es führte bei uns ein paradiesisches Leben, es befand sich in einem ca. 4.000 Quadratmeter großen Spielplatz davon einem ca. 2.000 Quadratmeter großen Sandhaufen mit weißem Sand. Das flache Meeresufer diente als Plantschbecken, wenn das Spielen hier für das kleine Mädchen auch nicht ganz ungefährlich war. Genaue Pläne brauchte der Bauunternehmer nicht. Ich hatte nur Grundrisspläne 1:100 gezeichnet und einen Aufrissplan der Außenfassaden von allen vier Seiten der Häuser.

Die „Detailplanung" erfolgte nach Erfahrung, Lust und spontaner Eingabe, oder, wie die Schweizer sagen, „Handgelenk mal Pi". Relativ bald bohrten wir nach Wasser und, welch ein Glück!, fanden solches. Drei Quellen waren es schließlich, wovon zwei hervorragendes Wasser und eine dritte eine rötlich gefärbte Brühe ablieferten. Betonmischer, Bohrmaschinen und Elektrosägen trieben wir durch einen Generator an, das Wasser für den Beton bezogen wir aus dem nahen Bach mit einer Elektropumpe und der Sand für den Beton lag auf dem Grundstück oder im Meer. Ein 100 und ein 80 Quadratmeterhaus, beide sieben Meter hoch mit geschwungenen Pagodendächern, wuchsen aus dem Boden. Dazu mussten Anlagen für die septischen Abwassertanks, Wasserreservoirs und die Konstruktion eines Weihers, sowie eines Sträßchens aus roten Sandsteinquadern erstellt werden.

Bei verschiedenen Nachbarn wurde der Bau viel teurer, weil falsch gemessen und weil Pfusch abgeliefert wurde. Es wurde wieder abgebrochen und Teile mussten ersetzt werden.

„Khong sau!", „nicht so schlimm!", war dann jeweils die schulterzuckende Rechtfertigung. Das Leben und die Arbeit gehen weiter.

Da wir den Eindruck nicht loswurden, der Bauunternehmer bemesse die Essensrationen seiner Taglöhner zu knapp, brachte ich diesen häufig selbstgemachte Sandwiches und jeden Tag 30 Liter Eiswasser mit Zitronen und Zucker. Deshalb nannten sie mich liebevoll Onkel George, „chu Sog". Einmal luden sie mich zum Mittagessen ein. Da ich Vegetarier war und beim Schweinefleisch „thit lon" nicht zupacken wollte, erklärte ich ihnen:

„Khong an thit lôn", womit ich meinte, ihnen mitzuteilen, ich esse kein Schweinefleisch. Sie lachten laut und dreckig und fragten: „Kong an thit lôn?"

Antwort:

„Phai, khong an thit lôn."

Schallendes Gelächter und zueinander kommentierten sie lachend:

„Khong an thit lôn."

Nach einem fröhlichen Essen zog ich mich zu meiner Familie in unsere Hütte zurück, wo mich die Frauen fragten:

„Warum bist du nicht zum Essen gekommen?"

„Ich wurden von den Bauarbeitern eingeladen", antwortete ich.

„Wie war`s?", bohrten sie weiter.

„Gut, aber ich wurde ausgelacht."

„Weshalb?"

„Weil ich gesagt habe, ich esse kein Schweinefleisch", „Khong an thit lôn".

Gelächter der Frauen, etwas verhaltener. Darauf die Antwort:

„Das darfst du nicht sagen. Du musst sagen: Khong an thit lon, mit einem offenen O, aber nicht khong an thit lôn mit einem geschlossenen O, denn das bedeutet, ich esse kein Pussyfleisch. Deshalb haben sie derart gelacht."

So peinlich kann ein kleiner sprachlicher Fauxpas sein.

Je höher die Bauten wuchsen, umso schwindeliger wurde mir beim Zuschauen, wie die Arbeiter den Beton in Kübeln vom Betonmischer auf die Dachunterkonstruktion hochhievten. Mit der Vormauer vor dem Haus waren dies doch acht bis neun Meter Höhenunterschied. Sie arbeiteten mit einem einzigen wackligen Element eines Baugerüsts, das sie laufend verschieben mussten. Weil der Bauuntergrund schief und teils sumpfig war, mussten sie es meist mit Steinen oder Hölzern unterlegen oder, wenn das nicht half, das Gerüst an eine Verankerung an der Wand anbinden, oder zwei Bauarbeiter mussten es halten. Einer stand jeweils auf halber Höhe, einer oben auf dem Gerüst und ein weiterer auf dem bereits trockenen und daher steifen Betongerippe unterm Dach. Der volle Betonkessel wurde unter balancierenden Verrenkungen hochgereicht, wobei das Gerüst einmal dagegen und einmal mitwippte. Es musste zuweilen ein günstiger Moment des Mitwippens des Gerüstes abgewartet werden, damit der Kübel synchron, unter Ausnützung des Wiegens, nach oben geschwungen werden konnte. Und wehe, der Wurf ging ins Leere, dann bepflasterte sich der Werfer selbst mit Beton. So glichen die Bauarbeiter manchmal den Statuenpantomimen-Darstellern auf Märkten oder in Fußgängerzonen im Westen, grau in grau, dort überzogen mit Schminke und bekleidet mit grauem Gewand, hier von Kopf bis Fuß mit Beton patiniert. Glücklicherweise blieben wir von einem schwereren Unfall verschont. Vielleicht hatte dazu auch die Gewohnheit vieler Vietnamesen beigetragen, den ganzen Tag während der Arbeit den Motorradhelm aufzubehalten. Früher war der „Non", der charakteristische konische Hut nebst dem „Ao Day", dem langen Kleid, das die Frauen so schlank und elegant aussehen lässt, das Bekleidungssymbol Vietnams. Durch die Helmpflicht beim Motorradfahren und die Tatsache, dass der Vietnamese einen guten Teil des Tages auf seinem fahrbaren Untersatz verbringt, hat der Helm den Non in den letzten Jahren immer mehr verdrängt. Viele Vietnamesen tragen den Helm, als ob er angegossen wäre auch zum Fischen, auf dem Bau, im Restaurant und auch, wenn sie auf die Bank gehen. Oft tragen sie unter dem Helm auch noch einen Hut, sodass sie jenen nicht festzurren können, womit er seine schützende Wirkung verliert und sein Tragen zum reinen Placebo wird. Oft wird der Hut dann noch kombiniert mit einer schützenden Mundbinde oder einem integralen Mund-Halsschutz, einem Schutz, der einer Burka gleicht.

Die Vietnamesen verwenden diese Kleidungsstücke allerdings nicht aus religiösen Gründen, sondern gegen die Sonne, weil sie nicht braun werden wollen, und gegen Smog und Straßenstaub.

Absurd sieht es dann aus, wenn eine Gruppe derart Vermummter in eine Bank eindringt, allerdings nicht mit vorgehaltener Pistole, sondern vorgestrecktem Bankbüchlein, denn die Tarnung dient natürlich nicht dem Zweck eines Überfalls. Solche sind selten und deshalb besteht in vietnamesischen Banken anders, als bei uns, auch kein „Burkaverbot". Auch wenn die Frauen tagsüber auf dem Meer fischen oder schwimmen gehen, sieht man bei ihnen sowenig Haut wie bei den Kuwaiterinnen, die sich an den Stränden von Bodrum oder Kusadasi tummeln. Der Grund des Versteckspiels ist dort allerdings natürlich ein anderer.

Der Bauunternehmer ging vor Fertigstellung der Häuser, wie dies so häufig der Fall ist, in Konkurs, „Pha San", wie der Pleitegeier in Vietnam heißt. Die Handwerker haben wir teils übernommen und ohne Baumeister fertiggebaut. Insgesamt waren wir doch recht zufrieden mit der Realisierung unserer Häuser unter ungewöhnlichen Bedingungen.

Die Wohnsitznahme der Familie nördlich des Fischerdorfes Ham Ninh inspirierte andere, hierherzuziehen. Früher hieß es in Duong Dong, der Hauptstadt, die Ostküste sei hässlich und es lohne sich nicht, dort zu leben. Im sog. Masterplan ist im Osten der Streifen zwischen Nationalpark und Meer, welcher teilweise nur 100 Meter breit ist, als landwirtschaftliches Land vorgesehen. Wir hatten auf dem wilden Land einen natürlichen Garten mit Teich und breitem, kokospalmenbewachsenen Sandstrand angelegt und bald erreichten uns mehr und mehr Besucher. Wohlhabende Einheimische aus Hanoi und Saigon, die erkannt hatten, dass es sich hier am Strand leben lässt, ließen sich nieder. Touristen kamen, welche hier baden wollten. Investoren aus den Städten und dem Ausland, welche durch uns inspiriert worden waren und für sich Boden kaufen und auch so idyllisch leben wollten, überrannten uns teilweise buchstäblich. Spekulanten, welche das Potential der noch günstigen Bodenpreise witterten und Interessenten, welche Hotels zu bauen beabsichtigten. Die Bodenpreise schnellten damit in die Höhe. Immer mehr Leute wittern Geld und das Business kehrt ein. Die Idylle wird langsam aber sicher verschwinden. - Vorerst allerdings ließen sich erst einmal einige ausländische Originale an dieser Küste nieder, von denen sollen hier einige erwähnt werden sollen.

7.7 Inseloriginale

Alain, der Franzose, hatte während mehr als einem Jahr-
zehnt in Australien gelebt und dort als Treuhänder gearbeitet, als er sich entschloss, Pflanzer zu werden und
Kräuter im Dschungel zu kultivieren. Er hatte dazu bei uns
im Osten auf der vom Meer abgewandten Straßenseite
etwa einen Hektar Land gekauft, baute dann mit zwei,
drei Einheimischen sein Haus aus großen gelben Sandsteinbrocken und setzte ein Blechdach ca. 30 Zentimeter
auf einer Stahlkonstruktion darüber, was genügend Luft-
durchzug, aber auch das Eindringen allerlei Getieres und
auch schlanker Vietnamesen erlaubte.

Während des Baus zeigte er sich voller Begeisterung, wenn
er von seinen Pflanzen sprach, aber voller Gram, wenn er
der mangelnden Präzision und Arbeitsmotivation und der
Unpünktlichkeit seiner Bauarbeiter gedachte. Abends hing
er manchmal bei uns am Strand rum, seine Haut und sein
blondes Haar gepudert vom Staub des Zements, den er zu
Beton gemischt hatte, alles grau in grau, und haderte mit
seinem Schicksal. Nicht nur seine Bauarbeiter ärgerten
ihn, auch die Behörden, denen er einen unermesslichen
Papierkram abzuliefern hatte und die Nachbarn, die seine
Grundstücksränder ständig abgruben, seine frisch gesetz-
ten Pflanzen ausrissen oder seine Latifundien mit allerlei
Unrat übersäten. Letztendlich grämte ihn seine Freundin
mit deren zwei Kindern, welche das Leben in Saigon dem
Dschungelleben vorzog und Fersengeld bezahlt oder
besser gesagt von ihm bekommen hatte. Ein einsamer
Steppenwolf, mit sich und dem Leben unzufrieden.

Hin und wieder, wenn seine Locken wieder einmal geduscht in der Sonne golden glänzten und die Staubmascara von seiner gebräunten Haut abgeschminkt war, konnte man versucht sein zu glauben, es sei an ihm mit seinen 190 Zentimetern Größe ein Adonis verlorengegangen.

Er war Anfang 50. Hin und wieder verirrte sich eine Einzelreisende in unserem Resort und, wenn er dies roch und auf Freiersfüßen zu uns schlich, zeigte er sich charmant und großzügig. Aber bald nach einer rauschenden Nacht holte ihn der Alltag wieder ein und seine Sorgen überwältigten ihn von neuem. Solange er noch an seinem Haus werkelte, hatte er immerhin ein festes Ziel vor Augen. Als dieses seiner Vollendung entgegen wuchs, effektiv blieb es unter seinem Besitz unvollendet, war er mit seinem Latein auf Phu Quoc am Ende. Das Pflanzenprojekt bahnte sich nicht erfolgreich an. Lag es daran, dass der Dschungelboden für seine Kräuter ungeeignet war? Lag es daran, dass er den Dschungel zu wenig gerodet hatte und kaum Sonnenlicht zu den Pflanzen durchdrang?

Hatte er die falschen Kräuter gewählt? Oder waren die bösen Nachbarn, die seine jungen Pflänzchen ungefragt vorzeitig pflückten, am Misserfolg schuld? Nachdem auch eine weitere seiner Gespielinnen aus seinem Garten Eden geflohen war, ließ auch er sich daraus vertreiben, warf alles über Bord, verkaufte einen großen Teil seines Grundstücks und zog heim ins Land seiner Mutter. Einmal im Jahr besucht er den Rest seiner Latifundien noch, schaut, wie der Wald wächst und prüft, ob seine Hausbank seinen Verkaufserlös gut verwaltet, wenn sie bis dato auch nicht bereit ist, ihm diesen nach Frankreich zu überweisen. Heute arbeitet er selbst bei einer Bank in Paris. Er hat den Weg von Adam, nicht jenen von Paul Gaugin gewählt. Er ist aus dem Garten Eden geflohen und nicht dorthin ausgewandert.

Paul, nicht mit dem Nachnamen Gauguin, war das, was die Australier einen „character" nennen. „The cranky butcher", nannte man ihn, den mürrischen Metzger. Dabei war er oft gar nicht mürrisch. Er sprach einen Akzent, der unweigerlich seine Herkunft aus der Gegend von Cairns und Darwin in Australien verriet, zum Beispiel, wenn er seine Frau mit „moi woif", „my wife" vorstellte. Er hatte ein Stück Land am Meer gekauft, vorerst dort ein Steinhaus erstellt und danach ein Kühlhaus, wo er Würste, Schinken und Speck zu produzieren begann. Er kaufte auf dem Festland halbe Schweine und brachte sie mit seinem Kühltruck auf die Insel, wo er sie im Kühlhaus verarbeitete. Da es noch keinen Strom gab und, als der Anschluss dann möglich wurde, die Stromlieferungen aber nur unregelmäßig eintrafen, musste er einen teuren, hochprofessionellen Generator installieren. Die ganze Investition und damit die Würste kosteten deshalb ein Schweinegeld. Er versprach sich, die Hotellerie und die Restaurationsbetriebe in Phu Quoc beliefern zu können. Allmählich lief sein Geschäft auch an. Seine Würste schmeckten hervorragend, waren aber selbst für die Hotels eher teuer. Wir hätten sie gerne auch bei uns verkauft, aber die Menus wären für unsere Gäste zu teuer geworden. Dann hatte er eine neue Idee. Er baute ein Boutique-Hotel und erklärte mir, sein Hotel werde einen viel höheren Standard als unseres aufweisen.

Ich bezweifelte, ob hier auf dieser Seite der Insel ein Markt hiefür vorhanden war. Aber vielleicht lag er ja richtig im

Trend und vielleicht kommen die Touristen, die Luxus verlangen, auch einmal auf unserer Seite an. Jedenfalls realisieren heute auch Vietnamesen auf der Ostseite immer prätentiösere Projekte. Ob diese dann auch rentieren, bleibt dahingestellt. Vorerst baute er eine Mauer um sein Grundstück herum und, als eine Gruppe von Vietnamesen sich hinter dieser und einem hohen Felsen zu einem feucht fröhlichen Picknick einfand, stampfte er wie von Sinnen dahin, besah sich die im Entstehen begriffene Unordnung, packte mit jeder Hand einen vietnamesischen Mann am Kragen und brüllte:

„Here, inside this wall, is Australia. Here you have nothing to do. Fuck off, bring your shit behind that wall and leave your mess there. Over there is Vietnam. But here is Australia!"

Er stieß die ganze Partygesellschaft zum Tor in der Mauer hinaus aus Australien nach Vietnam und warf deren Picknick und die Abfälle hinterher, hinaus nach Vietnam.

Es erübrigt sich wohl festzustellen, dass er zwar einerseits künftig von „trespassers" verschont blieb, sich andererseits jedoch an der Küste nicht besonders beliebt machte. So kam es vor, dass hin und wieder ein vom Bau der Mauer übrig gebliebener Sandsteinbrocken als Wurfgeschoss inmitten seines Grundstückes und später, nach dem Bau seines Boutique-Hotels, auf einer gestylten Liege oder im Wasser seines Pools landete. Jedenfalls: die vorstehende Anekdote beschreibt eher seinen misanthropischen Zug, weshalb er vielleicht doch nicht ganz zu unecht „cranky butcher" genannt wurde.

Ein Menschenhasser war er aber keineswegs. Er hatte die Menschen gern, war ein sehr engagierter Unterhalter. Oftmals saß er mit uns und unseren Gästen am Tisch und erzählte lustige Geschichten. Dabei war er kein Kaltstarter. Er brauchte so zirka fünf Biere, um sich aufzuwärmen. Zwischen Bier Nummer sechs und zehn kam er rhetorisch dann langsam in Fahrt, irgendwann zwischen Bier Nummer elf und 15 erreichte er seinen narrativen Höhepunkt und zwischen Bier Nummer 16 und 20 wurde er aufsässig und die Gäste seiner langsam überdrüssig, worauf wir ihm ab Bier Nummer 21 empfahlen, nach Hause zu fahren, solange er noch fahrfähig sei. Er verlangte dann in der Regel noch drei bis vier Zugaben Bier, bevor sein Konzert zu Ende war und wir ihn definitiv dazu bewegen konnten, sich auf seinen Sattel zu schwingen, respektive sich an seinem Motorroller hochzuhangeln und schlenkernd und torkelnd nach Hause zu rollen. Wenn seine Familie dabei war, artete die Rückfahrt oft beinahe zum Streit aus, wenn wir erklärten, wir würden seine Frau und seinen zweijährigen Sohn auf einem anderen Motorrad nach Hause bringen. Er bestand darauf, dies selbst zu tun und setzte sich durch:

„I go with moi woif."

Wir eskortierten dann den Betrunkenen und seine delikate Fracht bis zum Tor in der Mauer, wo Australien begann. - Das Australien „of the cranky butcher".

Einmal stattete er uns bei einer Silvesterparty seine Visite ab und war bei Bier Nummer 16 angelangt, als eine Tischnachbarin seine Aufmerksamkeit erweckte; eine junge

Frau, von der eine aufregend aparte Ausstrahlung ausging. Asiatin, Japanerin aus Chiba bei Tokyo, auffallend schön, schlank und 180 Zentimeter groß. Sie war zusammen mit einem Halbasiaten, der auch Zürichdeutsch sprach.

Sie mussten relativ betuchte Travellers sein, denn sie wohnten im damals teuersten Hotel in Phu Quoc und waren nur für die Silvesternacht und den nächsten Tag unter Doppelbuchung zu uns „into the middle of nowhere" gekommen. Sie nannten ein Loft in Tribeca, in New York, ihr eigen, wie sie auf Nachfrage beiläufig erklärt hatten. Plötzlich begann der cranky butcher sie mit der Faust in den Arm zu stoßen und stieß aus:

„I have seen you. I know you. Tell me who you are!"

Sie wandte sich leicht eingeschüchtert und enerviert ihrem Freund zu, nachdem sie sich versichert hatte, keine blauen Flecken am Arm davongetragen zu haben. Aber der mürrische Metzger hielt nicht inne, sondern stocherte weiter, unterstützt von Fausthieben auf ihren Arm:

„I have seen you last Friday, on the TV, you are an actor!"

Sie erwiderte nichts. Nach fünf Minuten lagen seine Nerven blank und er rief:

„You are the girl from Wolverine, aren`t you? Tell me the truth!"

Dann endlich, damit er sie endlich in Ruhe lassen würde, gab sie nickend ihre Identität preis. Sie war die Schauspielerin aus dem Film Wolverine, die Nichte des Hauptdarstellers. Nun, siehe da, jetzt war er endlich befriedigt. Endlich hatte sie ihren Frieden. Sie war natürlich nicht zu uns ins Niemandsland zur Silvesterfeier gereist, um Autogramme zu verteilen, sondern, um die relative Abgeschiedenheit zu genießen und nicht mit Fans konfrontiert zu werden. Der Rest des Abends verlief, nachdem der Australier nach dem 25sten Bier die Heimfahrt angetreten hatte, ohne Störung für sie und am nächsten Tag haben wir sie nicht mehr mit ihrer Identität konfrontiert. Gegoogelt habe ich sie später aus Neugier und um herauszufinden, ob sie wirklich die Wahrheit gesagt hatte. Dies bestätigte sich. Sie gehörte zu den Stars, die anlässlich der Oscar Verleihung über den roten Teppich in Hollywood stolzierten, ohne jedoch selbst einen Oscar erhalten zu haben.

Ein andermal saßen wir zusammen. Es war kurz nach Mitternacht, ich hatte die Biere von Paul nicht nachgezählt, weil diesmal die leeren Büchsen jeweils abgeräumt worden waren, sobald er ihnen den Neoprenpariser, den Australier üblicherweise zur Kühlhaltung des Bieres über die Büchsen stülpen, ausgezogen und der nächsten Büchse übergestülpt hatte.

Der Kondomschutz war eine Maßnahme, der er eigentlich gar nicht bedurfte, weil sich das Bier bei seiner Trinkkadenz erst in seinem Blut aufwärmen konnte.

Wir sprachen bierselig über das Altern und er, 48, erklärte mir, 67:

„When you`ll get old, George, I will take care of you!"

Bei jedem, der in diesem Satz ausgesprochenen Zisch- und K-laute, also bei „George" und bei „care", machte sich eine seiner Gebisshälften selbständig und flog in hohem Bogen auf den Tisch zwischen die Dinnerteller der Gäste. Zuerst das obere und dann das untere.

Aber, bevor der Hauptteil der Gäste das unappetitliche Missgeschick bemerkt hatte, setzte er seine dritten Zähne flugs wider ein. Und als ich entgegnete:

„When I am old, you can lend me your teeth!"

Es lachten nur die wenigen, die das peinliche Intermezzo mitgekriegt hatten. Oder vielleicht war dieses den meisten so peinlich, dass sie darüber höflich schweigend hinwegsahen.

Als er mich zum Rugby-WM Finale zwischen den neuseeländischen All-Blacks und den Australiern zu sich nach Hause vor den Fernseher eingeladen hatte, schwante mir Unheil, denn das Finale fand in Neuseeland statt und wurde live übertragen. In Vietnam wäre dies aber nicht um acht Uhr abends, sondern um zwei Uhr morgens gewesen. Also hätte ich mich mit Paul auf eine Bierdosenstaffette einlassen müssen: Neoprenpariser auf, Bier auf, Bier aus, Neoprenpariser aus, auf auf, aus aus, auf auf, usw. Ferner hatte ich vorausgesehen, dass die All-Blacks gewinnen würden, denn sie waren die haushohen Favoriten gegenüber den Australiern und ich sympathisierte mit jenen. So befürchtete ich, dass der cranky butcher seinem Namen vielleicht wieder einmal Ehre machen und dass er während des Matches nicht nur mürrisch, sondern frustriert-alkoholisiert unberechenbar würde und lehnte deshalb die Einladung dankend ab. Einmal hatte er sich nämlich mit Alain, dem Pflanzer/Banker im Suff gestritten und dabei kriegten beide blaue Augen ab, wussten aber am nächsten Tag nicht, wer ihnen die Veilchen verabreicht hatte. Wie romantisch! Anonym verschenkten sie sich gegenseitig Blumen. Ich wollte das schlimme Ende eines gemeinsamen Sportabends vermeiden. Solche fernsehsportliche Auseinandersetzungen können einen Keil zwischen Freunde treiben.

So hatte ich mich jedes Jahr mit Kevin, dem Bullen aus Christchurch, von der australischen Perlfarm, den ich als ersten Ausländer auf Phu Quoc getroffen hatte, ein paarmal verabredet, um mit unseren Frauen und ein paar Freunden essen zu gehen. Aber als die Schweizerische „Allinghi" gegen Neuseeland im Segeln den American-Cup gewonnen hatte, fiel die Stimmung zwischen uns zeitweise in den tiefen Keller.

Er erklärte: „Bloody Swiss money won against Kiwi ingenuity!", worauf ich ihn mit der Bemerkung foppte, Neuseeland hätte eine schwache Leistung gezeigt, es sei ja vom Meer umgeben und die Schweizer aus dem Binnenland hätten nur auf dem Genfersee üben können.

Nun, Paul ist leider vor wenigen Jahren an Krebs gestorben. Er hinterließ eine junge Frau und ein kleines Kind. Er kann mich in meinem Alter leider nicht mehr umsorgen und mir seine Zähne leihen. Er hat sie mir auch nicht testamentarisch vermacht. Tragisch kann das Leben sein. Das Jahr hatte für ihn schon schlecht begonnen mit dem Umbau seines Hauses in ein Boutique Hotel. Er hatte die meisten Arbeiten selbst in die Hand genommen und wie ein Berserker geschuftet. Einmal stand er im Wasser und wollte einen elektrischen Stecker herausziehen. Dabei löste er einen Kurzschluss aus und stand während fünf Minuten unter Strom. Zum Glück sah dies ein Arbeiter und konnte den Hauptschalter abschalten. Seine Hand war bis auf den Knochen verbrannt und er erholte sich von diesem Stromschlag nicht mehr völlig.

Ein anderer „Charakter" ist Jerry, der neuseeländische Reiseführer, der zeitweise fast jeden Tag mit einer Kleingruppe bei uns am Strand zu einem stärkenden Morgenkaffee aufkreuzt, den er oft dringend braucht, um seinen Kater zu vertreiben. Zeitweise ist er für ein paar Monate nicht mehr zu sehen, wenn es ihn an einen anderen Strand treibt oder die Motorradexkursionen mit seinen Kunden ihn in andere Gegenden der Insel bringen.

Er hatte früher mit seiner vietnamesischen Lebensgefährtin, den zwei gemeinsamen Kindern und einem Knaben aus deren früherer Beziehung und der Mutter seiner Liebsten eine ärmliche Zweizimmerwohnung bewohnt, bevor er sich auf dem Lande, abseits im Busch, ein tolles Haus baute. Offensichtlich machte sich seine Tourismustätigkeit bezahlt. Aber nun ist sein Nachhauseweg zurück von den Kneipen länger, was ihm oft den Schneid abkauft, diesen anzutreten. Er fährt in jedem Zustand relativ sicher, weshalb auch nichts dagegen einzuwenden ist, wenn sich der Start seiner Touristen- zuweilen nahtlos an das Ende der Beizentour anreiht. Tour an Tour. Ein motorradfahrerisches Perpetuum Mobile.

Glücklicherweise verhindert der frische Wind, der ihm auf seinem Gefährt entgegen bläst, dass er in den Tiefschlaf fällt. Aber oft benötigt er dringend den Boxenstopp bei uns, um sein Hirn mit zwei starken Kaffees zu reinigen und um dem Alkohol im Blut genügend Koffein und Nikotin zuzugeben. Dieses Kraftpaket der Gifte entwickelt bei ihm eine klare Leistungssteigerung. Dabei entpuppt er sich in jedem Zustand jeweils als exzellenter Unterhalter und er freut sich auch immer, wenn ich mich zu seiner Reisegruppe dazugeselle und wir seinen Kunden im Dialog Anekdoten über Phu Quoc und Pointen aus dem Leben preisgeben. Er verdient sein Geld damit und mir bereiten solche Unterhaltungen Vergnügen. Inspiriert durch die Hochzeiten, die wir manchmal bei uns veranstalten, wobei ich dabei je nach Bedarf den „Zivilstandesbeamten", den Priester oder den Zeremonienmeister spiele, erklärte er, er wolle oder müsse auch heiraten, wahrscheinlich werde er dies bei uns tun.

Ein Müssen sei es nicht etwa, weil seine Gefährtin wieder ein Kind erwarten würde, Kindersegen habe seine Ungebundenheit nie behindert, sondern, weil seine Existenz im neuen Haus der Polizei plötzlich aufgefallen sei und sie ihn dränge, dem unmoralischen Zustand der wilden Ehe nun endlich ein Ende zu bereiten. Und das Wollen liege darin, dass, wenn das Übel schon nicht abgewendet werden könne, die Heirat wenigstens an einem idyllischen Ort wie bei uns stattfinden solle. Nun, Vorbereitungen sind noch keine getroffen worden und bis jetzt hat sich die Schlinge der Ehe noch nicht um seinen Hals gezogen.

Ein australischer Kollege hatte mir auf meine Mitteilung, dass Jerry bald heiraten würde, die rhetorische Frage gestellt:

„With whom?"

Offenbar ist bekannt und wird hinter vorgehaltener Hand erzählt, was ich bis zu diesem Zeitpunkt nicht gewusst hatte, nämlich, dass es durchaus mehrere Anwärterinnen auf eine Ehe mit Jerry gäbe.

Dieser andere Australier ist Rory. Er ist auf der ganzen Insel bekannt durch seine Bar, die er mit seiner Frau koreanischen Ursprungs und seinem Schwager am besten Küstenabschnitt auf der Westküste der Insel betreibt, der Rory's Bar. Immer belebt, gute Musik, Happy Hour, die schon um zehn Uhr morgens beginnt, „draft beer" inklusive Sonnenuntergang, braungebrannte Schönheiten, Neuankömmlinge, weiß wie Schneewittchen, Sonnenhungrige, die beim Grillen am Strand teilkremiert wurden und rotgegrillten Krabben gleichen, solche, denen rote Hautfetzen abplatzten und solche, die dies zu verhindern versuchen, indem sie ihre Haut mit viel Öl, Schmalz und Fett mit Sonnenschutzfaktor Spanferkeln gleich marinieren. Die Party dauert in der Hochsaison bis tief in die Nacht respektive in den Morgen hinein, wobei der Sonnenaufgang leider anders als der -untergang nicht im Bier inbegriffen ist, denn jenen erlebt man auf der Ostseite der Insel. An Silvester werden die Drinks zu Einheitspreisen in Plastikbechern verkauft und man kann an der Kasse die Tickets dafür lösen, 20 Tickets für 50 US Dollar. Ein Bier kostet ein Ticket, ein Cocktail deren zwei. Ein Nachkauf von Tickets ist immer möglich. Nicht nur die Qualität macht`s aus, sondern auch die Menge. Am Silvester finden sich dort 1.500 Partywilde ein. Ballermann lässt grüßen. Zum Ausgleich mögens Rory und seine Frau aber durchaus ruhig und, wie diese Schauspielerin aus Hollywood, verirren sie sich manchmal bei uns, in unserem Resort auf der Ostseite auf ein schönes Glas Rotwein oder ein Tiger. Auch bauen sie sich ihr privates Réduit nicht weit von uns. Er ist bekennender Autofan und fährt den einzigen Cinquecento, den ich in Vietnam bisher gesehen habe. Ein würdiges fahrendes Understatement, in Form und Farbe wie eine Zitrone aus dem Land, von dem schon Goethe geschwärmt hatte:

„Kennst du das Land, wo die Zitronen blühn?"

Immerhin hat er sein Zitrönchen leicht getunt und ihm lange geschwungene Wimpern über den Frontaugen verpasst, sodass es eine jungmädchenhafte Unschuld ausstrahlt. Entweder ist seine Tendenz zu Understatement oder seine Vorliebe für Kleinwagen sein Markenzeichen. In einer intimen Stunde hat er mir einmal auf seinem Smartphone seine Oldtimersammlung gezeigt, welche er in Australien besitzt. Da sind Messerschmitt Kabinenroller, Messerschmitt Cabrioroller, ein vierrädriger Messerschmitt Tiger, neben einer BMW Isetta, die nur vorne eine Tür hat, dafür hinten anstelle eines Stopplichts einen Korb, aus dem jedes Mal, wenn er bremst, eine Comicfigur herausspringt und dem Fahrer hinter ihm ein Stoppzeichen gibt. Dann besitzt er VW Käfer Cabis usw. neben einem Mercedes Pagoda, einem Lamborghini Miura, einem Alfa Zagato und so weiter. Ein stattliches Hobby, das sich zeigen lässt, in Phu Quoc allerdings nur am Smartphone. Eine stille Fernbeziehung zu seinen angebeteten Autos in Australien, von der seine Frau nur eine Ahnung hat. Nun, man kann diese Geliebten ohnehin nicht alle ins Bett nehmen, nicht so, wie dies Jean Tinguely mit seinem Lieblingsmotorrad tat. Immerhin soll ihn dieses mindestens bis zu seinem Bettrand begleitet haben.

Da sind auch jene, die unseren Resort eher meiden und nur vorbeikommen, wenn sie die Masse unserer Häuser vermessen und deren Formen kopieren wollen, wie Mau, der Australier oder Christian, der Professor von der Sorbonne, der als Ethnologe an den Universitäten Hanoi und Saigon lehrt. Er hatte sich ein tolles Grundstück am Meer erstanden und es gerodet. Nun wachsen die Pflanzen schon wieder fast höher als vorher und das von ihm gebaute Häuschen in einer Ecke seines Grundstückes ist vom Meer her nicht mehr einblickbar. Ein Zustand, den er sich offenbar neuerdings wünscht. So kann er sich nämlich gut verstecken, wenn ich mich ihm vom Strand her nähere. Umgekehrt genießt er natürlich auch kaum mehr den Blick aufs Wasser. Aber sicher hat er durch das Rauschen der Wellen akustisch den Eindruck, an einem Ort mit Potenzial zu stupender Aussicht zu wohnen. Sein Haus glich lange der unvollendeten Sinfonie in h-Moll von Franz Schubert. Es harrte lange Jahre der Vollendung. Er ist Perfektionist, was man von seinen vietnamesischen Maurern nicht sagen kann und so tanzte sein Bau, wie die Tanzpaare beim Cha-Cha-Cha, zwei Schritte vor und einen zurück, zwei Steine vor und einen zurück und manchmal auch umgekehrt. Nun, das Häuschen strebt nach ein paar Jahren der Vollendung seines Rohbaus entgegen. Mittlerweile regnet es, nachdem das Pagodendach einigermaßen fest auf den Grundmauern sitzt, auch nicht mehr auf den rohen Betonboden. Den Professor selbst bekomme ich nur zu sehen, wenn er merkt, dass es zu spät ist, sich in seinen Büschen zu verstecken. Zu einer Hausführung hat er mich nie eingeladen. Vielleicht werde ich dann in schätzungsweise zehn Jahren bei der Hausräuke dabei sein dürfen.

Ob Sie, lieber Leser den ehemaligen Bürgermeister als Original bezeichnen wollen, lass ich Ihnen anheimgestellt. Sicher ist er nicht zugewandert, wie die anderen hier beschriebenen Vögel, es sei denn, man betrachte alle nicht zur Urbevölkerung, den Kambodschanern gehörenden, von denen es praktisch keine authentischen mehr gibt, als Zugewanderte. Zu seiner Zeit als Bürgermeister ließ er sich die Fingernägel wachsen zum Zeichen, dass er nicht manuell arbeiten musste. - Dies ist bei Bessergestellten häufig der Brauch. - Die Klauen waren gerade so lang, dass er noch unterschreiben konnte, was seine Hauptaufgabe war und womit er sein Geld verdiente. Präziser gesagt, nicht mit unterschreiben, sondern mit Verschlampen von Unterschriften verdiente er hauptsächlich sein Geld. Denn, wenn jemand von ihm ein Dokument verlangte, zögerte er dessen Ausstellung solange hinaus, bis der Anspruchsberechtigte ungeduldig wurde. Der Struwwelpeter klagte dann, er habe soviel zu tun, aber gegen Entrichtung einer Zusatzgebühr würde die Urkunde auf das Häufchen der dringenden Fälle gelegt und die Bestätigung wäre dann morgen schon erhältlich. Dieser diskreten Aufforderung folgten viele. So verdiente er gutes Geld. Seine Fingernägel waren, obwohl nicht lackiert, farbig, aber weder rosa noch perlweiß, sondern gelbbraun, entweder, weil er Kettenraucher war oder weil er sich damit bei der Körperpflege laufend kratzte weshalb sie sich vergilbt hatten. Meist flog er mit seinem Leibfahrer auf dem Roller wie der Götterbote Hermes seinen merkantilen Leidenschaften hinterher, hier ein Geschäftchen und dort eines. Besuchte er für einen Geschäftsabschluss unser Strandcafé, trank er meist ein paar Schnäpse oder Biere und wollte mich oft unbedingt zum Karaokesingen überreden, was ich ablehnte, weil mir schwahnte, dass er in einer stillen Ecke der Bar vor allem zwei bis drei Oktaven aus jungen Mädchen herauskitzeln wollte.

In unserer Familien erklärten die Frauen nämlich immer wieder:

„Cai dan ong om phu nu", eine typisch vietnamesische Euphemie, die wörtlich übersetzt lautet: „Dieser Mann umarmt Frauen", was im Klartext bedeutet: „Er geht in den Puff".

Seine weiteren physischen Attribute waren ein ausgedehnter „san bai", ein Flughafen (oder Vollglatze), auf der die größten Großraumflugzeuge hätten landen können, und ein Bauchumfang (nicht Durchmesser, sonst hätte ich ihn Kugelfisch genannt), der etwa seiner Größe von 160 cm entsprach. Sein Körper und sein Gebiss waren mit viel Gold, aber nicht etwa Kriegsauszeichnungen, dekoriert. Heute lebt er zurückgezogener, nachdem er viele Ländereien verkauft hat, und widmet sich seinen Geschäften im Stillen.

Er hat ein Fischrestaurant am Ende eines 200 Meter langen Steges auf Wasser gebaut, das selbst im nüchternen Zustand nur unter Balanceakten, geeignet für geübte Slackliner, zu erreichen ist. Und, nach reichlichem Genuss des lokalen „ruu sim" ist es noch schwieriger zu verlassen, weshalb man, einmal betrunken am besten dort bleibt und weitersäuft, falls man keine Pinkelpause an Land benötigt, denn ein WC ist dort keines vorhanden. Diesfalls schämt man sich am besten nicht und fügt vom schmalen Steg aus im hohen Bogen dem Salzwasser saures bei. Den Landzugang bis zum Wasser musste er im Bachbett eines

Rinnsals, das nur in der Regenzeit Wasser führt, bauen, weil er das Land darum herum für teures Geld an ein Hotelprojekt verkauft hatte. Dessen Besitzer ist darüber jetzt keineswegs erbaut, weil nun eine Art Pfahlbauer-Bidonville-Restaurantsküche auf dem Wasser vor seiner künftigen Anlage die sonst ungetrübte Postkartenaussicht auf das blaue Meer verunstaltet.

Billige Blechhütten sollten nach seiner Meinung den kaukasischen Hotelgästen nicht vor ihrem Ferienidyll stehen.

Ein Original, das einige Jahre wieder und wieder in unserem Resort auftauchte, war Sergio. Unter diesem Namen hatte er sich mir vorgestellt und mit mir Spanisch und den anderen Gästen Englisch gesprochen. Sergio war eigentlich nicht sein richtiger Name. In Wahrheit hieß er Sergej und lebte in Jekaterinburg hinter dem Ural, war also Russe. Aber er liebte die Russen nicht und machte einen großen Bogen um diese herum, wenn sie unseren Strand besuchten. Während sechs Wochen erschien er praktisch jeden Tag am Morgen, brachte ein Kilo Fleisch mit und verfütterte je eine Hälfte an unsere Hunde und die Zierfische in unserem Teich. Die Hunde bellten längst nicht mehr, wenn er auf seinem Motorrad herandonnerte. Sie witterten den morgendlichen Leckerbissen wohl schon, wenn er jeweils auf unseren Hof einbog, wedelten freudig, sprangen an ihm hoch, kaum war er abgestiegen, und heulten aufgeregt, bis er seinen Rucksack öffnete und ihnen Happen für Happen zuwarf.

Schön verteilt, jedem Tier seine gerechte Portion. Zwischen hinein schleuderte er kleinere Häppchen in den

Teich, worauf die Goldbarsche aggressiv wie Piranhas ums begehrte Futter stritten. Dann waren wieder die Hunde an der Reihe, bis sein Vorrat erschöpft war und er sich zu mir gesellte, seine obligate Flasche russischen Wodkas aus seiner Tüte hervorzauberte und mir morgens um neun einen Frühschoppen antrug. Mit einem Glas zur täglichen Erneuerung der Freundschaft war ich in der Regel einverstanden, den Rest der Flasche erledigte er dann während seines Bräunungs- oder Grillprozesses von zehn bis 16 Uhr an der prallen Tropensonne schmorend, wobei dieser Garprozess nur zum Mittagsmahl mit unserer Familie unterbrochen wurde. Mein Schwager, mit dem er sich praktisch nur mit Zeichensprache und seinem Piktogramm-Wörterbuch unterhalten konnte, nannte ihn weder Sergio noch Sergej, sondern, nicht despektierlich gemeint, Putin. Im Gegenteil, der Schwager ist ein großer Anhänger dieses Volks(ver)führers. Am Abend kehrte Sergio dann innerlich und äußerlich von Sonne und Wodka gut gebacken auf dem Motorrad in sein Hotel zurück und am nachfolgenden Tag wiederholte sich „the same procedure as every time."

8. Familienleben und Heiratspolitik

Die Familie „gia dinh", und die Sippe, „ho", spielen eine große Rolle im vietnamesischen Leben, eine noch größere Rolle als in Japan oder China. Das soziale Leben wickelt sich hauptsächlich dort ab und alle wichtigen Entscheidungen werden darin getroffen. Doch werden die Muster von Familie und Sippe auch auf die ganze Gesellschaft übertragen und im Grunde genommen stellt die ganze vietnamesische Gesellschaft eine Riesenfamilie dar.

Der Sieger über die Kriegsgegner, Ho Chi Minh, wird von allen Vietnamesen liebe- und ehrfurchtsvoll „Bac Ho", Onkel Ho, genannt und als General Giap, der die Franzosen in Dien Bien Phu besiegt hatte, vor ein paar Jahren 104-jährig starb, weinte die ganze Nation, als ob jeder einen nahen Verwandten verloren hätte. Auch außerhalb der Familie verwendet man zur Ansprache Dritter: Onkel, Tante, Kind, Enkel, Neffe jüngere Schwester und älterer Bruder, wobei man jeweils genau abschätzen sollte, wie groß der Altersunterschied vom Ansprecher zum Angesprochenen ist, damit man keinen Fauxpas begeht. Die Bezeichnung „Ich" gilt im Gespräch als unhöflich und wird als Ausdruck eines von Bindung ungelösten Individualismus gesehen. Bin ich ca. 15 Jahre älter als der Angesprochene, muss ich als Onkel, „chu" oder „cau", angesprochen werden, bin ich etwas älter, als älterer Bruder, „anh", bin ich etwas jünger, muss ich mich als jüngerer Bruder, „am", bezeichnen. All dies gilt umso mehr in der Familie. Ich kann also nicht zur Schwiegermutter sagen:

„Ich bin nicht mit dir einverstanden", sondern ich muss erklären:

„Der Sohn (oder Schwiegersohn) ist mit der Mutter nicht einverstanden."

Auch die Propaganda des Staates und seine Kunst haben sich der Familie als Metapher bedient. Zum Beispiel wurden zur Hebung der gemeinsamen Arbeitsmoral werkende Waldarbeiter künstlerisch abgebildet unter dem sinngemäßen Titel:

„Wir gehen zusammen, mit vereinten Kräften als große Familie den Wald bearbeiten und die Felder bestellen."

Ich habe ein solches Bild in unserem Homestay aufgehängt zur Erinnerung daran, dass auch unsere Familie mit vereinten Kräften mehr erreichen kann.

Konflikte innerhalb der einigermaßen kultivierten, nicht zerrütteten Familie werden selten mit bösen Worten oder gar handgreiflich ausgetragen. Ist einer verletzt, so teilt er dies seinen Nächststehenden mit, welche sich dann zur Konfliktlösung als Vermittler einschalten, die Fühler ausstrecken und den Verletzer sanft in die Mangel nehmen, bis er einsichtig wird und sich umstellt oder sich entschuldigt. Vieles bleibt dabei unausgesprochen, Wichtiges, aber auch Verletzendes. Die Suche nach der letzten Wahrheit - wenn es die denn überhaupt gibt - ist dem vietnamesischen, anders als dem germanischen Geist nicht so wichtig. Wichtiger ist ihm die Harmonie in der Familie. Die Vietnamesen pflegen nicht nur ein ausgeprägtes, differenziertes Sozialverhalten, sondern besitzen auch ein tiefes Feingespür für die Nahestehenden und erkennen deren Stimmungslage sofort. Daher bedarf es keiner groben Signale, um dem anderen seine Befindlichkeit mitzuteilen. Andererseits sind die Vietnamesen überaus laut und so können normale vietnamesische Diskussionen vom Ausländer leicht als Streit ausgelegt werden. Auch sind sie tolerant im Nehmen wie im Geben und sie schlucken auch vieles in sich hinein. Ein Kaukasier muss im Umgang mit ihnen lernen, sein Verhalten anzupassen und nicht laut zu poltern, um nicht sein Gesicht zu verlieren. Er wird auch anders als die Einheimischen Schwierigkeiten haben, Konzentrationsarbeit zu leisten, wenn das Kindergebrüll um ihn herum ohrenbetäubend wird oder, wenn seine Familienangehörigen in seiner Nähe laufend ins Telefon schreien. Telefonieren ist in der Großfamilie mit Mitgliedern, welche an verschiedenen Orten wohnen können, sehr wichtig. Man erzählt sich täglich stundenlang, was passiert ist und was jeder in der Familie tut und denkt. Meine über 80-jährige Schwiegermutter besitzt zwei Handys von zwei verschiedenen Telefonanbietern, nicht, dass sie damit simultan telefonieren möchte, aber, damit sie von den besten Tagesbonifikationen und -aktionen im jeweiligen Abonnement profitieren kann, auf die sie wegen ihrer häufigen und langen Telefonate aus Kostengründen nicht verzichten will. So weiß jeder über jeden Bescheid. Geheimnisse gibt es nicht viele und solche anderen anzuvertrauen macht keinen Sinn, wenn sie nicht publik werden sollen. Umgekehrt sind die Vietnamesen auch nicht beleidigt, wenn man Persönliches über sie weiß oder sie verbal oder pantomimisch hochnimmt. Sie können gut und gerne über sich lachen.

Für den Kaukasier, welcher mehr Privatsphäre und Individualität braucht, gibt es einige Schutzmaßnahmen, die er zur Schockdämpfung ergreifen kann. Da wäre einmal die räumliche Distanz: Als meine Familie in Phu Quoc ein Haus bauen wollte, bestand ich auf dem Bau von deren zwei, eines für die Familie und eines für meine Frau und mich. Früher, wenn wir im Norden ins Haus der Sippe zu Besuch kamen, wurden unsere Koffer ausgeräumt und alles verschwand in verschiedenen Schubladen. Plötzlich trug ich die Unterhosen meines Schwagers und mein Neffe zeigte sich in meinem Hemd. Die nötige Privatsphäre wollte ich mir nun leisten, indem ich eigene Schränke anschaffte, ein eigenes Wohnzimmer und auch eine eigene Küche, auch wenn wir noch meist gemeinsam essen. Das Motorrad ist mir nicht so wichtig, das kann ich gerne mit der Familie und den Gästen im Homestay teilen. Ein Auto werde ich allerdings keines kaufen, obwohl mir die Familie dies laufend empfiehlt, damit ich notfallmäßig ins Spital eingeliefert werden könnte. Aber das Auto schafft neue Zwänge und Notwendigkeiten. Jeder braucht nach dessen Anschaffung plötzlich vier Räder für Warentransporte, welche vorher durch Motorroller durchgeführt werden konnten, z.B. zur Abholung von Verwandten am Flughafen, welche sich früher ein Taxi nahmen usw. usw. Wenn einer in Vietnam eine Reise tun will, dann wollen alle mitkommen und oft mietet man deshalb einen großen Bus oder schläft in einem Dorm oder in einem Familienzimmer, damit die ganze Sippe zufriedengestellt ist. Ich könnte wohl nicht alleine mit dem Auto ausfahren, denn der einzige Ort, an dem Kaukasier wirklich privat sind, ist in Vietnam ein Ort der ganzen Familie. Die Plätze, die vorhanden sind, werden meist alle belegt. So reise ich, wenn ich allein sein will, ins nähere oder weitere Ausland, denn Pässe besitzen die meisten Vietnamesen nicht und können daher nicht mitkommen. Hin und wieder nehme ich mir ganz still, aber auch vor Ort Ferien vom Familienleben, schleiche ab, beziehe ein Hotel in Duong Dong, der Hauptstadt der Insel, und genieße mit meiner Frau die Freiheit von der Familie.

Wichtige Entscheidungen werden alle in der Familie getroffen und man konsultiert sich vorher gegenseitig. Dies gilt auch insbesondere für die Familienplanung, die Heirat und die Namensgebung einzelner Neugeborener. Ist eine wichtige Person mit dem Partner oder dem Namen nicht einverstanden, so gilt dies als Veto. Oft suchen die Sippen oder die Eltern nach einer möglichen Verbindung für junge Heiratsfähige. Dabei besteht das Tabu, dass die Tante den Neffen und der Cousin die Cousine nicht heiraten dürfen. Erst Cousin und Cousine fünften Grades dürfen miteinander eine Ehe eingehen. Dies kommt aber äußerst selten vor. Auch sollen etwa Gleichgestellte, gleich Wohlhabende sich heiraten, Bauern also Bäuerinnen, Städter Städterinnen, Offiziere, Offizierstöchter usw. Oft wird in „Cai luong"-Folkloreliedern die ungleiche und damit oft tragisch endende Liebe besungen, indem ein Armer sich in ein reiches Mädchen verliebt, deren Eltern aber eine standesgemäße Liaison vorgesehen haben. Manchmal, öfter als im wirklichen Leben, kommt es dann doch noch zu einem Happy-End, regietechnisch wohl als Trost für die im wirklichen Leben zu kurz Gekommenen oder als Hoffnungszeichen für die ungleich und unglücklich Verliebten. Am strengsten sind die Selektionsregeln für die künftige

Frau des ältesten Sohnes, denn er muss die Familientradition fortführen, nach bis heute geltender Auffassung unterm gleichen Dach mit seinen Eltern wohnen und sie im Alter unterstützen. Dies bedeutet für die künftige Schwiegertochter, dass sie den Wohnsitz in ihrem Elternhaus aufgibt und ins Haus ihrer Schwiegereltern und des Ehemannes zieht.

Natürlich hat auch das Brautpaar bei der Heirat ein Wörtchen mitzureden, aber heiraten ist generell eine Sache, die alle etwas angeht. Deshalb höre ich immer wieder von jungen Männern die Bemerkung:

„Die Heirat und Kinder haben, ist eines, da muss man einfach durch. Aber mit Liebe hat das nichts zu tun."

Böse Zungen behaupten auch, dass diese Heiratspolitik der Grund sei, weshalb viele Vietnamesen, welche es sich leisten können, eine Liebhaberin oder einen geheimen Lover außerhalb der ehelichen Beziehung haben.

Der Vietnamese fragt nicht, „hast du eine Beziehung?" oder auch nicht „bist du verheiratet?", sondern er fragt: „Hast du schon eine Familie gegründet?" Und die Antwort lautet entweder „ja" oder „noch nicht...".

Selbst eine 90-jährige Jungfrau würde sagen „chua" und nicht „khong", was „noch nicht" und nicht „nein" heißt, auch wenn es sehr unwahrscheinlich ist, dass sie noch einen Mann finden und Kinder kriegen wird. Vietnamesen verstehen auch nicht, dass man 35-jährig sein und immer noch keine Familie haben kann und dass man kinderlos verheiratet sein kann. Gingen aus einer Ehe keine Kinder oder ausschließlich Mädchen hervor, so versuchte es der Ehemann in der Vergangenheit häufig mit einer zweiten Ehe oder einer Zweitfrau.

Natürlich war die Vielehe nie legal, aber häufig gingen Vietnamesen auch nur faktische Ehen ein, der Mann nahm eine neue Frau, aber die erste blieb meist in der Familie. Solche Koexistenzen haben nicht immer, aber doch häufig funktioniert. Jede(r) nahm die Situation schicksalsergeben an.

Zwei vietnamesische Ärztinnen, welche mit einem Freund, einem Direktor, bei uns in den Bungalows gewohnt hatten, fragten mich bohrend, warum meine Frau und ich keine Kinder hätten. Ich antwortete ihnen, wir hätten es ohne Erfolg versucht. Da wollten sie mir eine Sexualtherapie bei ihnen (oder mit ihnen?) verschreiben, welche ich - nicht zuletzt auch wegen ihres fortgeschrittenen Alters, sie waren über 50 jährig - abgelehnt habe. Sie gaben dann aber, nachdem meine Frau ihnen erklärt hatte, sie sei sechsmal schwanger gewesen, habe aber das ungeborene Kind immer wieder verloren, schlussendlich auf.

Der Staat empfiehlt die Zweikinderehe, doch hält sich keiner daran. Zwar wird bei der Vergabe von Jobs beim Staat darauf geachtet, wie viele Kinder aus der Ehe des Bewerbers hervorgegangen sind, aber einmal angestellt, werden Kinder gezeugt, bis der Verbindung das gewünschte Knäblein entsprießt, oder der weibliche Fötus wird abgetrieben. Kriegt eine Frau nur Mädchen, läuft sie immer in Gefahr, dass der Mann versucht seinen genetischen Code in einer Fremdbeziehung weiterzugeben. Dies ist auch jener eifersüchtigen Frau widerfahren, die ihren Mann aus Angst vor dem Fremdgang auf Schritt und Tritt begleitet und sogar seine morgendlichen Jogginglaufe mitgemacht hat, bis sie nicht mehr konnte. Er ging weiterhin über Jahre seinem Training nach, bis sie nach 20 Jahren erfahren hat, dass seine matinalen Ertüchtigungen hauptsächlich im Bett einer Nebenbuhlerin stattgefunden hatten und er Vater eines Sohnes geworden war, welcher in den USA mit dem Geld studiert, das sich die Familie vom Mund abgespart hatte. Die gemeinsamen Töchter hingegen durften nur die Volksschule in Vietnam besuchen.

Ich habe die Heiratspolitik in der Großfamilie aus nächster Nähe verfolgen können. Der älteste Sohn, ein stattlicher kräftiger Mann, für vietnamesische Verhältnisse groß, hatte zwei Jahre in Taiwan gearbeitet. Ich hatte an Sonntagen manchmal mit ihm geskypt. Einmal saß er anständig gekleidet auf seinem säuberlich gemachten Bett vor der Computercamera. Irgendetwas auf dem Bett kam mir unruhig vor und ich fragte ihn:

„Wer versteckt sich hinter deinem Rücken?"

Keine Antwort, aber das Bett federte weiter und ich hakte nach. Plötzlich erschien hinter seinem Rücken eine Frauenhand, worauf ich ausrief:

„Zeig sie mir doch, du musst sie nicht verstecken!"

Es verging eine Weile und dann lugte sie hinter seinem Rücken hervor. Ob ihrer Physiognomie brauchte sie sich nicht zu schämen. Sie war hübsch und lächelte freundlich und ich machte dem offensichtlich jungen Paar ein entsprechendes Kompliment. Sie waren, das gestand er mir später, verliebt und er wollte sie heiraten. Er beabsichtigte, sie vorerst seinen Eltern vorzustellen. Aber das ging schief. Die Eltern fanden heraus, dass sie aus einem Nachbardorf in Vietnam stammte, schon einmal verheiratet gewesen war und bereits ein Kind hatte. Ein absolutes No-go für den ersten Sohn einer vietnamesischen Familie. Da half auch meine Fürsprache nichts. Er durfte diese junge Frau nicht heiraten. Er zog dann später zu uns nach Phu Quoc und war bei den jungen Mädchen an unserem Küstenabschnitt alsbald beliebt, wohl nicht nur wegen seines Aussehens, sondern auch, weil sich herumgesprochen hatte, dass er in einem großen Haus an einem schönen Strand wohne. Er trug ein Foto eines gut-aussehenden Mädchens in seinem Geldbeutel. Sie wollte seinen Eltern vorgestellt werden und ihn heiraten. Ich wurde zur Vorselektion ins Vertrauen gezogen, aber die Familie lehnte nicht nur dieses Mädchen ab, sondern erklärte, die Töchter aus dem Süden seien alle faul, könnten nicht auf dem Feld arbeiten und spielten um Geld. So wurde auch diese Beziehung im Keime erstickt. Er hatte dann ein paar Studienkolleginnen seiner Schwester kennengelernt. Eine telefonierte häufig mit ihm und ein paarmal übergab er mir den Hörer, damit ich mir ein Bild von ihr machen und Für-sprache bei der Familie einlegen könnte. Aber auch diese Bemühung entpuppte sich als Schlag ins Wasser. Dann lernten seine Eltern einen Geschäftsmann kennen, der mit allerlei Legalem handelte, was Geld brachte. Er stammte aus dem Norden und hatte eine Nichte auf dem Festland. Also flogen die Eltern zur Kontaktaufnahme dorthin, lernten deren Eltern kennen und brachten die Neuigkeit mit, diese Tochter würde zu gegebener Zeit eingeflogen, damit ihr Sohn und sie sich gegenseitig beschnuppern könnten. An Tet war es dann soweit. Es wurde ein Fest mit etwa 30 Gästen organisiert. Ihr Vater und ihr Onkel waren anwesend, ansonsten Verwandte und Bekannte, der Bürgermeister des Dorfes und auch die wichtigsten Nachbarn. Die Gästeschar war bereits versammelt. Das Mädchen wurde mit ihrer Freundin vom Festland erwartet.

Der Flug hatte Verspätung. Die Frauen kochten und die Männer verbrachten die Wartezeit mit Schnaps- und Biertrinken und Krabbenessen. Sie grölten unter dem Alkoholeinfluss bereits laut, als die zwei Töchter endlich ankamen und sich der lauten, dreckig lachenden Tafelrunde vorstellen mussten. Ich gehörte zu dieser „Casting Jury". Mein Part war abzuklären, ob die Anwärterin genügend Englisch sprach, damit sie im Falle des Zustandekommens der Ehe auch mit den ausländischen Gästen umgehen konnte. Ich fragte zuerst sie, dann die mutmaßliche Brautjungfer auf Englisch:

„How old are you?" Die künftige Braut antwortete: „Seventyseven."

Die Brautjungfer: „Ninetyfive." Ich bemerkte zur Männergesellschaft, welche kein Englisch verstand, auf Vietnamesisch: „Die sehen aber gut aus, die zwei Chicks." „Warum sagst du das?", fragten ein paar Männer, „Das ist doch normal!", worauf ich antwortete:

„Ja, aber die Braut ist schon 77 und die Brautjungfer sogar 95!", worauf die ganze Männerschar in ein laut schallendes, schmutziges Gelächter ausbrach. Offenbar hatte die Casting-Jury die Mädchen so verwirrt, dass sie ihr eigenes Alter vergessen hatten.

Die Braut bestand die Prüfung aber doch, wohnte nach dem Fest eine Woche bei ihrem Onkel und das Paar in spe traf sich jeden Tag bei uns am Strand und schwor sich noch in dieser Zeit unter Kokospalmen, die ins smaragdgrüne und azurblaue Meer hinausragen, ewige Liebe. Nach zwei Tagen, am Valentinstag, fragte er sie:

„Willst du meine Frau werden?"

Und sie antwortete gerührt: „Ja, ich will."

Auch die süßen Hochzeitsfotos mit hollywoodwürdigen Hochzeitskleidern in inniger Umarmung des Paares am Strand unter Kokospalmen entstanden hier und zieren nun die gute Stube der Familie zusammen mit den Bildern von Onkel Ho und General Giap.

Sein jüngerer Bruder litt, als er 20-jährig war, an einer längeren akuten Notgeilheit und brauchte unbedingt eine Frau, wie der Verrückte im Film Amarcord von Frederico Fellini, der auf einen Baum stieg und hinunterrief:

„Voglio una donna!"

Seine Familie erlaubte ihm aber nicht, diesen Triebstau an irgendeiner unerwünschten Frau zu stillen und diese dann zu heiraten. Immer wieder musste er seine Herzblätter wie Herbstlaub fallen lassen, er wurde krank und verließ sein Bett für Wochen nicht mehr. Seine Familie besorgte ihm dann eine Notfalltherapeutin, welche zugleich ihren heiratspolitischen Ansprüchen genügte und seither ist er glücklich verheiratet und Vater von zwei intelligenten Söhnchen. Jetzt laborieren sie an einem weiblichen Nach-kommen herum.

Die Schwester genießt heiratsstrategisch mehr Freiheiten. Sie techtelmechtelte mit einem Studienfreund in der Stadt, welcher der Familie aber nicht genehm war. Dann war da ein reicher Hotelier, der zwar noch nicht um ihre Hand angehalten, aber beim ersten Rendezvous mit ihr Händchen gehalten hatte und sie küssen wollte, was ihr aber dann doch als zu viel der Avancen erschien. Er war zudem Vater eines unehelichen Kindes, was die Familie erst im Laufe der Zeit erfahren und ihn deshalb aus der Kandidatenliste gestrichen hatte. Ihr nächster Freund arbeitete bei der Geheimpolizei, was die Familie als Alarmzeichen wertete. Ironischerweise war das einer der lustigsten Typen, die ich in Vietnam kennen gelernt hatte und hin und wieder gingen wir zusammen essen und trinken, auch mit seinen Offiziers- und Polizeikollegen. Sie waren fast alle geistreich und unterhaltsam und liebten auch meine unkonventionellen Sprüche. Aber, auch wenn die Tochter beim Hotelier Angst vor dem Typus Womanizer hatte und beim Geheimpolizisten vor dessen Trinkfreudigkeit im Herrenkreis, ist sie aber keine Braut, die sich nicht traut. Mittlerweile weiß sie, was sie nicht will, streckt nun ihre Fühler aus und strebt nach weiteren Ufern. Vielleicht landet sie einmal in den Armen eines ihrer kaukasischen Gäste, welche so zahlreich ihr Backpacker-Homestay besuchen. Ihre Familie würde, durch Erfahrungen geläutert und moderner geworden, nichts mehr dagegen einzuwenden haben.

Dies trifft nicht für alle Familien in Vietnam zu. Immer wieder höre ich von tragisch-komischen Fällen. So hatte eine junge Vietnamesin ihren französischen

Studienkollegen von der Uni heiraten wollen und dies ihrem Vater mitgeteilt, woraufhin dieser in einem Wutausbruch ihr zwei Handys und zwei Kameras an den Kopf zu werfen versuchte den sie reaktionsschnell zurückgezogen hatte, weshalb seine wertvollen Lieblinge an der Wand zerschellten. Daraufhin forderte sie ihn lachend auf: „Nimm doch den neuen Fernseher und wirf ihn nach mir an die Wand!" Danach herrschte im Haus ein paar Monate dicke Luft und Funkstille und die Mutter versuchte vergeblich, den schiefhängenden Haussegen wieder ins Lot zu bringen. Erst aber, als der Franzose mit seinen Eltern in Vietnam erschien und er unterstützt durch seine Familie um ihre Hand anhielt, ließ sich der Vater erweichen und gab dem Eheschluss seinen Segen. Nun ist er stolz auf seinen Schwiegersohn und die Tatsache, dass die Tochter mit ihm und den Kindern in relativem Wohlstand lebt und er dazu auch noch mitprofitiert. Der Schwiegersohn hat ihm nämlich sein Auto überlassen, mit dem er in seinem Dorf mit besonderem Stolz herumfährt.

Ein Sohn aus Hue, eine Gegend, wo die Menschen bezüglich Eheschließung besonders konservativ sind, hatte die Vorgabe von seinen Eltern erhalten, seine künftige Frau müsse aus dem Norden stammen, weil dort die Weiblichkeit generell fleißiger sei. Er lebt in Phu Quoc, im Süden, und traf eine Bekannte von mir aus dem Norden, ein hübsches, fleißiges und charmantes Mädchen. Aber sie wollte ihn nicht und ihre Eltern opponierten gegen eine Heirat, weil er nicht aus besonders gutem Hause stammte. Das Foto von ihr hatte er aber schon seinen Eltern geschickt und ihren Lebenslauf hinterhergereicht. Inzwischen hatte er aber eine andere aus dem Süden kennengelernt. Diese brachte er dann nach Hause nach Hue, ohne den Eltern den Austausch der Braut mitzuteilen. Er ließ jene im Glauben, es handle sich um das Mädchen, das er bebildert und beschrieben hatte. Sie wunderten sich aber, dass das Foto seinem Ebenbild auch nicht annähernd glich und entdeckten alsbald den Betrug, als sie die junge Dame über ihr Leben ausfragten. Nun, sie war tüchtig und charmant und besaß ein eigenes Souvenirgeschäft. So schluckten die Eltern schlussendlich die bittere Pille, die ihnen durch die Liebenswürdigkeit des Mädchens allerdings erheblich versüßt worden war und stimmten der Heirat zu. Diese fand an der nächsten Weihnacht statt.

Auf dem Foto präsentierten sie sich als fröhliches Paar. Dieser Mann erzählte mir, seine Frau habe Glück, dass sie nicht in Hue bei seiner Familie wohnten. Die Schwiegertöchter müssten dort meistens nicht nur zur Familie des Mannes ziehen, sondern sie würden dort mindestens anfänglich fast wie Mägde behandelt, müssten mit der Familie zu Tische sitzen, dürften aber erst die Reste essen, wenn Vater und Mutter die besten Happen hinuntergedrückt, sich den Mund abgewischt hätten und sich den Bauch streichelten. Eine Sitte, die als Überbleibsel aus der Zeit des Königstums stammt. Eine die Eingeheiratete herabwürdigende Tradition.

Ein Phänomen, das in Vietnam wie in ganz Asien immer mehr angetroffen wird, ist, dass intelligente Frauen, insbesondere auch Frauen, die studiert haben, nicht mehr heiraten wollen oder auch nicht mehr können. Oftmals stehen sie auf der Karriereleiter und werden von den

Männern als zu alt oder zu intelligent für eine Heirat an-gesehen. Das Heiratsalter ist in den letzten Jahrzehnten zwar immer mehr gestiegen. Während vor 20 Jahren die Mädchen noch mit 17 verehelicht wurden, trifft man heute häufig Frauen um die 30 an, welche ihren Ledigenstatus nicht nur betonen, sondern auch genießen. Manchmal heiraten sie doch noch, um Kinder zu haben und scheiden sich dann wieder, wenn sich der Mann als Macho, Spieler oder Säufer entpuppt oder sie haben das Glück, auf einen modernen Mann zu treffen, von denen es doch immer mehr auch gibt. Aber viele solcher Frauen ziehen ihre Unabhängigkeit vor.

9. Medizin und Spitäler in Vietnam

Die medizinische Versorgung in Vietnam ist einigermaßen zufriedenstellend. Apotheken, welche westliche Medizin anbieten, gibt es heute in jedem kleinen Dorf. Es besteht ein dichtes Netz im ganzen Land und der Suchende erhält die meisten Produkte, auch Generika, die im Westen auf dem Markt sind. Es wird behauptet, dass viele Kopien schlechterer Qualität seien. Dies kann ich aus meiner Erfahrung nicht bestätigen. Ich kaufe viele Medikamente in Vietnam und setze diese erfolgreich ein.

Bei den Ärzten kann man sehr große Qualitätsunterschiede feststellen und als Ausländer geht man am besten zu einem renommierten Spezialisten in der Stadt. Gleiches gilt für die zahnärztliche Behandlung. Da gibt es in Städten wie Saigon moderne Zahnkliniken, welche auch Kieferoperationen durchführen und Implantate einsetzen. Die Praxen werden zum Teil von Ausländern, Koreanern und Australiern geführt und die Implantate sind Produkte der besten Firmen aus der Schweiz, Korea und Amerika. Die Zahnarztkosten dürften sich in den besten Kliniken auf einen Viertel der Kosten in der Schweiz belaufen. Zahnarztversicherungen gibt es aber nicht. Auch fehlen Krankenversicherungen, die einem Vergleich mit unseren westlichen Anstalten standhalten.

Nebst der Schulmedizin ist in Vietnam natürlich auch die Natur- und die Alternativmedizin verbreitet. Die traditionelle Medizin erfreut sich großer Beliebtheit und wird in der Familie als Ergänzung zur Schulmedizin oder dort angewendet, wo sich sich die Menschen einen Arzt nicht leisten können oder wo keiner vorhanden ist. Die Vietnamesen sind sehr gesundheitsbewusst, besitzen meist Hausapotheken mit allerlei Zaubermitteln und setzen diese auch mit gutem Erfolg ein. Meine Schwägerin wurde zum Beispiel praktisch ohne Hilfe unter einer Bananenpalme von der Schwiegermutter entbunden. Diese rief meiner späteren Frau, damals war sie ein fünfjähriges Kind, zu:

„Geh und ruf die Nachbarin, sie soll eine Schere, oder Messer und Schnur mitbringen."

Und so erblickte die Schwester ohne ärztliche oder Hebammenhilfe das Licht der Welt.

Als mein Freund von zwei Skorpionen gestochen wurde, rieb er sich auf Anraten der Familie Ohrenschmalz auf die Stichwunden und zudem nahm er entzündungshemmende Naturmedizin zu sich. Den Arzt musste er nicht aufsuchen. Bei Kopf-, Bauch-, und Muskelschmerzen aller Art hilft nach dem Motto: „Schmieren und Salben, hilft allenthalben" das Allerweltsheilmittel „dau xanh", ein Öl aus Kampfer, Menthol und Eukalyptus. Praktisch jeder Vietnamese trägt es bei sich und reibt es sich, wenn immer nötig, ein, bei Kopfschmerzen auf die Schläfen und die Stirn, oder unter die Nüstern, bei Muskelschmerzen massiert er damit seine Muskeln. Dieses Öl wird auch bei der sogenannten „cao gio" Behandlung verwendet. Dabei wird eine ölgetränkte Silbermünze in Linien auf der Haut zum Beispiel auf dem Rücken oder im Nacken gerieben.

Dies, so sagt man, ziehe die Krankheit aus dem Körper heraus. Ist der Körper gesund, gibt es keine blutunterlaufenen Stellen, ist er krank, entstehen starke streifenförmige Hämatome, die aber nach ein paar Tagen wieder verschwinden. Meine Familie glaubt fest an den Erfolg dieser Behandlung und wendet sie häufig an. Böse Zungen behaupten, Frauen fügen sich absichtlich solche Hämatome bei, um häusliche Gewalt vorzutäuschen, weil die blauen Flecken denen von Schlägen mit einem Lederriemen gleichen.

Ferner wird häufig das „giac hoi", das Schröpfen angewendet. Das heißt, in kugelförmigen kleinen Gläsern wird in Spiritus getränkte Watte verbrannt und die Öffnung des heißen Glases auf die Haut gedrückt. Bei der Abkühlung der Luft entsteht ein Vakuum und damit werden Haut und Fleisch ein Stück weit in den Glashohlkörper eingesogen. Werden auf dem Rücken 20 kleine Gläser angeheftet, entstehen 20 rote Kreislein auf der weißen Haut, womit der Behandelte während fünf Tagen wie der Träger des Bergpreistrikots der Tour de France aussieht. Diese Behandlung soll gegen Erkältung und chronische Schmerzen helfen.

Daneben wird auch die Akupunktur gegen verschiedene Krankheiten angewendet und natürlich auch die Ginsengwurzel, welche in Form von Tee oder in Schnaps eingelegt eingenommen werden muss sowie Kräuter und Wurzeln aller Art. Wenn wir mit unserem Dschungelführer durch den Urwald wandern, entdeckt er häufig Kräuter, Wurzeln und Pilze, die er sammelt und an traditionelle Apotheken verkauft, wenn er die Heilmittel nicht selber verwendet. Meine Schwiegermutter braut den ganzen

Tag von frühmorgens bis spät am Abend verschiedene Kräutergetränke gegen Durchfall, Rheuma, Erkältung, für bessere Fruchtbarkeit und sichere Schwangerschaften usw. Obwohl sie dabei unterschiedliche Gemische verwendet, duftet es aus der Küche immer ähnlich und für mich schmecken sie alle ein wenig nach Bärendreck. Auch die Aloeverapflanze, die hier häufig vorkommt und die bei uns im Garten wächst, wird als Heilpflanze verwendet zum Beispiel gegen Sonnenbrand und Schürfwunden.

Neben traditionellen Apotheken findet man aber auch Quacksalberstuben, die sich zum Teil eines großen Zulaufs von Kunden von weit her erfreuen. Quacksalber, die zuerst eine Untersuchung durchführen, und nach der Diagnose dann individuell die Medizin konfigurieren, worauf man dann, vom stundenlangen Warten erlöst, schwer bepackt und um gutes Geld erleichtert voller Hoffnung von dannen zieht.

Nützt`s nicht, so schadet`s wahrscheinlich auch nicht. Nach diesem Motto jedenfalls, habe ich mich an solchen Orten jeweils untersuchen und behandeln lassen.

„Es hät no niemerem nüt gschadet!", würde man auf gut Schweizerdeutsch sagen oder zu Deutsch: „Es hat noch niemandem nichts geschadet!", eine doppelte Negation, welche eigentlich bedeutet, dass die Behandlung jedermann Schaden zufügt.

Zusammenfassend kann man sagen, dass in Vietnam ausreichend Medizin für jedes Leiden und jedes Budget vorhanden ist und dass man nicht wegen jeder Kleinigkeit die Reise in sein Heimatland antreten muss.

Als Patient verirrt man sich generell am besten nie in Spitäler. Nicht einmal im Westen ist dies empfehlenswert. Als Besucher ist das schon anders. Auf Krankenvisite geht man jedoch gerne mal. Eine solche habe ich hin und wieder Verwandten meiner Frau in verschiedenen Spitälern in Vietnam abgestattet. Oft waren diese auf dem Lande ärmlich und äußerst bescheiden eingerichtet, nie aber waren sie besonders schmutzig. Oftmals standen acht bis zehn Pritschen in einem Zimmer, Geschlechtertrennung gab es nicht.

Diese Besuche haben mich an ein Krankenhaus in Colombo im damaligen Ceylon, heute Sri Lanka, erinnert, wo ich vor 40 Jahren ca. 14 Tage gepflegt worden war. Die Stimmung unter den Patienten war hier wie dort trotz widriger Umstände aufgeräumt. Die Kranken haben miteinander geplaudert, die Fressalien, welche ihre Familien mitgebracht hatten, ausgetauscht und Karten gespielt und so waren ein soziales Netzwerk und Kontakte entstanden, welche wahrscheinlich auch zur Heilung beigetragen haben. In Sri Lanka stoben wir jeweils auseinander und rannten in unsere Betten, wenn ein Arzt unser Lazarett besuchte, damit wir uns keine strenge Standpauke anhören mussten.

In Vietnam haben meine Frau und ich uns nolens volens viele Krankengeschichten uns unbekannter Patienten angehört. Oftmals haben wir dann Minderbemittelte, welche sich keine Medikamente leisten konnten, finanziell unterstützt.

Die positive Stimmung machte, so schien uns, den Aufenthalt der Patienten im Spital erträglicher und oft führte dies auch zu einem erfolgreicheren Heilungsprozess. Einmal haben wir einen Onkel in einem Provinzspital besucht. Er hatte gerade eine Operation überstanden und musste von uns mangels Pflegepersonal mittels einer Plachenbahre zu viert aus dem OP zurück ins Krankenzimmer getragen werden. Ein Bild, das mich an die erste Hilfe auf einem Kriegsschauplatz erinnerte.

Später hatte ich als Patient selber das Vergnügen, verschiedene Spitäler in Vietnam kennen zu lernen. Das öffentliche Spital in Phu Quoc ist von der Einrichtung her eher einfach und die Notaufnahme gleicht zur Touristen- und Motorradsaison zuweilen einer Fleischerei. Aber es ist effizient und ich habe mich dort zu verschiedenen Malen relativ schnell und formlos ambulant von einer vom Tauchen zugezogenen Mittelohrentzündung kurieren lassen für unglaublich niedrige Kosten von fünf bis zehn US Dollar.

Meine Frau hat für ähnlich wenig Geld sich dort von einer Frauenärztin untersuchen lassen. Zwei Ultraschalluntersuchungen und die Besprechung kosteten etwa 15 US Dollar. Das war allerdings vor einigen Jahren, auch hier steigen die Kosten der gesundheitlichen Versorgung. Auch die Rippenbrüche meines Schwagers, welche er sich beim Bau einer Hütte zugezogen hatte, wurden dort erfolgreich behandelt.

Vor drei Jahren kehrte ich mit einem Augenproblem aus Südamerika nach Vietnam zurück. Ich hatte das

Amazonasgebiet im Dschungel des Dreiländerecks Peru, Kolumbien und Brasilien und danach die argentinischen Anden auf ca. 5.000 Metern Höhe bereist, sah danach in einem Augenfokus nur noch verzerrt und konnte nicht mehr richtig lesen. Die Palmen am Strand auf unserem Grundstück präsentierten sich im Blickzentrum, als wären sie vom Biber angenagt worden. Sie liefen im zentralen Blickfeld von oben und unten konisch zusammen, sodass der Stamm unterbrochen schien. Aber doch fiel er nicht zu Boden, denn es war natürlich das Augenleiden, welches zu dieser optischen Täuschung führte.

In Phu Quoc gibt es übrigens auch keine Biber. Da sich der Zustand verschlechterte, flog ich aufs Festland und ließ mich im Augenspital in Saigon, dem besten Augenspital in Indochina, operieren. Dies war zugleich ein traumatisches wie auch ein erlösendes Erlebnis. Traumatisch, weil jede einzelne Untersuchung an einer Kasse, wo hunderte Patienten Schlange standen, vorausbezahlt werden musste. Immer und immer wieder. Dann musste ich für die einzelnen Analysen in der Reihe stehen und in Untersuchungszimmern mit unzähligen Patienten warten. Von Patientengeheimnis keine Spur. Jeder erfuhr über jeden alles. Wenn der Arzt einem sagte, er habe Zucker und werde bald erblinden oder ihm könne auch keine Operation mehr helfen, schauten die Mitpatienten diesen mit bemitleidenden Blicken an. Im Wartebereich vor der Operation musste ich mit einem Mann auf dem Bett auf dem Bauch, die Augen nach unten, meine Nase neben seinen ungewaschenen Füßen, liegen. Im Operationsvorraum warteten wir zu acht, mit Hütchen, Handschuhen und Mundbinden ausgestattet. Zum Glück wurde für mich als Ausländer die Warteschlaufe verkürzt. Vorsorglicherweise hatte ich neben dem Spital eine Wohnung gemietet, wo ich mich zurückziehen konnte. Denn nach der Operation meines makularen Lochs im Hinterbereich des Auges, musste ich während vier Wochen 24 Stunden auf dem Bauch liegen, damit die heilende Flüssigkeit aufgrund ihrer Schwerkraft in der nach unten gelagerten Pupille blieb. Während der Operation, für die ich nur lokal durch eine Spritze ins Auge anästhesiert worden war, und längere Zeit danach, sah ich wie durch ein magisches Kinderkaleidoskop alle Farben in immer neuen Formen und Kompositionen durcheinander fließen, Kunstwerk reihte sich an Kunstwerk in einer Art permanenter Performance. Danach, nach etwa zwei Wochen, sah ich im Fokus so, als ob ich unter Wasser durch eine Luftblase schaute. Diese wurde dann allmählich kleiner und kleiner, bis sie nach zirka zwei Monaten verschwand.

Zur Nachuntersuchung ging ich zu Fuß mit Blick auf den Boden zum Spital.

Ein Spießrutenlaufen durch den Verkehr. Auch im Spital durfte ich nur auf den Boden schauen. Ich blickte den Frauen nicht mehr ins Gesicht, geschweige anderswo hin, ich schaute auf ihre Schuhe und gestattete mir Rätselspiele, indem ich versuchte ihr Alter auszumachen, herauszufinden, ob sie Bäuerinnen oder Städterinnen waren, ob sie hübsch oder hässlich, ob sie reich oder arm waren. Ich kannte alle Ärztinnen an ihrem Schuhwerk und ihren Strümpfen und wusste, ob sie diese seit gestern gewechselt hatten.

Zum Sehtest musste ich im großen Wartesaal mit ca. 150 Menschen anstehen. Da ging es zu wie auf dem

Fischmarkt. Die Namen wurden durch das Megaphon ausgerufen, mein Name so unverständlich, dass ich immer wieder nachfragen musste, ob ich schon zum Sehtest und zur nachherigen Untersuchung antreten muss. Die Sehtesterin war eine ungeduldige Xanthippe, welche mit den verschüchterten Menschen schimpfte, wenn sie die Zahlen nicht entziffern konnten. Im Untersuchungsraum selbst warteten zeitweise 25 Patienten auf die Augenkontrolle. Zurück in meinem Zimmer lag ich wieder 24 Stunden täglich auf dem Bauch, zählte die Kacheln und versuchte herauszufinden, wie der Fliesenleger beim Verlegen vorgegangen war. Die Fliesen waren so markant mit ihren Rasen- und Kiesmustern, dass ich unschwer erkennen konnte, wenn eine verkehrt herum verlegt worden war. Ich könnte heute noch die Fliesenmuster, ja den ganzen Boden nachzeichnen. Als die Luftblase im Auge langsam kleiner wurde, durfte ich allmählich Spaziergänge in die nahegelegenen Parks unternehmen. Der Weg dahin war immer ein Abenteuer, einesteils wegen des Verkehrschlamassels und andererseits, weil dieses sich mir in Fischaugenperspektive eröffnete und ich die Abstände der Gefahrenzonen nicht sicher einschätzen konnte. Wenn meine Frau und die Nichte, welche uns am Abend häufig besuchte, ihre obligaten vietnamesischen Soaps schauten, erlebte ich nur den Ton mit, weil ich meine Fliesen anstarren musste. Ich lernte Vietnamesisch aus Büchern, die auf dem Boden lagen und wurde von meiner Frau getadelt, ich müsse die Augen schonen. Aber die Zeit verging, die Stunden und Tage tröpfelten, wenn auch langsam, dahin und letztendlich wurde ich vom Bauchliegen erlöst. Die Operation war gelungen, dies haben auch Nachkontrollen im Ausland ergeben, und heute sehe ich auf diesem Auge wieder fast normal. Also war diese Operation in Vietnam ein Erfolg und letztendlich ein erlösendes Erlebnis.

Ein anderer Vorfall war meine Herzoperation. Ich erlitt vorletztes Frühjahr mitten in der Nacht einen Herzinfarkt und wurde mit dem Taxi auf Phu Quoc zum Vinpearl-Hospital gebracht, einem eleganten internationalen Spital, das sich auf Hochglanzprospekten als Erstklassespital anpreist. Es ist für die westlichen Touristen gebaut, welche auf der Insel hospitalisiert werden müssen. Alles ist dort sehr sauber und supermodern, die Krankenschwestern sind adrett gekleidet und sprechen wie auch die Ärzte Englisch.

Aber auch Einheimische lassen sich dort gerne behandeln. Aber es ist nicht ausgerüstet für Herzoperationen und so checkte ich auf Empfehlung eines Oberarztes nach zwei Nächten wieder aus, flog aufs Festland nach Saigon und fuhr mit dem Taxi zur Notaufnahme in die bekannteste Herzklinik. Nach einer kurzen Untersuchung wurde ich erst einmal getadelt und gefragt, warum ich erst jetzt komme, ich müsse sofort notoperiert werden. Ich gab zur Antwort, ich hätte ja von Phu Quoc nicht aufs Festland schwimmen können, was je nach Passage immerhin 60 bis 120 Kilometer Distanz wäre. Zuerst musste ich für die Operation zahlen. Diese war erheblich teurer als die damals sehr günstige Augenoperation. Dann ging`s zum Eingriff. Während mir ohne Narkose zwei Stents in die Hauptarterien eingebaut wurden, musste ich unbedingt pinkeln und konnte mich nicht mehr zurückhalten. So pinkelte ich in kleinen Spritzern auf den Operationstisch, immer und immer wieder. Mein Harndrang war ungeheuer und bald war ich gebadet in meinem Wasser. Derweil ging die

Operation weiter. Die Ärzte waren auf den Bildschirm konzentriert und nicht abgelenkt worden. Nur einem schien meine Körperflüssigkeit in die Schuhe getropft zu sein, denn er stand immer wieder auf, ging um den Operationstisch herum und begutachtete das Wachsen der Urinlache darunter. Ein absolut peinlicher Moment mit doppeltem Stress, Operations- und Harndrangstress. Nach der Operation entschuldigte ich mich bei den Ärzten.

Sie reagierten vietnamesisch-stoisch gelassen:

„No problem, it will all be cleaned after the operation!"

Dann schlief ich auf der Intensivstation erst einmal einseinhalb Tage, bis mir gewahr wurde, wo ich gelandet war. Ca. 25 meist alte Männer und Frauen lagen da in einem Intensivcare Spital, wie in einem Kriegslazarett. In der Nacht war da ein Schnarch-, Stöhn-, Furz- und Schreikonzert in allen Tonlagen und strömten Düfte aus den verschiedensten Körperöffnungen von 25 Noch-Lebenden. Krankenschwestern und Pfleger rannten herum, Spritzen verabreichend, Fieber und Puls messend, Blutzucker prüfend und Herzfrequenz kontrollierend, sobald wieder einer der 25 Alarme lospiepte, Ultraschall- und Röntgengeräte vor sich her stoßend und Urinbeutel und Nachttöpfe leerend, nachdem die Patienten wieder ins Bett gehoben worden waren, wenn jene nicht schon während des Wasser- oder Stuhllösens gekippt und mit den Patienten ausgeleert worden waren. Dann musste alles eingesammelt und gereinigt werden. Schon wollte wieder ein neuer Patient aufs Klo, Paravents, wenn denn gerade solche vorhanden waren, wurden als Sichtbarrieren gestellt, welche allerdings intensivste Geruchsimmissionen nicht verhinderten, vor allem dann, wenn der Nachttopf nicht rechtzeitig angesetzt werden konnte. Dann spielte sich wieder einmal ein Kampf zwischen meiner Bettnachbarin und den Pflegern ab, wenn sie sich weigerte, sich eine Spritze geben zu lassen. Sie musste festgebunden werden, schrie laut und fluchte:

„Du me may!", „Fick deine Mutter!"

So ging es 24 Stunden bei Kunstlicht und nur die Uhr beim Eingang, welche viel langsamer als sonst tickte, indem der Minutenzeiger sich gegen den Vorwärtsdrang seines Uhrwerks zu stemmen schien, gab mir eine zeitliche Orientierung. Tagsüber war noch viel mehr los als nachts. Dann hasteten noch mehr Ärzte umher, bewegte sich zur Zeit der Arztvisite eine Traube von Weißmänteln von Bett zu Bett, wurde Essen gebracht, Betten zur OP und Untersuchung rein und raus gekarrt, Notpatienten aufgenommen und Besucher rein und raus beordert. Ein Verkehr fast so intensiv wie auf dem Platz vor dem Benh Tanh Markt um fünf Uhr abends. Zur Abwechslung unterhielt ich mich von Zeit zu Zeit mit Assistenzärztinnen, welche sich für mich als einzigem Ausländer interessierten und Englisch üben wollten. Manchmal standen sie auch zu zweit an meinem Bett und fragten mich über alles Mögliche aus.

Aber mir fehlte die Privatsphäre. Die Körperhygiene und der WC-Gang fanden vor allen Zuschauern und unter Mithilfe von Pflegern statt. Ein Arzt wies eine junge Krankenschwester an, mich im Intimbereich zu rasieren und mir einen Katheter zu setzen. Sie schämte sich, war beleidigt und widersetzte sich durch Schimpfgebärden und so schabte mir ein Pfleger mit einem der in Vietnam üblichen stumpfen Bic-Rasiermesser unter meinen intensivsten Kastrationsängsten die Eier kahl und spießte mich mit dem Katheterschlauch auf.

Die Tage wollten und wollten nicht vergehen, ich zählte Stunde um Stunde und fragte die wechselnden Oberärzte täglich, wann endlich ich mein Privatzimmer außerhalb dieses Grunz-, Stöhn und Furzlazaretts beziehen könne. Nach sechs Tagen war es soweit und ich wurde aus dieser Intensivstbetreuung entlassen in ein Gemach, welches sich sehen lassen durfte und den Vergleich mit einem guten Privatzimmer in einem Schweizer Spital nicht scheuen musste. Da war eine umfangreiche Menükarte mit den verschiedensten Mahlzeiten zu günstigen Preisen, Dusche, WC, Balkon und Glotze. Meine Frau und meine Schwägerin zogen ebenfalls bei mir ein in und so genoss ich nebst guter Unterhaltung auch die täglichen Vierhandmassagen der zwei Frauen, für welche mich die Ärzte und Krankenschwestern beneideten. Auch diese Herzoperation war gelungen, was auch durch die Nachkontrolle in zwei europäischen Spitälern bestätigt wurde.

Insgesamt hat sich die Befürchtung, welche von Ausländern immer wieder geäußert wird, Operationen für Fremde seien in Vietnam wegen des Risikos ihrer geringeren Immunität gegen Infekte, denen sie in den dortigen Spitälern ausgesetzt sind, gefährlich, für mich nicht bewahrheitet. Ich kam glücklicherweise ungeschoren davon. Vielleicht auch deshalb, weil beide Operationen nicht an einer offenen Wunde durchgeführt werden mussten.

Die Eingriffe wurden beide de lege artis in unterschiedlichen Spitälern vorgenommen.

Die operierenden Ärzte waren alle sehr erfahren und hatten solche Eingriffe vorher schon oftmals vorgenommen.

Summa summarum kann ich aus individueller Sicht nicht sagen, dass Qualitätsunterschiede zwischen vietnamesischen und europäischen Ärzten bestehen.

Ich habe mich auch schon in Europa einer Augenoperation unterzogen. Die Qualität der Spitäler in Vietnam ist allerdings sehr unterschiedlich. Ebenso die Preise. Die besten Spitäler sind nicht viel billiger als diejenigen bei uns. Alles in allem kann ich den Ausländern doch raten, nicht wegen jedes Bo Bos nach Hause zu reisen und sich erst dort behandeln zu lassen, was häufig oder sogar meistens geschieht. Allgemein ist das französische Spital in Saigon zu empfehlen, wo sich viele Ausländer einfinden. Allerdings stellt sich für den Kurzzeittouristen die Problematik ein wenig anders als für den Expat oder den Residenten. Jener wird nach Hause fliegen, wenn immer er kann, dieser kann eine OP durchaus in Vietnam wagen.

Und da bleibt mir nur, toi, toi, toi zu wünschen.

10. Der Wandel von Vietnam in die Moderne

Traditionellerweise unterstützten die Kinder und vor allem der älteste Sohn die Eltern.

Er blieb bei ihnen im Haus und, wenn er heiratete, zog die junge Frau im Haushalt ein. Bald sprossen dann Kinder, Kind um Kind. Drei oder vier Generationen wohnten zusammen. Die Großfamilie entstand. Jeder hatte seine Rolle in der Sippe und jeder unterstützte jeden. Die Pension, die Alters- und die Krankenvorsorge waren und sind in diesem Land noch weitgehend unbekannt. Der sozialen Sicherheit wegen zeugten früher die Eltern möglichst viele Kinder. Es ging aber nicht nur darum, im Alter versorgt zu sein, sondern auch um die Schaffung billiger Arbeitskräfte in Form von Kindern auf dem Hof. Aber das hat sich gründlich geändert. Vietnam befindet sich im Wandel. Die traditionellen Werte zerfallen langsam. Das Alter ist nicht mehr per se ein Wert. Die Eltern wollen, dass die Kinder ein besseres Leben haben werden als sie selbst. Die Kinder sollen deshalb ausgebildet werden. Dies ist aber teuer. Schon die Volksschule ist nicht gratis. Das Gymnasium kostet recht viel Geld, von der Hochschule gar nicht zu reden. Eine gute Berufsbildung ist nur unter Aufopferung der Eltern für ihre Kinder zu erreichen. Verrichtet der Vater Lohnarbeit, kann er nebst der Miete kaum Geld für das Essen aufbringen. Ist er Bauer, kann er noch eher eine größere Familie ernähren. Aber Geld ist auch hier keines übrig. Also darf man sich heute gar nicht mehr viele Kinder leisten.

Die Familien werden kleiner wie im Westen in den 50iger Jahren. Die Landflucht setzt ein. Die Jungen wollen nicht mehr auf dem Land wohnen. Sie ziehen in die Stadt und deren Agglomerationen, zum Studium oder um leichtere Arbeit zu finden.

Einmal dort angekommen, kehren sie nicht mehr aufs Land zurück, es sei denn, um ihre Familie zu besuchen. „Ve que", wie dies auf Vietnamesisch heißt. In der Stadt sind die Wohnungen meist klein. Große Generationen-wohnungen kann man sich gar nicht leisten. Viele Kinder wollen ihre Eltern und Großeltern auch nicht mehr bei sich haben.

Das Leben ist komplizierter geworden und es gibt immer mehr Alterswaisen, d. h. Alte, die von der jüngeren Gene-ration faktisch verlassen wurden. Früher haben die Kinder die Eltern unterstützt, heute ist es mindestens bis zum Ab-schluss der Ausbildung genau umgekehrt.

„Good morning, Vietnam", hieß eine bekannte Sendung der GIs im Vietnamkrieg. Diese heutige Entwicklung des Landes kann man nicht mehr mit „good morning" begrüßen.

Der Morgen der vietnamesischen Entwicklung ist vorüber. Good bye, good morning Vietnam, müsste es deshalb lauten. Der Nachmittag in der Entwicklung des Landes ist angebrochen. „Good afternoon, Vietnam", passt heute besser.

Die traditionellen Familienwerte werden langsam ver-drängt, die Moderne ist eingezogen. Junge Familien wollen besser leben. Bequemlichkeit, Luxus und Reisen sind angesagt. Man geht heute in die Ferien, auswärts essen, Karaoke singen und ins Kino. Aber alles hat seinen Preis. In den Agglomerationen leben Juppies, die sich dem modernen Leben, dem Luxus und dem Konsum verschrieben haben. Die Alten bleiben immer mehr auf der Strecke und die große Unterschicht partizipiert nicht an diesen Fortschritten. In den Mittel- und Großstädten nimmt man neben engsten Wohnverhältnissen tägliche Pendlermarathons durch den Verkehrsdschungel in Kauf, welche punkto Mühseligkeit die strenge Arbeit der Bauern auf dem Land durchwegs aufwiegen können. Der tägliche Kampf belastet die Nerven und die Gesundheit der Menschen. Die Luft in den Großstädten ist Stickstoffdioxid geschwängert und tropisch feuchtheiß. Dagegen kann man sich fast nicht schützen.

Der Wegwerfmundschutz, der Schal ums Gesicht oder die „Burka", welche Männlein und Weiblein auf ihren Motorrädern wie vermummte Bankräuber aussehen lassen, leisten nur oberflächlichen Schutz gegen den gröbsten Staub und Smog und stellen nur ein Placebo bei der Verhütung von Atemwegerkrankungen dar. Die Fahrt zur Arbeit oder zum Einkauf meist auf dem Motorrad ist oft fast so mühsam wie die Arbeit am Arbeitsplatz und im Haushalt selbst. Nach wie vor gibt es keine Fünftagewoche oder sie besteht nur auf dem Papier.

Die Geschäfte sind alle auch am Samstag und Sonntag vom frühen Morgen bis spät abends geöffnet. Händler arbeiten immer, wenn sie auf den Beinen sind und nicht schlafen. Die Banken schließen zwar am Samstag und am Sonntag ihre Schalter, aber dann arbeiten die Angestellten meist intern, haben Kurse, Trainings usw.. Überstunden sind ohne Abgeltung zu leisten. Der Arbeitstag ist sehr hart und bietet kaum Möglichkeit auszuruhen. Am Abend drängen sich die Familienangehörigen wie Sardinen auf engstem Raum in den Wohnungen. Vielleicht wohnen zur Einsparung der Wohnkosten auch noch vier Studenten in einem Zimmer der Wohnung und teilen sich mit der Familie Bad und Küche. Das Motorrad steht auch tagsüber oft in der Stube neben der meist wunderbar geschnitzten Sitzgruppe vor dem Fernseher und rundet mit seinem Öl- und Benzingestank den Duft von Nuoc Mam und anderer Düfte aus der Küche ab. In der engen Stube wird simultan gegessen, ferngesehen und für die Schule gearbeitet. Noch in der Nacht ist es heiß und man flieht vielleicht aufs Flachdach in die Hängematte über den Blumentöpfen und Gemüse- und Küchengewürzschalen, die einen noch ein wenig an die Herkunft vom Land erinnern.

Ruhe findet man dort auch nicht voll und ganz, denn man wird permanent durch Lärm aller Art beschallt, eine Kakophonie von Motorheulen an Kreuzungen, Hupen, Klingeln von schrillen Glocken und Lautsprechern der nie müden Straßenhändler, Eis- und Banh mi-Verkäufern, die ihre Sandwiches laut rufend anbieten, Hundebellen und Hühnergegacker von den Nachbarsdächern, Musik aus den Verstärkeranlagen der Restaurants und den Cityblastern, Katzengejammer und Gejaule von Karaokekünstlern in Megaphonie, die einen noch in 100 Metern Distanz an ihrer musikalischen Selbstverliebtheit teilhaben lassen und die man am liebsten wie Troubadix mit Fischen beschießen würde, wobei sich jener auf der Suche nach Schutz vor den Geschossen der Bürger jeweils auf die Bäume verzog. Letztendlich begleiten einem die Hammond-Orgeln der in den leichten Musen geförderten Nachbarkinder, die, wenn sie es nicht zum Mathematiker schaffen, wenigstens Unterhaltungskünstler werden sollen.

Sie, lieber Leser fragen sich wohl, warum tun sich die Menschen dies alles an?

Ganz offensichtlich ist das Streben nach der Moderne, nach Wohlfahrt und einem vermeintlich besseren Leben unermesslich groß und ein besseres Leben nur unter größter Aufopferung erreichbar. Schon die Schüler werden unter permanenten Leistungsdruck gesetzt. Die Kinder müssen in der Stadt meist von den Eltern auf dem Motorrad in die Schule gebracht und von dort wieder abgeholt werden. Vor Schulschluss sind die Straßen vor den Schulhäusern durch Motorrollerkohorten verstopft. Sie sehen aus wie Bienenvölker, die auf dem Ausflug ihre Königin umschwärmen. Die Kinder spielen währenddessen noch auf dem abgesicherten Schulplatzgehege, das einem Freiganggehege im Strafvollzug gleicht, wenn hier der Platz auch meist ein wenig bunter bemalt ist als dort. Dann geht es für die Kinder zur Nachhilfestunde in Englisch, Mathematik und Musik, denn früh übt sich, wer ein Meister werden oder auch nur die Promotion in die nächste Klasse oder die nächsthöhere Schule schaffen will, womit für die Kinder eine Chance auf ein besseres Leben gewahrt bleibt, aber keineswegs garantiert ist. Bei diesen Nachhilfestunden verdienen dann die Lehrer auch ein sehr schönes Zubrot, das oft größer ist als das Brot ihrer lehrerischen Haupttätigkeit.

Das Bildungsniveau steigt in Vietnam kontinuierlich und die Analphabetenrate unter Jungen ist heute praktisch auf null gesunken. Dies ist sicher ein wichtiger Faktor für die Entwicklung und die Prosperität dieses Landes. Aber, wer denn alle Schulen erfolgreich absolviert hat und dies auch noch mit Auszeichnung tat, hat noch keinerlei Gewähr, für sich einen Arbeitsplatz beanspruchen zu können. Dazu bedarf es zusätzlich noch guter Beziehungen oder manchmal eines wesentlichen Geldzustupfs an den künftigen Arbeitgeber oder denjenigen, der für die Anstellungen verantwortlich ist. Jener kann für gute Jobs gut und gerne eine fünfstellige Dollarhöhe erreichen. Dies bei einem Anfangslohn einer Bankangestellten oder eines Hotelrezeptionisten in Saigon von 300 Dollar im Monat. Da muss die Familie oft ihr Erspartes zusammenkratzen und dem Jobbewerber unter die Arme greifen. Auch bei öffentlichen Ämtern und in der Industrie werden oft noch solche Zahlungen gefordert, wenn dies auch gesetzlich verboten ist. Dieser Lohn von 300 Dollar ist ein return on investment, das sich oft kaum lohnen würde, es sei denn, man kaufe sich in eine Schlüsselposition ein, die einem erlaubt, wiederum von solchen „Einkaufssummen" oder Provisionen unter der Hand zu profitieren oder ein zusätzliches Einkommen - beim Lehrer eben Nachhilfestunden - zu generieren. Man darf also davon ausgehen, dass neben der offiziellen Wirtschaft eine lebendige Schattenwirtschaft prosperiert, namentlich auch im Tourismus. Jeder erhält Provisionen, der Taxichauffeur von den Hotels, von Perlfarmen und Juweliergeschäften, wenn er Kunden bringt, die Hotelmanager von den Reisebüros für Vermittlungen usw. Es besteht nach wie vor auch die Tendenz, dass Touristen die höheren Preise zahlen als die Einheimischen. So ist eigentlich mehr Geld im Umlauf, als offiziell verdient wird und man wundert sich manchmal, dass Leute mit einem relativ bescheidenen Einkommen relativ große Vermögenswerte ansparen oder in Ländereien investieren können.

Es ist verständlich, dass bei soviel Einsatz im und ums Erwerbsleben nicht viel Zeit für Hobbys, wie Sport und Freizeitvergnügen bleibt. In den Parks und nachts auf Nebenstraßen in der Stadt wird Tai Chi geübt und Badminton gespielt, Jogger sieht man nur selten und wenn, pflegen sie einen Laufstiel, der nicht auf viel Sportlichkeit schließen lässt. Auch Schwimmen und Wandern stellen nicht gerade Kernkompetenzen der Vietnamesen dar. Schwimmen, sollten sie dazu fähig sein, tun sie, wenn überhaupt, um jede Bräunung zu vermeiden, erst nach Sonnenuntergang, und Wandern gehen sie nicht ohne ein bestimmtes Ziel, so, wenn sie Pilze sammeln oder an einem Teich fischen wollen. Fahrradfahren ist für sie kein Sport, denn das Fahrrad ist nur ein Fortbewegungsmittel für Minderbemittelte.

Auf Phu Quoc sind wir weit und breit die einzigen, die hin und wieder mit dem Blechesel unterwegs sind. Erreichen uns Kaukasier mit einem Bike, fragen die Vietnamesen, warum diese überhaupt in die Ferien gehen, wenn sie doch kein Geld haben, sich ein richtiges Fortbewegungsmittel zu leisten. Jogger werden bei uns von den Hunden in ihrem Jagdtrieb verfolgt, denn Menschen sehen sie sonst nie laufen. Nur Katzen und Hühner fliehen, denen jagen sie auch nach. Aus diesem Grund empfehlen wir unseren Gästen, beim Laufen einen Stock zur Abwehr von

Hunden mitzutragen. Tauchen und Schnorcheln tun die Vietnamesen selten, weil sie häufig wasserscheu sind. Für Sport besteht für den schwer arbeitenden Landarbeiter kein Bedarf, er will in der spärlichen Freizeit ruhen, und für den Städter ist oft kein Platz im engen Stadtgedränge. Die Vietnamesen weichen daher eher auf Geschicklichkeitssportarten wie Tischtennis und Badminton und asiatische Kampfsportarten aus, wo auch Schnelligkeit gefragt ist. Einer meiner europäischen Freunde war jahrelang Mitglied des Badmintonclubs auf Phu Quoc und hat immer wieder die Reaktionsfähigkeit und Geschicklichkeit seiner vietnamesischen Konterparts bewundert.

Aus Platzmangel werden vor allem raumsparende Hobbys ausgeübt wie das Co-Spiel (Schach), Karten spielen, Hammond-Orgel spielen, Musikhören, Karaokesingen und der nimmer endende Dialog mit dem Smartphone. Die lauten Steckenpferde führen zu mehr nachbarlichen Querelen als die stillen, zum Beispiel Fische in Goldfischaquarium betrachten oder lesen.

Vietnamesen sind aber, wie schon früher erwähnt, wohl notgedrungenermaßen häufig gar nicht lärmempfindlich und können auch bei größtem Krach schlafen. Jede Hängematte in einer Ecke, und sei diese auch noch so stickig, reicht ihnen scheinbar, Ruhe zu finden.

Ob die dauerhafte Beschallung und Geruchs- und Nervenbelastung aber unbeschadet an ihnen vorbeigeht, ist allerdings fraglich. Ausländer sind in der Regel viel lärmempfindlicher. Ein Bekannter von mir, ein deutscher Arzt, der mit einer Vietnamesin verheiratet ist, wohnt in einem Quartier, in dem es nur so von Karaokekünstlern wimmelt. Am letzten Tetfest war er tage- und nächtelang von Solisten, Duetten, Trios und Quartetten der leichten Muse beschallt worden. Er stattete den nächsten Sängerinnen einen höflichen Besuch ab und bat sie, ihr lautes Gedröhne um ein paar Dezibel zu drosseln, was sie nach der dritten Aufforderung für zwei Stunden taten. Nachdem seine Bitte wieder im Winde verweht war, setzte sich der 1,95 Meter große, kräftige Mann seinen Motorradhelm auf, ging zum lautesten Katzengejammer hinüber und gebot mit lauter Stimme Ruhe. Vier Furien eines Jammerquartetts sprangen ihn fauchend an und versuchten, sich mit acht Tatzen an seinen Armen festzukrallen und sie in sein Fleisch zu graben, denn sein Haupt war war ja helmgeschützt. Er löste sich mit seiner Bärenkraft, packte je eine der Sopranistinnen mit je einer Hand an ihrer langen Haarpracht, zwirnte diese durch schnelles Drehen seiner Arme zum Pferdeschwanz und schlug ihre Köpfe zusammen, so dass das Katzengejammer vorerst in hysterisches Schreien überging und dann jäh endete. Dann stattete er einem Elektronikgeschäft seinen Besuch ab, kaufte sich eine gute und teure Verstärkeranlage und nahm auf einem Endlostonträger wütendes Hundegebell auf. So lässt er nun, wenn er mit seiner Frau, welche zugleich seine Praxisassistentin ist, in den OP geht, sein elektronisch verstärktes Gebell bei offenem Fenster zur Kulturbelebung ins Quartier schallen.

Vietnam hat in den letzten gut 20 Jahren einen rasanten Sprung in der wirtschaftlichen Entwicklung vorgelegt.

Dies zeigt sich schon an der alljährlichen Steigerung des Bruttosozialprodukts, die fast das chinesische Niveau erreicht hat und die Zuwachsraten in den entwickelten Ländern weit übersteigt. Dies ist auch sehr gut spürbar für die Menschen im Alltag, was sie in der Hoffnung auf eine bessere Zukunft bestärkt. Die Steigerung ist real und nicht nur nominal, die Kaufkraft einer Vielzahl von Bewohnern nimmt zu. Sie können sich heute viel mehr Konsumgüter leisten als noch vor 20 Jahren. Die Preise steigen natürlich auch, aber wesentlich langsamer als der Einkommenszuwachs. Der Wechselkurs des Vietnamesischen Dongs ist in den letzten Jahren im Verhältnis zu den Leitwährungen stabil geblieben. Vom besseren Leben profitieren allerdings nicht die vielen Erwerbslosen, deren Zahl weitgehend unbekannt ist. Arbeitslosenstatistiken gibt es offiziell nicht. Vietnamesen würden sich in der Regel auch nicht als arbeitslos bezeichnen, und dies würde auch nichts bringen, denn ein soziales Auffangnetz besteht ohnehin keines. Aber jeder Vietnamese tut etwas für seinen Erwerb und Unterhalt und sei es nur Petflaschen, Büchsen oder Kartons sammeln, den Hungrigen Selbstgegartes anbieten oder getrocknete Seesterne als Souvenirs auf der Straße verkaufen, Guave oder Cashewnuts im Busch pflücken, Fischen und Tauschhandel betreiben etc. Selbst meine über 80-jährige Schwiegermutter geht in den Wald, Cashewnüsse oder am Strand Muscheln sammeln und verkauft diese dem Gemüse- und Lebensmittelhändler, der jeden Morgen in der Früh vorbeifährt. Generell sind Vietnamesen fleißig, sind Händlertypen und so nimmt jeder jede Gelegenheit wahr, um Einkommen zu generieren oder seinen Lohn irgendwie zu vermehren.

Natürlich wurde die schnelle wirtschaftliche Entwicklung auch unterstützt durch die geographisch vorteilhafte Lage Vietnams. Es liegt an einem der wichtigsten Seehandelswege im Zentrum Südostasiens. Kein Produktionsstandort in diesem Land ist weiter als 70 Kilometer vom Meer oder von einem schiffbaren Fluss entfernt. Anders als China braucht Vietnam daher keine langen Anfahrtswege mit Lastwagen zur Schiffsverlade.

Der Schiffstransport ist wetterunabhängiger, sicherer und billiger als das Verladen auf LKWs, mit Anfahrten auf zum Teil überschwemmten Straßen und Umladung auf Schiffe.

In China befindet sich der Reichtumsgürtel dem Meer entlang von Nordost nach Südwest, während das Hinterland ärmer ist. Vietnam kennt praktisch kein armes Hinterland, sieht man einmal von den Gegenden um Buon Ma Tuat, Pleiku und Con Tum im südlichen Bergland an der Grenze zu Kambodscha ab.

Ein weiteres Element, das für die Entwicklung förderlich war, ist der Tourismus. Kaufkräftige Touristen, strömen ins Land, weil Vietnam als sicher gilt, es praktisch keine Terroristen gibt und die Minderheiten, die sog. Montagnards relativ gut integriert sind. Auch klimatisch ist Vietnam sehr angenehm und kulturell und kulinarisch hat es sehr viel zu bieten.

Die Touristen sorgen dafür, dass Geld in Umlauf kommt. Sehr viele Menschen profitieren direkt oder indirekt davon, sei es in der Hotellerie, im Transportwesen, in der Gastronomie oder im Verkauf. In Phu Quoc beispielsweise bieten sich viele Motorradfaher nicht nur als Motorradtaxifahrer, sondern nach etwas Englisch-, Geografie- und Kulturstudium als Tourguides an und führen interessierte Kunden für 35 Dollar am Tag in die entlegensten Gebiete. Dies ist ein Tageseinkommen, das sie andernorts auch nicht annähernd erzielen könnten. Ein Bauarbeiter verdient bei wesentlich schwererer Arbeit nur ca. 10 Dollar am Tag.

Im weiteren bringen die 10 bis 15 Millionen Viet Kieus, die Auslandvietnamesen, welche im und nach dem Krieg, teils als sogenannte Boat-People nach Amerika, Frankreich, Australien und andere reiche Länder emigrierten, viel Geld ins Land, indem sie ihre Familien unterstützen oder in Immobilien, Industrie- und Hotelprojekte investieren, wo sie nur können. Vorteilhaft ist für Geldanlagen im Moment auch das hohe Zinsniveau bei relativ stabilem Geldwert im Vergleich zu den Leitwährungen. Gleiches geschieht durch den relativ breiten Geldfluss der Gewinner einer nicht erfassten Schattenwirtschaft. Auch sie pumpen viel Geld in den Umlauf. Diese beiden letzten Gruppen sind oft auch bereit, sehr viel Risiko- und Venturekapital einzusetzen, was den Vorteil hat, dass mutig investiert wird, aber auch den Nachteil, dass oft keine Feasibilitystudien, Businesspläne und Investitionszenarien erstellt werden, weshalb Konkurse auch relativ häufig sind. Dieser Run der Investoren hat aber auch zur sehr starken Verteuerung von Haus- und Grundstückpreisen geführt.

Jeder Vietnamese ist stolz auf seine Tante in Kalifornien oder Texas oder seine Schwester in Paris, die mit ihm investiert. Der Strom ist aber nicht nur einseitig. Der Geldstrom fließt nach Vietnam. Umgekehrt wollen aber viele ihre Kinder in den USA oder Canada gebären, damit diese die Staatsbürgerschaft erhalten und viele wollen ihre Kinder dort studieren lassen. Viele Vietnamesen verwalten den Reichtum ihrer Familien aus dem Ausland. So wird auf Teufel komm raus in Villen, Hotels und Resorts investiert.

Zum Erfolg trägt noch ein weiteres Element bei, nämlich, dass die Bevölkerung von Vietnam relativ homogen ist und ein starkes Zusammengehörigkeitsgefühl hat. Es gibt in Vietnam keine Einwanderer mit Assimilierungsschwierigkeiten und keine sprachlichen und kulturellen Unterschiede, keine Schulen, die fremdsprachige Kinder integrieren müssen. Diesbezüglich sind deshalb die Reibungsverluste klein.

Letztendlich erscheint für den wirtschaftlichen Erfolg auch wesentlich, dass namentlich der Norden Vietnams konfuzianisch streng und diszipliniert ist im Denken und Handeln. Dies wirkt sich im Studium und bei der Arbeit aus. Der Wille voranzukommen ist außer in kleinen Teilen im Süden, wie zum Beispiel in Phu Quoc, sehr ausgeprägt. Auch diese Energie und der Arbeitseifer haben zum schnellen Wohlstandswachstum geführt.

Zur Entwicklung der gesamten Volkswirtschaft haben aber auch zwei wesentliche technische Entwicklungen fast exponential beigetragen. Da ist zum einen der Motorroller. Jede Familie, und lebe sie auch eher in ärmlichen Verhältnissen, besitzt mindestens einen solchen, der in der Standardausrüstung 1.000 $, gebraucht 500 $, also zwei bis drei offizielle Monatslöhne kostet. Mittelklasse-familien besitzen oft so viele Roller, wie erwachsene Mit-glieder vorhanden sind. Das auch im Norden relativ milde Klima erlaubt, ganzjährig auf zwei Rädern unterwegs zu sein. Übers Land lassen sich damit im Durchschnitt 60, in der Stadt im Mittel 20 Kilometer pro Stunde zurücklegen. Der Verkehrsfluss gleicht also ungefähr jenem in entwi-ckelten Ländern. Der Verkehr ist damit sehr beweglich und praktisch alle haben Zugang dazu, was sehr wesent-lich für den Güter-, Dienstleistungs- und Informations-austausch ist, zumal vietnamesische Motorroller sich als wahre Lastesel entpuppen. In den Städten ist ein mit zwei bis drei Personen besetzter Roller natürlich das effizien-tere Transportmittel als ein Audi oder BMW, der mit 200 Pferdestärken auf seinem Ledersessel eine Einzelperson spazierenfährt.

Im Weiteren haben Handy und Smartphone die Vietna-mesen ins moderne Kommunikationszeitalter lanciert und sie einige Schritte der Telekommunikation überspringen lassen, welche die reichen Nationen teuer erkaufen und wieder wegwerfen mussten. Das Wifi Netz ist in Vietnam heute besser ausgebaut als in vielen Industriestaaten und weniger zensiert als z.B. in China. Heute besitzt unser Resort, wie auch die meisten Kleinbetriebe, keine Tele-fonfestanlage. Wer nicht mit Whatsapp, Skype, Zalo oder Tango kommuniziert, also weit über 60-jährig ist, besitzt mindestens ein bis zwei einfache Cellulare mit (fast) Gra-tisabonnements. Selbst Urgroßväter haben oft deren zwei. Dies und die damit verbundene jederzeitige Erreich-barkeit erleichtern und fördern auch die wirtschaftliche

Entwicklung. Dies sei an folgendem Beispiel erläutert: Für unseren Stromanschluss mit einem privaten Zulieferer mussten wir bei uns im Niemandsland einen Vertrag abschließen.

Als dessen Angestellte bei uns eintrafen, diesen mir überreichten und ich ihn durchlas, gesellte sich unser Nachbar dazu und äußerte den Wunsch, am Strombezug teilzunehmen. Die Zulieferer waren aber damit nicht einverstanden und erklärten, wir sollten mit dem Nachbarn einen Unterliefervertrag abschließen. Dies taten wir sogleich unter der Voraussetzung, dass er uns gleich die Hälfte der Jahresgrundgebühr überweise. Er sandte den Betrag in Minutenfrist mit seinem e-Phone per e-banking aus der Pampa auf unser Bankkonto und ich erhielt die Gutschriftsanzeige innerhalb von Sekunden auf meinem Smartphone, worauf ich den Zusatzvertrag stipulierte und er gleich vor Ort unterschrieben wurde. Einfacher geht nicht. Vietnam hat heute aus diesen Gründen gegenüber den modernen Volkswirtschaften keinen Mobilitätsnachteil in Verkehr und Kommunikation mehr. Ein solcher ist dank dieser Techniken in Kürze wettgemacht worden. Heute ist jedes Homestay und jeder Agrotourismusbetrieb an internationale Buchungs- und Zahlungssysteme angeschlossen, auch wenn er sich „in the middle of nowhere" befindet.

Nach wie vor ist Vietnam ein ruraler Staat, der landwirtschaftlich dominiert ist. So ist Vietnam der drittgrößte Reisexporteur auf der Welt nach Thailand und USA und der zweitgrößte Kaffeeexporteur nach Brasilien, aber auch hier verlagert sich das Gewicht zum sekundären und zum tertiären Sektor. Es wurde teils bereits angesprochen, dass die Industrie im Aufschwung ist und zwar nicht nur für low-tech Produkte wie Möbel, Textilien und Schuhe, sondern auch für Hightechgüter wie Tablets und Elektronikzubehör etc. und der Tertiärsektor, zum Beispiel der Tourismus, nimmt stetig zu.

Langsam geht es den Vietnamesen besser. Es hat sich bereits ein breiter Mittelstand entwickelt, der sich auch Ferien im Hotel leisten kann. Nebst Motorrädern gehören Waschmaschinen, Wäschetrockner, moderne Küchengeräte, Eisschränke mit Tiefkühler zur Standardausrüstung des Mittelklassehaushaltes. Kinder besitzen einen Computer, Laptop oder ein Smartphone. Die meisten dieser Güter kosten weit weniger als in den entwickelten Ländern, denn sie werden zum Teil in Vietnam, aber auch in China hergestellt. Die Lebenskosten sind natürlich viel geringer als in den reichen Ländern. So kann man in einem Hotel noch für 20 Dollar ein Doppelzimmer mit AC und Bad, Frühstück inbegriffen mieten, in einem mittelklassigen Restaurant für fünf bis zehn Dollar essen, ein Bier kostet einen Dollar, ein Kaffee zwischen 50 Cent und einem Dollar und die Miete eines Motorrades 6 Dollar pro Tag. Wer in einer Garküche isst und Tee trinkt, kann noch viel günstiger durchkommen. Vietnamesen, die sich Reisen leisten können, geben täglich eher mehr aus als zum Beispiel westliche Rucksacktouristen, sie reisen natürlich auch oft nicht so lange wie diese. Junge Stadtjuppies geben viel Geld aus für Essen, Kleider und Vergnügen wie Kino etc. Daneben gibt es aber auch eine ziemlich breite Schicht von Reichen, nicht gesprochen von den Superreichen. Jene besitzt schöne Villen, zum Beispiel im

Kreis zwei in Saigon. Wir haben die Vermieterin unserer Wohnung in Saigon dort besucht. Sie besitzt sechs kleine Wohnungen im Kreis eins und generiert damit ihr Einkommen. Ihr Mann ist ihr davongelaufen und hat ihr eine dreistöckige Villa in 30 Minuten Fahrdistanz zum Zentrum und ein paar Motorfahrzeuge überlassen. Die Villen in jenem Quartier haben alle ähnliche Größen, sind etwas geräumiger als Einfamilienhäuser oder kleine Villen in Europa, haben aber eher weniger Abstand, deshalb wird mehr in die Höhe und weniger in die Breite gebaut. Etwa sechs großzügige Zimmer befanden sich im Haus unserer damaligen Vermieterin.

In ihrer Garage standen u.a. ein Range Rover und ein paar Motorräder. Ihre Tochter ging in der Nähe in eine australische Privatschule. Der Luxus im Haus entsprach ungefähr dem europäischen Standard relativ wohlhabender Menschen. Per Saldo ist festzustellen, dass sich ihr Lebensstandard nicht sehr von der oberen Mittelklasse in Europa unterschied, von Leuten, die in Europa ca. 200.000 Dollar im Jahr verdienen.

Dabei muss aber auch betont werden, dass ein großer Teil der Bevölkerung von dieser Entwicklung nicht profitiert und auf der Strecke bleibt. Betroffen sind all diejenigen, die keine gute Ausbildung genießen durften, sei es, dass sie dazu nicht fähig waren, oder sei es, dass ihnen die Mittel dazu fehlten. Wer als Bettler geboren und in die Unterschicht hineingewachsen ist, bleibt für immer auf der Straße. Auch die Kranken und die Alten aus minderbemitteltem Umfeld haben keine Chance, von der Entwicklung zu profitieren. Soziale Auffangnetze gibt es praktisch keine. Alte, deren Kinder sich nicht um sie kümmern, müssen Lose verkaufen gehen oder um Almosen betteln. Junge Frauen, die selbst schon auf der Straße geboren sind und mit 16 wieder Kinder gebären, verkaufen Haarspangen und Plastikhals- und Armschmuck aus Bauchläden, ihren Säugling im Arm tragend und ihn auf der Straße stillend, während das ältere Kleinkind Kaugummi verkauft. Oder eine alte Frau schüttelt ihr Blechsparkässeli mit klappernden Münzen, hält ihren blinden Mann an der Hand, der einen Verstärker um den Hals gehängt, mit Sonnenbrille wie Stevie Wonder oder ähnlich singt, um damit den Verkehr zu übertönen. Zur Unterschicht gehören auch all die ambulanten, nicht offiziellen Straßenhändler, die ihre Fruchtkörbe an den Gehsteigen aufstellen, Körbe, die sie vom Land in die Stadt tragen, karren oder mit öffentlichen Verkehrsmitteln bringen. Oder diejenigen, die ihre Textilien, Armreife oder Flip-Flops auf Tüchern am Straßenrand ausbreiten und ihre Kollektion rasch zusammenraffen und fliehen müssen, wenn die Polizei zur Razzia einfährt, wollen sie ihre Handelsware nicht durch Konfiskation verlieren. Denn der stationäre Verkauf am Straßenrand ohne Bewilligung ist verboten. Dazu gehören aber auch alle Cyclo- und die meisten Motorradtaxifahrer, welche am Straßenrand, Kopf auf dem Sattel und Beine auf der Lenkstange, schlafend auf Kundschaft warten, wenn sie nicht noch lukrative Nebengeschäfte abschließen, wie den Verkauf von Haschisch an Touristen oder die Vermittlung von Massagen aller Art, mit oder ohne Happy End. Kommen Touristen an ihnen vorbei, erwachen sie ganz plötzlich und preisen ihr Angebot an:

„Xe om, city tour, haschisch, nice girl!"

Auch Taxichauffeure sind oftmals Knebelverträge eingegangen, die ihnen kaum erlauben, ihre Familien durchzufüttern, wenn sie nicht noch andere Geschäfte tätigen. Letztendlich sind auch noch jene zu erwähnen, die wegen schwerer Krankheit durchs soziale Netz fallen. Wir haben im Herzspital Eltern mit zwei Mädchen getroffen, die Frau hängt mehrmals in der Woche an der Dialyse und die sechs- und die elfjährige Tochter mussten am offenen Herzen operiert werden. Sie zeigten uns ihre riesigen Narben. Beide Kinder waren physisch retardiert, viel zu klein, kränkelnd, dünn. Die Zwölfjährige sah aus wie eine Sechsjährige und die Sechsjährige glich einer Dreijährigen. Das Rote Kreuz hatte ihnen die Operationen bezahlt und kam für die Spitalkosten auf, aber die Medikamente von je 100 Dollar pro Monat mussten sie selber berappen. Der Monatslohn des Mannes betrug gerade einmal 200 Dollar. Da blieb ohne Familienunterstützung nichts zum Leben. Wir haben ihnen für ein paar Monate Medikamente gekauft.

Aber so weit ist es mit dem Fortschritt dieses Landes denn doch noch nicht.

Für die großen Teile der Bevölkerung, die aus erwähnten Gründen nicht am Wohlstand partizipieren können, hat sich noch nicht viel geändert. Wer in der Gosse geboren ist, bleibt dort und hat zu wenig zum Leben, nicht mal zu viel zum Sterben. Die einen surfen auf der Welle des wirtschaftlichen Aufschwungs, die andern gehen in den Wogen des stürmenden Alltags unter. Die Menschen leben in anteilnahmsloser Koexistenz und niemand kümmert sich um den andern.

Epilog

Seit meinem Überflug über Da Nang sind fast 50 Jahre verflossen. Vietnam hat den Krieg und die Nachkriegszeit längst hinter sich gelassen und sich entwicklungsmäßig der Zukunft zugewendet. Der Graben zwischen Nord und Süd ist zugewachsen und man spricht nur noch geographisch von „mien bac" und „mien nam". Die Bürgerkriegsgegner haben sich längst versöhnt. Das Land ist eine politische und wirtschaftliche Einheit geworden mit einer ausgeprägten gesellschaftlichen Kohärenz. Auch nimmt der Besucher heute kaum eine Unverträglichkeit zwischen dem vietnamesischen sozialistischen System und der wirtschaftlichen Entwicklung in diesem Land war. Die Wirtschafts- oder Handels- und Gewerbefreiheit ist hier gewährleistet, ähnlich wie in einem liberalen Land, das ein Mehrparteiensystem kennt. Die Bewohner genießen auch die Religionsfreiheit und es bestehen in der Gesellschaft keine bemerkbaren größeren religiösen Konflikte. Auch die Minderheiten werden in ihren Rechten geschützt. Ihre Sprachen werden in den für sie eingerichteten Schulen unterrichtet.

Für den Touristen ist Vietnam ein ungefährliches und bequemes Reiseland, angenehm, was das Essen, das Reisen und die Infrastruktur anbetrifft. Hapern tut es nur bei den Englischkenntnissen eines Großteils der Bevölkerung. Man trifft namentlich in ländlichen Gegenden nur selten jemanden, der sich auch nur radebrechend in dieser Sprache ausdrückt. Und Vietnamesisch zu lernen ist auch für den sprachbegabten Touristen praktisch unmöglich. Dazu braucht es Jahre intensivsten Lernens unter Einsatz von viel Herzblut.

Probleme hat dieses Land allerdings noch genug. Ein Graben ist nicht geschlossen und wird auch in den nächsten Jahren und Jahrzehnten auch nicht zugeschüttet werden: Die Kluft, die zwischen Arm und Reich, besteht fort. Während die einen sehr schnell zu Reichtum gekommen sind und im Luxus schwelgen, stecken die andern im Sumpf der Armut und können ihm kaum entkommen. Erschwerend ist, dass praktisch kein soziales Auffangnetz für die Armen vorhanden ist. Das Land kann insofern von Glück reden, dass das mentale Spannungsfeld zwischen Arm und Reich (noch) nicht so groß ist, dass schwerwiegende soziale Konflikte entstehen. Die Armen sehen scheinbar ohne Neid auf den Luxus der Reichen und für diese scheint ihr eigenes Wohlergehen selbstverständlich zu sein. Ob dies allerdings immer so bleiben wird, ist ungewiss. Solange sich das Land weiterentwickelt und die Wirtschaft weiter anzieht, sieht jeder in Vietnam, innerhalb seiner Grenzen, für sich und seine Kinder eine Möglichkeit des wirtschaftlichen Fortkommens und hat damit Hoffnung auf eine (noch) bessere Zukunft. Solange werden wohl auch keine größeren Konflikte entstehen. Aber der Graben bleibt. Die einen stehen am Morgen der Entwicklung, die andern genießen den sonnigen Nachmittag.

***

Alles über das Reisen

Brasilien Frankreich Jordanien Vietnam
Griechenland Türkei Mallorca
USA Kanada Italien
Ägypten Portugal Gambia
Teneriffa Myanmar
Nepal Ibiza Indien Menorca
Israel
Iran Mexiko

Infos über alle Reiseziele und mehr unter www.reisebuch.de **reisebuch.de**

FÜR **ALLE**, DIE GERN **LESEN** & VERREISEN

unterwegs... das exklusive Reisemagazin **entführt alle drei Monate auf 184 Seiten** in ferne Länder und heimische Regionen, in Städte oder auf Inseln. Grenzenlos und überraschend, verträumte Orte und pulsierende Metropolen. Jedes Heft überrascht mit atemberaubenden Bildern und **Texten, die dich nicht mehr loslassen**. Jede Ausgabe ist Inspiration pur, bietet exklusive Tipps, verführt zum Lesen und träumen und animiert zum Aufbrechen. **Teste es jetzt!**

BOARDING PASS
DIE GEDRUCKTE LUST ZUM REISEN

unterwegs...

Du kannst es kaum erwarten mehr von der Welt zu entdecken? Lass dir einfach **unterwegs...** direkt nach Hause liefern. Und erhalte noch vor Verkaufsstart deine persönliche Ausgabe zum Vorzugspreis!

HIER SCHREIBEN
REISENDE
ÜBER'S REISEN

DAS LESEMAGAZIN
MIT EXKL. BUCH- UND LESETIPPS

Mit dem Rabattcode
REISEBUCH24
** 20 % **
auf den regulären Preis sparen.
Für alle Ausgaben und
Abos verfügbar!
www.unterwegs.reisen

f **O** **y** **P** **d** **O** @unterwegs.reisen

www.unterwegs.reisen   (u)

Jede Ausgabe von unterwegs...
✓ voller atemberaubender Fotos,
✓ inspirierender Geschichten,
✓ Abenteuerreisen sowie zahlreiche
✓ Erlebnisberichte aus allen Ecken der Welt.